职业教育的经济发展贡献和成本收益问题研究

杭永宝 著

东南大学出版社

内容提要

本书论述了职业教育的经济发展贡献和成本收益问题。内容包括：绪论、主要支撑理论及概念界定、职业教育对国民经济增长的贡献、职业教育对就业增长的贡献、职业教育的成本及收益、职业教育主要问题的成本-收益分析、结论及政策建议。

本书主要读者对象是职业教育工作者，教育管理部门人员、教育学和经济学研究工作者及相关专业的师生。

图书在版编目(CIP)数据

职业教育的经济发展贡献和成本收益问题研究/杭永宝著. —南京：东南大学出版社，2006

ISBN 7-81089-891-4

Ⅰ. 职… Ⅱ. 杭… Ⅲ. ①职业教育—影响—经济发展—研究 ②职业教育—成本效益分析 Ⅳ. G71

中国版本图书馆 CIP 数据核字(2006)第 102779 号

东南大学出版社出版发行
(南京四牌楼 2 号 邮编 210096)
出版人：宋增民
江苏省新华书店经销 南京工大印务有限公司印刷
开本：850mm×1168mm 1/32 印张：9.5 字数：250 千字
2005 年 12 月第 1 版 2005 年 12 月第 1 次印刷
印数：1—3500 册 定价：22.00 元

序

王　荣

20 世纪 80 年代以来，我国教育经济学理论工作者从中国教育改革和发展的现实需要出发，应用经济学及相关理论对教育领域的义务教育、高等教育等若干命题进行了经济分析研究，产生了一系列宝贵成果。这些成果为高等教育和义务教育的管理体制、投资体制、办学体制改革提供了重要的理论支撑，发挥了重要的引领作用。但是，对作为教育经济学重要分支的职业教育经济学研究却还不够多、不够深，远不能满足我国高中阶段教育普及率的提高和高等职业教育的迅速发展的现实需要，更不能满足各级各类教育自身及其与社会经济协调发展的理论需求，因此，可以说职业教育经济学研究是我国当前和今后一段时间教育经济学乃至经济学研究领域的热点和难点所在。杭永宝同志长期致力于教育学和经济学研究，近年来他选择这一难题，以辩证唯物主义和历史唯物主义科学的世界观和方法论为指导，参考西方经济学的相关研究成果，在搜集大量实际资料的基础上，写出了 20 多万言的专著《职业教育的经济发展贡献和成本收益问题研究》。作者从人力资本理论、新经济增长理论、教育经济学理论、人类行为的成本-收益分析假说理论对职业教育的经济发展贡献和成本收益相互逻辑关系构建的基本框架出发，在不断完善的社会主义市场经济条件下，紧紧瞄准职业教育市场化发展取向，纵观职业教育改革和发展中出

* 王荣：(1958—　)，男，南京农业大学教授、博士生导师，中共江苏省委常委，苏州市委书记。

现的一些新情况、新问题，尤其是如何提高我国职业教育对经济增长和就业的贡献、如何解决“技工荒”与职业教育招生难问题、职业教育如何更好地服务“三农”等热点问题，进行了理论和实证研究，提出了政策建议，对深化教育改革、促进教育与社会经济协调发展具有重要的理论指导意义和决策参考价值。

本专著体系严谨，概念清晰准确，逻辑结构严密。作者运用辩证唯物主义的分析方法，从一般到特殊，从抽象到具体，逐步深入地对职业教育贡献和成本收益的各个层次、各个方面展开理论和实际的分析，然后进行综合和整体论证。首先，概略性分析我国职业教育发展成效、存在的突出问题与矛盾，揭示了进一步加快职业教育改革和发展的迫切性和必要性，并对国内外有关教育对经济增长贡献和教育收益率的研究进行了较系统的综述和简评，形成专著的逻辑起点。第二，运用马克思主义经济学理论，有选择地借鉴国外的人力资本理论，探讨了关于教育经济学的一般理论，构筑了本专著的理论基础。第三，在教育贡献的基本计量模型的基础上，拓展出职业教育及相关教育对经济增长贡献计量的模型，探究我国职业教育及其相关教育对经济增长贡献的具体计算方法和步骤，提出教育贡献基本计量模型修正设想，实证估算我国1982—1993年教育对国民经济增长总体贡献以及我国1993—2004年各类教育对国民经济增长的分别贡献，并把我国教育的经济增长贡献分别进行横向（与国外国家教育贡献）和纵向（与我国不同时期教育贡献）综合比较分析，形成了具体性的结论与建议。第四，对教育和职业教育的就业增长贡献机理进行理论研究分析，并通过我国职业教育与相关教育对就业增长贡献的实证比较，剖析了我国职业教育及其相关教育的发展与就业增长非一致性成因，探究了我国提高职业教育就业增长贡献率的主要路径。第五，对职业教育成本与收益进行经济分析，提出了教育内部回收（贴现）率具体计算模型（图），实证计算并比较分析了我国职业教育与相关教育的个人内部回收（贴现）率和社会收益率，并对我国教育成本和收益具体计算方法及其影响进行了评析与修正。第六，运用成本收益理论分别对当前我国职业教育存在的“技工荒”现象、中等职业教育招生难、农村职业教育办学困难和职业院校训练基地投资等问题进行了专门分析。最后，在对全书总结的基础上，提出了发展职业教育并提高其经济发展贡献率的综合性政策建议。全书叙述脉络清晰，引人入胜，大有令人一翻书就欲知下文之感。

扎实深厚的理论基础和潜心研究，使杭永宝同志的这部专著在理论上自成体系并富有创新性。其主要特点与创新有以下几个方面：

（1）在研究方法上，作者把辩证唯物主义和历史唯物主义的基本原理灵活地运用于我国职业教育的经济增长贡献和成本收益问题研究，在具体的研究方法上形成了理论分析与政策研究为一体、定量分析与定性研究相结合、逻辑分析与比较研究相结合、统计分析与调查研究相结合的四个特点，使得全书各部分之间呈现出严密的系统性、逻辑性和统一性。

（2）定量分析技术上，作者在职业教育贡献率计算中，采用“权数分配法”，突破了丹尼森模型分别计算各类教育对经济增长贡献率的难题，并对我国实行市场经济前后两个 11 年间的各类教育特别是职业教育对我国经济增长的贡献率进行了实证计算和比较研究；在职业教育社会收益率计算中，采用“因素排除法”突破了因教育而提高的劳动生产率测算问题，并对我国 4 类教育的社会收益率分别进行了实证计算和分析比较，得出了最新的结论与建议。

（3）模型应用创新上，作者在运用丹尼森模型计算我国不同时期教育贡献率过程中，发现了该模型可能的不足，提出了增加社会经济体制、教育质量、融入研究生教育和社会继续教育等 4 个因素的修正参数意见，并运用修正模型实证计算了我国 1982—1993 年间教育经济增长贡献率。

（4）理论应用创新上，作者在运用新经济人假说和诺斯意识形态理论分析问题的基础上，提出了人类行为成本-收益分析假说；在实证研究我国职业教育成本及个人与社会收益率的基础上，提出了各类教育结构性均衡发展的理想条件和原则，并据此对我国教育结构主要指标进行了粗略的实证分析；综合运用弹性理论、概率理论和收益理论等分析研究了我国职业教育对就业增长的贡献，得出了新的结论与启示。

(5) 资料选择处理上，作者选择了我国实行市场经济前后两个 11 年作为重点研究的时段，具有特别的意义；作者综合选用了十多种统计年鉴，科学合理地处理了 1 000 多个数据，填补了我国职业教育相关历史数据的空白，解决了我国职业教育经济学研究的数据瓶颈问题，为我国教育经济学研究的首例。

(6) 政策措施建议上，作者通过对职业教育的经济和就业增长贡献率、边际收益率、内部回收贴现率和社会收益率等诸方面进行综合分析的基础上，就我国职业教育发展及提高职业教育和相关教育的经济发展贡献与收益问题提出了系列配套的政策建议措施，包括：优化职业教育发展的环境和机制，降低预期成本、提高预期收益；加快发展中等职业教育，提高受职业教育的人均年限和质量，提升我国教育整体发展水平；优化投入结构比例和机制，促进职业教育与经济协调发展；完善市场机制，提升经济发展质量，提高职业教育供求的实效性。

总之，本书既有较强的理论性，分析比较全面、深入，富有说服力，又能运用丰富的历史文献资料和职业教育及相关教育改革的实际案例，把理论和实际比较紧密地结合起来，所提出的改革措施具有实行的可操作性。因而，它既不像有的理论著作那样枯燥难读或过于抽象和难以实施，又不像某些书籍那样只是单纯的资料堆积。这些都说明作者具有较强的理论素养和驾驭资料的能力，本专著达到了较高的水平。我高兴地读完专著的初稿，乐于看到它正式出版。

是为序。

2005 年 11 月 28 日于苏州

摘　要

本书主要研究职业教育对经济增长和就业增长的贡献大小、职业教育的成本收益分析及其个人内部回收贴现率和社会收益率估算、提高职业教育经济发展贡献及收益的政策建议等问题。本书共分7章。

第1章和第2章分别为绪论、主要支撑理论及概念界定、相关研究文献综述及其简评。该部分简介了本书研究背景、意义、方法、途径及可能的创新与不足之处；在对全书重要的概念进行界定的同时，对国内外已有教育的经济增长贡献和教育成本收益等方面的理论研究进行了历史的陈述和基本评价，在此基础上提出了本书所要研究的主要问题及研究所要达到的目标；通过人力资本理论各阶段发展特征的综述，揭示了教育和职业教育的经济发展贡献和成本收益内涵，并从教育经济理论的视角定位了教育及职业教育的经济发展贡献和成本收益研究的基本架构。

第3章为职业教育对国民经济增长的贡献。本章在柯布-道格拉斯生产函数的基础上，构造了教育对经济增长贡献的基本模型，并对该模型进行了扩展；提出了使用“权数分配法”突破分别计算各类教育对经济增长贡献率的难题，并在此基础上创建了我国各类教育对经济增长贡献率实证计算的具体方法和步骤。本章还通过对西方著名学者创立的计算教育对经济增长贡献基本模型本身不足的分析，提出了增加社会经济体制、教育质量、融入研究生教育和社会继续教育（社会培训及成人教育）等4个因素的修正参数意见，形成了新的计量模型。采用西方著名学者的模型及本书扩展的计算方法，分别计算出我国实行市场经济体制前后各11年教育对国民经济增长的贡献（分别为7.53%、9.071%）以及1993—2003年和1993—2004年各类教育对经济增长的贡献率，其中1993—2004年职业教育的贡献率约为5.897%。同时，根据我国实际，选择了适当的修正系数，运用修正后的新模型对我国1982—1993年教育对经济增长贡献率进行了实证修正测算。该部分通过国内外研究资料进行综合分析，初步形成如下结论：职业教育对经济增长贡献相对份额最高，增加职业教育含量是教育经济协调发展的关键；我国人均受教育特别是职业教育的年限少且总体水平低，教育对经济增长总贡献相对比较低，我国经济发展仍属于资源和资本消耗型粗放增长模式；经济及教育发展与贡献的阶段性递增特征规律是我国目前高等教育对经济增长绝对贡献低的主要原因；我国教育发展重心直接由义务教育阶段跨越式转移到高等教育是目前高等教育质量不高、高中阶段教育失衡的主要原因；我国各级各类学校之间投入的严重不平衡性是导致我国教育不公平的主要原因之一；教育需求与消费缺乏理性是造成各级各类教育供求失衡的重要原因；各级各类教育投资比例不当、教育过度与不足并存是导致我国教育相对浪费、效益不高的主要原因；我国接受高级别教育者收入高且提高幅度大，导致教育层次越高其边际收益越大；我国高级别教育边际收益率高而个人（内部）收益率低，是社会收益率大于个人收益率的实际体现；我国低层级教育个人（内部）收益率比较高，说明受教育层次越高其个人支出成本越大；我国的人力资本边际收益远大于物质资本，社会总投资应该继续向教育方面倾斜；我国受教育者个人投资的比重过大，造成教育特别是高层次教育有效需求不足；单位成本所获边际收益相等是实现各级各类教育供求均衡的基础条件；单位个人成本所获得的教育效用相等是实现各级各类教育有效供求的基本条件。

第 4 章为职业教育对就业增长的贡献。本章在对教育发展与就业增长关系问题进行理论分析的基础上，对我国 20 世纪 80 年代以来教育和职业教育发展与就业增长关系进行了实证研究，客观剖析了我国教育和职业教育发展与就业增长非一致性现象的成因，在此基础上初步形成了以下结论：教育发达≠教育发展≠经济增长≠就业增长；5 类教育结构问题在一定程度上决定失业结构；教育发展而失业增加是改革转型时期的产物；高等学校的毕业生应当为社会创造就业机会，而不应当去与社会的弱势群体争抢就业岗位；高等学校培养模式应由严进宽出向宽进严出转变；实行高等学校毕业生服兵役制度可一举多得；教育消费的直接产出乘数小于其他消费产出乘数，教育消费过度会抑制其他消费而影响经济增长；义务教育的公共产品性质决定其投入应当以国家和省级为主。

第 5 章和第 6 章分别为职业教育的成本及收益、职业教育主要问题的成本-收益分析。该部分在对职业教育成本及收益进行经济分析的基础上，提出了教育内部回收（贴现）率具体计算模型和职业教育及相关教育社会收益率计算的具体方法与步骤，实证计算了我国职业教育的个人内部回收（贴现）率以及高等学校本科、高等职业教育、中等职业教育和普通高等教育的社会收益率，并运用成本-收益理论对当前我国职业教育存在的“技工荒”、中等职业教育招生难、农村职业教育发展困难、职业院校训练基地的投资等问题进行了专门分析，得出的初步结论是：高中毕业后选择高等职业教育和初中毕业后接受中等职业教育要比直接进入劳动力市场更合算；高等职业教育社会收益率高于高等学校本科，中等职业教育社会收益率远高于普通高中；影响高（中）等职业教育收益率大小的主要因素是高（中）等职业教育毕业生与高（初）中毕业生的收入水平差距以及就业概率差距，换言之，高（中）等职业教育收益率及其收入差距的变化取决于高（中）等职业教育毕业生与高

(初)中毕业生的收入水平差距以及就业概率差距的变化趋势;我国教育的发展难点和重点是农村职业教育。

第7章是结论及政策建议。该章在按本书内涵逻辑关系对全书内容进行脉络性的综合评述和总结的基础上,提出了职业教育与经济和就业增长协调一致、进一步提高职业教育的经济发展贡献、大力发展职业教育特别是农村职业教育、促进我国社会经济科学和谐发展的有关政策建议。

关键词:职业教育;经济发展贡献;教育就业;成本收益;对策建议

ABSTRACT

This paper deals mainly with contributions made by the general higher education and vocational education to the growth of national economy, the analysis of the cost and yield of vocational education, the estimate of personal discount rate of recovery and the rate of social yield, and the strategies to improve the contributions of education and vocational education to the development of national economy. This thesis consists of eight chapters.

Chapters 1 and 2 are the Introduction, major supporting theories and concept boundaries, and summaries of reference documents the brief comments on them. This part briefly introduces the background, purpose, significance, approaches of research, and the possible innovation and shortcomings. It is also devoted, in addition to the definition of the related concepts in this paper, to a historical review and basic evaluation of existing documents at home and abroad on the contributions of education in promoting national economy. On the basis of the review it puts forward the main problems to be examined in this thesis and the objective of the research, i. e. to summarize the characteristics of theories of human capital in different stages so as to reveal the connotation of contributions made by the general higher education and vocational education to the growth of national economy, and define the basic framework of their contributions to economic growth from the perspective of educational economic theories.

Chapter 3 is the positive study of the contribution that China's vocational education makes to the growth of national economy. On the basis of Cobble-Douglas production function it designs and extends the model of measuring the contribution of education in promoting national economy. Having applied creatively the "coefficient admeasuring technique", the author solves the problem of measuring respectively the contributions of general higher education and vocational education to the growth of national economy. And based on the model, methods and means of measuring the contribution of education in promoting national economy have been established. By examining the insufficiency of calculation, fathered by the western authoritative scholar, of the educational contributions to the economic growth, this paper proposes a new model for increasing four correcting parameters, including the social and economic system, the quality of education, the addition of postgraduate education, and adult education as well. Adopting the model used by the celebrated western scholars, and the system of numbering developed in this thesis, contributions of all kinds of education in China in promoting national economy during the 11 years (from 1982 to 1993 and from 1993 to 2004) before and after practicing market economy are measured in this chapter as 7.53% and 9.071% respectively, of which the contribution of the vocational education in China during the period from 1993 to 2004 increased by approximately 5.897%. At the same time, the relevant revised parameters were selected according to China's reality and the new modified model was applied to measure the contribution made by education to economic growth from 1982 to 1993. Based on the composite analysis of information from abroad, a primary conclusion has been drawn as follows, contribution made by vocational education to economic growth is the highest of all and, therefore, to increase the proportion of vocational education is the key issue in harmonious development of education and economy. China's educational economic growth is comparatively low. Only by bettering the mechanism of harmonious development can its economic benefit be heightened. The length of an average Chinese being educated is short and the level of education is rather low, economic development belonging to the category of extensive management in resources and capital. The main reason that China's higher education makes an inadequate contribution to economic growth at the time being lies in the law that economy and the contribution made by education to it increase by degrees periodically. The focus of educational development leaping from compulsory education to higher education leads to the lower quality of higher education and the imbalance of high school education. Consequently, it becomes one of the main reasons that the imbalance of investment in different sorts of schools causes the unfairness in China's education. The need for education and irrational consumption is the main cause that imbalance exists in various schools at all levels. In a word, the comparative waste and low efficiency in China's education result from the improper proportion of investment in sorts of education at different levels, and the co-existing excess and shortage of education. The high marginal yield but low internal yield in China's education indicates that the social yield is big whereas the personal benefit from education is small. And the higher the level of education is, the bigger the marginal yield is, which shows that those who have received higher education earn more and their incomes increase faster. The big profit of internal yield of the lower level education indicates that the higher the education one receives the bigger one's expenditure is. The yield of manpower's capital is far bigger than material capital. Therefore, China's total social investment should incline continuously to education. The fact that the ratio of the educatee's investment is too high results in supply deficiency of education, especially the higher education. The basic condition to realize balance of demand and supply in education is that the yield of the educational unit cost is equal to that of the marginal. And the basic condition to realize the efficient demand and supply of all kinds of education is that the personal unit cost is equal to the educational effectiveness.

Chapter 4 is the study of the contributions made by education and vocational education to increase in employment. Based on the theoretical analysis of the relationship between educational development and employment increase, a demonstrative study on the relationship between the educational development and the employment increase since the 1980's in China has been carried out. Also, the contributing factor of the inconsistent phenomenon between the educational development and the employment increase has been analyzed objectively. Therefore, the following conclusion has been drawn that educational flourishing is unequal to educational development is unequal to economic growth is unequal to employment increase. The structure of unemployment is decided by that of the five types of education. The phenomenon that education develops while unemployment increases is the product during the period of structure transforming. College and university graduates should create employment opportunities for the society, not compete with the weak for employment. The educational model of colleges and universities should be changed from hard-to-enter-and-easy-to-graduate to easy-to-enter-and-hard-to-graduate. To practice college graduate recruiting system is of multiple gains. The output multiplier in educational consumption is far less than that of other consumptions. The over expenditure on education would restrain other expenditure and economic increase. Fund for compulsory education should be provided by the central government and provincial government.

Chapters 5 and 6 are the quantitative study of the cost and yield of China's vocational education, and the analysis of its cost and yield which is the major problem in China's vocational education. Based on the economic analysis of the cost and yield of vocational education, a calculating model is made in this part for the discount rate within education, and calculating methods and steps for vocational education and its related educational social yield are provided. Positive calculation is done to the personal discount rate in China's vocational education and the rate of social yield in education at the levels of undergraduate, vocational college, secondary vocational education and high school respectively. Using the cost-yield theory the author makes special studies on China's vocational education existing problems of the "shortage of skilled technical workers", difficulty in secondary vocational education recruitment, hardships in rural vocational education development, and investment in the training bases of vocational colleges and schools. The primary conclusion is that it is more cost-effective for a high school graduate to choose higher vocational education and for a middle school graduate to choose a secondary vocational school than to enter labor market directly. The social yield from vocational college is higher than that from undergraduate education, and the social yield from secondary vocational education is much higher than that from high school. The main factor that decides the rate of yield lies in the differences of personal income between those who graduate from vocational schools and those from high (middle) schools and the rate of being employed. That is to say, the change of the rate of yield in higher (secondary) vocational education and the income gap depends on the changing tendency in the income gap between vocational school graduates and high (middle) school graduates, and that of employment probability. The difficulty and key issue of developing China's vocational education is to develop the rural vocational education in China.

The last chapter is the summary of the whole thesis. On the basis of a clear, logical and comprehensive review and summary, the author makes suggestions on coordination between education and vocational education and economy and employment increase, increasing the contribution made by education and vocational education to the development of economy, devoting major efforts to develop rural vocational education and promoting harmonious social development in China's economy and science.

Key words: vocational education; contribution to economic growth; education and employment; cost and yield; countermeasures and suggestions

目　录

1 绪 论

1.1 研究的背景

2002 年全国职业教育工作会议以来，各地区、各部门认真贯彻《国务院关于大力推进职业教育改革与发展的决定》(国发[2002]16 号)，加强了对职业教育工作的领导和支持，以就业为导向改革与发展职业教育逐步成为社会共识，职业教育规模进一步扩大，服务经济社会的能力明显增强。但从总体上看，人们对职业教育的经济发展贡献和成本收益问题的认识还不够清楚，职业教育仍然处于我国教育事业的薄弱和边缘位置。发展不平衡，投入不足，办学条件比较差，办学难以及人才培养的规模、结构、质量还不能适应经济社会发展的需要。这些问题主要表现在以下几对矛盾中：

1）高等教育特别是高等职业教育快速发展与其对经济发展贡献不明显甚至下降的矛盾

教育经济学研究结果表明：教育投资收益率的大小是衡量教育对经济增长贡献大小的重要指标。根据美国经济学家的研究，初等教育、中等教育和高等教育的收益率分别是 35％、10％和 11％，社会平均教育收益率为 17.3％。这一研究结果暗示我们，初等教育对经济增长的作用，要大于中等教育和高等教育的作用，因此，在没有完全普及初等教育和中等教育的前提下，而盲目发展高等教育（包括高等职业教育，目前我国高等职业教育比例已占整个高等教育的50%)，势必影响教育对经济增长的作用，进而也影响教育的经济效益。世界经济水平大致相同的国家，其高等学校的规模都有所不同;我国高等学校规模跃居第2位，但GNP却仅相当于高等教育规模居第11位的西班牙，这不能不说明经济发展水平与高等教育发展规模没有更大的关联。在《1993年世界教育报告》中，列举了21个高收入国家和5个中等收入国家的经济发展情况与其高等教育规模的关系情况，其结论是:实际收入与高等教育的入学人数之间没有任何联系。报告中显示:瑞士、日本和瑞典的收入水平大约是新西兰、西班牙和爱尔兰的2倍，但他们的入学率却比后者要少，而挪威和芬兰的收入水平近似于日本和瑞典的收入水平，但其入学率却高得多。菲律宾、秘鲁、委内瑞拉、阿根廷和韩国等5个中等收入的国家，其学校入学率都高于大多数经合组织国家(人均GNP在12 000～36 000美元)。特别值得一提的是，除韩国外，其他国家的经济发展反而呈下降趋势。在新中国高等教育发展的历史上，也曾有过高等学校规模和招生数量相对增长过大的现象，而同期的经济并未出现显著的增长，甚至出现了下降的趋势。建国初(1950年)，我国第1届高等学校毕业生仅有1.8万人。1958—1960年高等学校招生比以往陡然增加了3倍左右，招生人数由1957年的10.6万人猛增至25.6万人～32.2万人。1966年"文化大革命"开始后，高等学校正常招生受到了严重冲击，但在极左思潮的影响下，自1970—1976年，我国又招收了一大批"上大学、管大学、用毛泽东思想改造大学"为己任的工农兵学员，累计达94万人之众!在这段高等学校扩大招生的时期内，不仅没有明显的经济增长势头，甚至还造成了经济下降!①

另外，我国1999年以来的高等学校扩招和就业难的事实也进

① 杨平.高校扩招与经济增长的理性思考[J].教书育人:普教版，2001(5):26-28.

一步突显了教育与经济发展的现实矛盾。据教育部《全国教育事业发展统计公报》，1999—2001 年的 3 年内，普通高等学校招生数（不含研究生）分别比上一年度递增 47.36%、38.16%、21.61%，到 2001 年时招生数已达 268.28 万人，是 1998 年招生数的近 2.5 倍。当时就有学者称之为“高等教育大跃进”。大规模扩招的结果是高等学校毕业生绝对数量急剧增加。由于 1999 年的大规模扩招，4 年之后的 2003 年，全国普通高等学校毕业生（不含研究生）达到了 187.75 万人，比 2002 年（133.37 万人）增加了 40.4%。而 2004 年、2005 年普通高等学校毕业生（含研究生）也分别比上年增加 68 万人和 58 万人。教育经济学家认为，高等学校扩招无疑增加了大学生就业的竞争，是大学生求职难的重要原因。据北京大学教育学院课题组的调查，与 1998 年相比，2003 年大学生毕业时已签约的比例明显较低，约比 1998 年低近 10%。该课题组大规模抽样调查还测算出，2003 年大学毕业生的一次就业率仅为 60.5%（专科类高等职业教育更低）。根据教育部统计，截至 2005 年 9 月 1 日，全国普通高等学校毕业生年度初次就业率达 72.6%。据专家介绍，教育部公布的初次就业率可能偏高，其原因是教育部把大学生中的“升学和留学者”列入“已就业者”，这或多或少掩盖了大学生“就业难”的问题。教育学者指出，大学生就业日渐艰难的确是事实。根据教育部长周济的讲话，“十一五”期间，全国还将有2 500 万大学生毕业。显然，在劳动力市场供过于求的大背景下，未来 3～5 年内，大学生就业形势依然艰难。以至于有人感叹，今日有的大学生的就业竞争力甚至还比不上民工！①

2）技能型人才严重短缺（“技工荒”现象）与职业教育招生难的矛盾

我国提出经济增长方式转变已有多年，但粗放型经济方式仍

① 常红晓.“天之骄子”风光不再[J].财经，2006(8)：111.

较突出，产业结构不合理，技术创新能力不强，许多产品很粗糙，数量很多而质量低劣，资源消耗大，综合能源利用效率约为33%，比发达国家约低10个百分点，而且安全生产事故也多，这些都与从业人员技术素质偏低、高技能人才匮乏有很大关系。这种依靠拼资源、扩规模的粗放型增长方式已走到尽头，经济增长方式转型已到达关键时期，新型工业化道路呼唤高技能人才和高素质的劳动者，呼唤加快发展职业教育。“十一五”期间，既是我国全面建设小康社会，加快推进工业化、城市化和现代化的“关键时期”，也是经济和社会发展面临许多重大而艰巨的任务、战略机遇与矛盾凸显的“并存时期”。在这种特殊时期中，职业教育具有两个需求主体，一是经济界的需求，二是老百姓的个人需求。近几年我国技能型人才严重短缺与“普高热”现象，正反映了教育与这两个需求主体间的矛盾，从而使职业教育成为市场调节失灵的领域。从走新型工业化道路的需要考虑，应优先解决职业教育招生难与技能型人才不足的矛盾，坚持政府主导、加强统筹管理，努力打造与社会主义市场经济体制相适应的职业教育的公共服务体系和良好的发展环境，使中国特色的职业教育真正成为教育发展的战略重点。

3）加快城市化进程与劳动力就业的矛盾

据《中国教育报》2005年12月3日报道，目前我国城镇每年需要就业的劳动力达到2 400万人，还有大批农村富余劳动力转移出来。从2000年到2004年，我国城镇化水平从35.1%提高到41.8%，年均提高1.4个百分点，每年农村劳动力转移进城多达1 000万人，给社会劳动力就业带来巨大的压力。国以民为本，民以业为生。“以人为本”，重要的是要解决好社会劳动力的就业问题。发展职业教育不仅是一个战略问题，也是一个重要的政治问题。为使“十一五”期间的经济能够继续保持快速健康的发展态势，我国必须继续推进城市化进程，继续保持农村劳动力的转移势头，农民工劳动就业的规模还将持续扩大。但由于农民工缺少技能，进城务工的就业岗位很不稳定，造成城镇低技能劳动力的失业率上升，成为社会不稳定的重要潜在因素。正因为如此，职业教育要做好3个服务：要为农村劳动力转移服务，提高进城农民工的职业技能；要为建设社会主义新农村服务，大范围培养农村实用型人才和技能型人才；要为提高劳动者职业能力服务，提高他们的就业能力、工作能力、职业转换能力以及创业能力。采取切实有效措施让更多的家庭困难学生接受职业教育，使老百姓得到更多实惠，才能更好地体现职业教育的“职业性、社会性、人民性”特征，体现财政政策对机会均等和社会公平的关注。

4）大力发展职业教育与财力不足的矛盾

职业教育在经费方面最突出的特征就是“培养成本高，而学生家庭收入层次低”。按照发达国家推进学校职业教育发展的经验，主要是由各级政府投入。例如法国政府为了支持职业高中发展，职业高中生均财政经费是普通高中的3倍左右。澳大利亚各级政府给技术与继续教育（TAFE）学院投入的经费比例为70%左右。作为发展中国家，我国人均GDP刚超过1 000美元，教育经费投入总体不足是客观事实，财政经费难以承担职业教育规模扩张的需要。据测算，如果按照现有生均资源水平以及规模发展目标，未来5年中等职业教育年均需要增加仪器设备投入为32亿元，需要增加财政预算内经费128亿元。面对这么大的投资强度，直接套用发达国家经验不符合我国的实际。

以上这些问题和矛盾都需要我们去研究，并着手尽力加以解决。

1.2 研究的目标、范畴及主要内容

1.2.1 研究的目标

通过本书的理论和实证研究分析，希望达到以下几个目标：

（1）通过研究职业教育和相关教育的经济增长贡献率及其相互之间的关系，在以定量方式揭示职业教育和相关教育经济作用的同时，运用教育经济学原理对纵向和横向的数据指标进行比较研究，反思我国各类教育发展过程中的政策选择，深化对职业教育和相关教育与经济相互作用规律的认识，并初步分析设想提出各类教育结构性均衡发展的理想条件和原则，供相关部门进行决策参考。

（2）通过对西方著名学者创立的教育对国民经济增长贡献基本计量模型的拓展实证研究，设想适合我国实际的修正计算模型，并突破分别测算各类教育对经济增长贡献率的瓶颈，探究出我国各类教育对经济增长贡献计算的具体方法和步骤，为我国教育经济学研究技术手段创新尽微薄之力。

（3）通过对职业教育和相关教育对就业增长贡献（作用）的理论和实证研究，弄清楚我国职业教育和相关教育发展与就业增长之间为什么会存在不一致性甚至矛盾的关系？并就此方面的政策进行一些探讨。

（4）通过在运用人类行为成本-收益分析假说研究我国职业教育存在的主要问题过程中，明晰存在问题的根本原因，解答人们对这些问题的困惑和模糊认识，并进而反思我国的相关政策。

（5）通过在职业教育及相关教育的成本与收益分析研究基础上，以定量方式测算职业教育和相关教育回收贴现率的同时，采用“因素排除法”突破因教育而提高的劳动生产率测定问题，对我国4类教育的社会收益率分别进行实证计算和分析比较，以得出一些有价值的结论与启示。

总之，希望通过以上几方面的探索性研究，进一步深化对教育与经济关系的认识，深化对教育内部的一些经济规律的认识，深化对教育经济学的学习与研究，促进教育科学数量化、教育决策科学化，为防止有关政策选择中的盲目性、随意性，提供一些研究数据和个人建议。

对这些问题的研究,既有理论价值,又有实践意义。

1.2.2 研究的范畴

为便于比较分析,本研究以我国实行社会主义市场经济体制前(1982—1993年)后(1993—2004年)各11年作为职业教育对国民经济增长的贡献测算及政策理论的研究对象;为满足基本理论的适用条件前提,本研究选择我国实现社会主义市场经济体制后1994—2004年间职业教育发展状况,作为成本与收益理论和实证分析的对象。

1.2.3 研究的内容

本书用经济学的眼光看教育,主要研究我国职业教育与相关教育的经济增长贡献、职业教育及相关教育的就业增长贡献、职业教育的成本及其收益率、提高职业教育收益及贡献的对策等问题。

1.3 研究的基本思路

1.3.1 研究的主要方法

辩证唯物主义和历史唯物主义是科学的世界观和方法论,是研究教育经济学的根本方法。把辩证唯物主义和历史唯物主义运用于我国职业教育的经济增长贡献和成本收益问题研究,则产生了以下具体的研究方法:

1) 定性分析与定量分析相结合

在社会科学研究中一般都要采用定性分析方法,关于职业教育的经济发展贡献和成本收益问题研究也不例外,它是运用抽象和归纳推理的方法来确定职业教育的经济发展贡献和成本收益质的规定性。定量分析就是用数学方法研究职业教育的经济发展贡献和成本收益的数量变化,通过运用经济计量学中有关计量经济模型、计算公式和相关量化指标，来论述、推理和说明职业教育的经济发展贡献和成本收益的数量经济关系。关于职业教育与经济发展的相互关系，既要认识其质的相互关系，又要了解其量的变化的相互关系，因此本研究中有必要把定性分析与定量分析有机地相结合起来。

2）调查和统计的方法

唯物辩证法认为，一切事物都是质与量的对立统一。调查和统计是在质与量的统一中从数量方面认识事物的科学方法，它通过调查统计资料的收集、整理和分析3个相互联系的步骤，反映事物的发展状况，揭示事物的发展规律。本项研究使用这种方法，主要是根据研究的内容，搜集和积累有关我国经济增长、教育发展、职业教育发展、人口素质提高等方面的统计资料，以及几个主要发达国家这几个方面的调查统计资料，然后从大量的资料中进行数据整理分析，经过计算和比较，最后进行理论概括。

3）采用计量经济学和教育统计学的一些计算方法

例如：研究产出与资本和劳动投入间的相互关系，采用新经典集合生产函数的分析方法，即柯布-道格拉斯生产函数分析法；研究教育水平提高的状况，采用教育综合指数计算法；研究教育对经济增长的贡献率、采用计算教育对国内生产总值增长速度的贡献比例，即计算由教育这个要素投入所带来的那部分国内生产总值的年均增长率占整个国内生产总值年均增长率的比例的方法；比较经济价值的大小，采用折算现值法；等等。

4）劳动简化法

本研究主要根据马克思关于比较复杂的劳动等于“多倍的简单劳动，因此，少量的复杂劳动等于多量的简单劳动”[1]的理论，以受教育年限的长短和劳动者的工资为主要简化尺度，参照丹尼森

① 马克思恩格斯全集：第23卷[M].北京：人民出版社，1972.58.

当年依不同教育程度的劳动者工资收入差别而制定的各级教育程度的劳动简化比，结合我国近年来不同教育程度劳动者的工资收入差别状况，确定我国目前的劳动简化率。需要说明的是，在一般情况下，教育年限长短和劳动复杂程度、劳动者工资收入高低是正相关的，但由于我国市场经济体制尚在初建、完善过程之中，就业岗位的获取、劳动者工资的高低，尚未完全依据市场供求关系或劳动者的素质来确定，因而这种正常的正相关关系不一定很明显。再加上确定这样的劳动简化率是就全社会总体情况而言的，难免显得过于简单化、一刀切，不很精确。但是这样的简化有理论依据和参考数据，便于计算和比较，也是不争的事实，所以仍是可行的。

5）比较研究方法

这是教育经济学常用的研究方法。本研究使用这种方法主要包括：水平比较，即对同一时期不同国家和地区的横断面进行比较；垂直比较，即对同一个国家、同一个地区不同时期的纵断面进行比较。以期在比较中总结历史、考察现实、揭示规律。

6）理论研究与政策研究为一体

关于职业教育的经济发展贡献和成本收益问题研究试图实现理论研究与政策研究为一体，主要运用以下 2 种方法进行推理论证：一种方法是进行理论推理，试图在理论上给出完整的说明；另一种方法是进行理论归纳，对实践经验和文献资料进行理论上的价值判断。

1.3.2 研究的着眼点

本研究的着眼点是：从人力资本理论、新经济增长理论、教育经济学理论、人类行为的成本-收益分析假说理论对职业教育的经济发展贡献和成本收益相互逻辑关系构建的基本框架出发，在不断完善的社会主义市场经济条件下，紧紧瞄准职业教育市场化发展取向，纵观职业教育改革和发展中出现的一些新情况、新问题，尤其是如何提高我国职业教育对经济增长和就业的贡献、解决“技工荒”与职业教育招生难问题、职业教育更好地服务“三农”等热点问题，进行理论和实证研究，提出政策建议。

1.3.3　研究框架

本研究思路框架如图 1.1 所示。

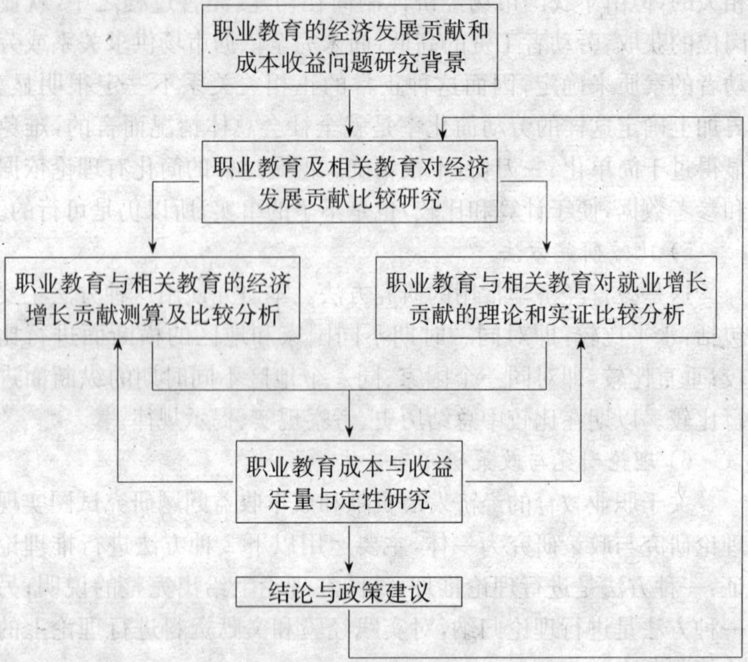

图 1.1　研究框架图

1.4　本书结构

本书结构如下：

第 1 章：绪论。本章主要说明本研究的问题以及背景，介绍本研究的意义、目标、研究的基本方法和思路、研究的着眼点，对国内外有关教育对经济增长贡献和教育收益率的研究进行了较为系统的综述简评，并对本书的基本框架及可能的创新和不足进行描述。

第 2 章：主要支撑理论及概念界定。对本研究中应用的主要相关经济学理论进行简要介绍，主要包括人力资本理论、新经济增长理论、教育经济学理论以及人类行为成本-收益分析假说理论；对本研究中的主要概念进行了界定。

第 3 章：职业教育对国民经济增长的贡献。在教育贡献的基本计量模型的基础上，拓展出职业教育及其相关教育对经济增长贡献计量的模型，探究我国职业教育及其相关教育对经济增长贡献的具体计算方法和步骤，提出教育贡献基本计量模型修正设想，实证估算我国 1982—1993 年教育对国民经济增长总体贡献以及我国 1993—2004 年各类教育对国民经济增长的分别贡献，并把我国教育的经济增长贡献分别进行横向（与其他国家教育的贡献）和纵向（与我国不同时期教育贡献）综合比较分析，形成一些结论与建议。

第 4 章：职业教育对就业增长的贡献。对教育和职业教育的就业增长贡献机理进行理论研究分析，并通过我国职业教育与相关教育对就业增长贡献的实证比较，剖析我国职业教育及其相关教育的发展与就业增长非一致性成因，探究我国提高职业教育就业增长贡献率的主要途径。

第 5 章：职业教育的成本及收益。对职业教育成本与收益进行经济分析，提出教育内部回收（贴现）率具体计算模型（图），实证计算并比较分析我国职业教育与相关教育的个人内部回收（贴现）率和社会收益率，并对我国教育成本和收益的具体计算方法及其影响进行评析与修正。

第 6 章：职业教育主要问题的成本-收益分析。运用成本收益理论分别对当前我国职业教育存在的“技工荒”现象、中等职业教育招生难、农村职业教育办学困难和职业院校训练基地投资等问题进行了分析。

第7章:结论及政策建议。在对全书总结的基础上,提出发展职业教育并提高其经济发展贡献率的综合性政策建议。

1.5 文献综述及其简评

1.5.1 国外与本研究相关或相类似的研究的状况

1) 关于教育对经济增长的贡献研究

国外对教育的经济功能的认识,大体上可以追溯至西方古希腊时代。古希腊思想家、教育学家柏拉图曾说:“在生产工艺中有两个部分,其中之一与知识关系更为密切。”在18世纪中晚期,西方国家中就有经济学家将“人才资本”包含在固定资本的定义之中。他们认为通过教育可以改善和提高人的生产技能,从而促进经济生产活动,因而人才资本是经济活动中的一个重要组成要素。其中最为著名的当属英国古典经济学家亚当·斯密(A. Smith),他作为古典经济学的主要奠基人之一,对资本主义经济理论的形成起着极其重要的作用,其影响非常深远。1776年,亚当·斯密在《关于国民财富的性质与原因的研究》一书中指出:“学习是一种才能,须受教育,须进学校,须做徒弟,所费不少。这样费去的资本,好多已经实现并固定在学习者的身上。这些才能,对于他个人自然是财富的一部分,对于他所属的社会,也是财富的一部分。工人增进熟练的程度,可和便利劳动、节省劳动的机器和工具同样看做是社会上的固定资本。学习的时间里,固然要花费一笔费用,但这笔费用可以得到偿还,同时也可以取得利润。”这段话明确地指出了无论对个人还是对社会,投资教育都能够增加财富的积累能力,个人或社会投资于教育都可以得到补偿和价值增值。“一个费去许多功夫和时间才学会的需要特殊技巧和熟练技能的职业的人,可以说等于一台高价机器。学会这样职业的人,在从事工作的时候,必然期望除获得普通劳动工资外,还收回全部学费,并至少取得普通利润。而且,考虑到人的寿命长短极不确定,所以还必须在适当的期间内做到这一点。正如考虑到机器比较确定的寿命,必须与适当期间内收回成本和取得利润那样,熟练劳动工资和一般劳动工资之间的差异,就基于这个原则。”从以上精彩论述中我们可以判断,亚当·斯密当时就已经具有人力资本概念,而且他实际上已经探讨了人力资本或教育培训的投资回报问题。作为德国历史学派突出代表的弗里德里希·李斯特(F. List),也从后起的资本主义追赶发达列强国家的立场出发,提出了“精神资本”的概念,甚至明确提出应该将教师列入生产者范围内,并且认为教师的劳动比一般的生产性劳动有更高的效率,事实上间接提出了教育促进国家经济的原理。“一国最大部分消耗是应该用于后一代的教育,应该用于未来生产力的促进和培养。”马克思也在多种场合提出了教育促进社会财富的创造,推进社会进步的作用,教育“会生产劳动能力”。但很可惜,马克思没有将这种思想贯彻始终。与他的德国同乡李斯特相反,他不承认教师的劳动属于生产性劳动,认为老师的劳动“不创造价值和剩余价值”。在马克思有关教育对经济增长贡献的思想中,被后人更多、经常引用的是教育作为上层建筑对经济基础的反作用这一比较笼统的观点。长期以来,强调物质资本在经济增长中的核心作用一直是经济学界的主流声音。这种对物质资本的强调在约翰·梅纳德·凯恩斯(J. M. Keynes)那里更是发展到登峰造极的地步。凯恩斯不仅不重视这种被大多数经济学家都曾经提到但又重视不够的依附于劳动力身上的人力资本,而且甚至将劳动力当做经济增长中的被动因素,在他看来,现代社会中的这种“过剩的劳动力”需要投入更多的物质资本来减轻社会的负担。从现代经济增长经济学的角度来看,真正把教育当成经济增长的内生变量的现代学者是经济学家罗伯特·索罗

(R. M. Solow)，他使用生产方程考察投入产出关系时，对除去资本和劳动力这些传统生产要素作用之外无法解释的“残余”贡献，提出了技术进步因素的观点，实际上是间接指出了教育对经济增长的贡献。

尽管在 18 世纪和 19 世纪，有那么多经济学家都认为教育对个人的职业地位和个人终生收入有相当大的影响，但是，他们并没有科学而系统地分析教育对经济发展的作用问题，即使是定性分析，也是相当不全面的。从数学的角度来分析教育对经济发展的作用，较早进行这方面尝试的当属英国和美国的一些学者，如詹姆斯·道奇(1904)“将几个大工厂从业人员的收入，按普通劳动者、在工厂受过学徒训练者、职业学校毕业生和技术学校毕业生等几种类型，进行比较研究，目的在于估算受不同程度教育者的货币价值”。前苏联学者斯特鲁米林(1924)在《国民教育的经济意义》论文中，提出了劳动简化法，通过平均劳动简化系数计算出教育对国民收入增长所做的贡献。科马洛夫(1972)根据受教育年限长短的不同，确定了具有不同教育程度的劳动者的劳动复杂程度系数，以此劳动复杂程度系数作为劳动力质量修正尺度，计算了前苏联 1960—1975 年期间教育对国民收入增长的贡献为 37.1%。斯·尔·科斯坦扬(1979)则以教育费用的不同作为劳动力质量修正的尺度，计算了前苏联 1960—1970 年教育对国民收入增长的贡献为 18%。虽然采用了与西方学者们不同的研究框架，但他们得到了类似的结论：教育确实能促进经济增长。

到 20 世纪五六十年代之后，由于计算机技术的出现和广泛应用，教育与经济关系问题的研究才产生突破性进展。可以说，到 20 世纪 50 年代中晚期，许多经济学家才真正开始对教育对经济增长的贡献问题感兴趣，他们先从人力资本投资的角度入手，分析个人从教育中获得的直接收益问题，进而通过某种特定的假设条件，设计出一些似乎行之有效的数学模型，最后得出教育对经济增长的具体贡献值。因为在50年代末期，一些发展经济学家发现，劳动力和资本的增加，只能解释一个国家经济增长的一部分，而有相当大的一部分无法加以说明和解释。这一无法解释的部分被后来的学者称为“残值”。

1957年8月，索罗在美国《经济统计论评》上发表文章认为，这一“残值”首先是由技术的贡献所致，但可能也有其他方面的贡献。从现代经济增长经济学的角度来看，罗伯特·索罗是真正把教育当成经济增长的内生变量的现代学者。后来，爱德华·丹尼森(E. F. Denison)、西奥多·舒尔茨(T. W. Schultz)等经济学家，又把这一“技术的贡献因素”进一步分解为资本的质量和人力投资两方面因素。在20世纪50年代晚期和60年代，舒尔茨的一系列研究逐渐发展和完善了这一观点，即教育的费用并不应该被看成为“消费”，而更应该被视为“投资”，这种投资就是所谓的“人力资本投资”，它是能够提高劳动者生产物质产品的能力的一种智力投资。因此，舒尔茨认为，正规学校教育至少是人力资本投资的一部分，它可以提高每个工人的生产产值，因而这一教育投入也是经济意义上的投资行为。

毫无疑问，有关教育对经济增长发生作用、提供贡献的最全面、最详尽、最经典的理论应当是人力资本理论。舒尔茨在1960年美国经济学年会上发表了题为“论人力资本投资”的演说，系统、深刻地论述了人力资本理论，开创了人力资本研究的新领域。尽管从严格意义上讲，我们不应该把舒尔茨当做人力资本理论的创始人，但由于他在人力资本理论上的突出成就，使他当之无愧地成为人力资本理论之父。1979年国际经济学界将诺贝尔经济学奖授予舒尔茨，就是国际经济学家对人力资本理论之父的最充分的承认。

舒尔茨的人力资本理论有5个主要观点：

(1) 人力资本存在于人的身上，表现为知识、技能、体力(健康状况)价值的总和。一个国家的人力资本可以通过劳动者的数量、质量以及劳动时间来度量。

(2) 人力资本是投资形成的。投资渠道有5种,包括营养及医疗保健费用、学校教育费用、在职人员培训费用、择业过程中所发生的人事成本和迁徙费用。

(3) 人力资本投资是经济增长的主要源泉。舒尔茨说,人力投资的增长无疑已经明显地提高了投入经济起飞过程中的工作质量,这些质量上的改进也已成为经济增长的一个重要的源泉。有能力的人民是现代经济丰裕的关键。

(4) 人力资本投资是效益最佳的投资。人力投资的目的是为了获得收益。舒尔茨对1929—1957年美国教育投资对经济增长的关系进行了定量研究,得出如下结论:各级教育投资的平均收益率为17%;教育投资增长的收益占劳动收入增长的比重为70%;教育投资增长的收益占国民收入增长的比重为33%。也就是说,人力资本投资是回报率最高的投资。

(5) 人力资本投资的消费部分的实质是耐用性的,甚至比物质的耐用性消费品更加经久耐用。

在阐述教育对经济增长的贡献方面,舒尔茨的经典贡献表现在:

(1) 准确地推广了人力资本的内涵与外延。在舒尔茨之前大多数经济学家都把能够实现价值增值的手段理解为仅仅存在于机器、厂房设备、存货等有形的物质生产要素上面。舒尔茨总结了部分前人有关人力资本的思想,明确提出了“人力资本”的概念,并准确地将人力资本定义为体现在人身上的、可以被用来提供未来收入的一种资本(即能够带来比投入时更多的收入)。这种人力资本与传统的物质资本的差别只是实现价值增值的载体不同,相对于传统的体现在物质生产要素上而言,这种实现价值增值的手段是体现在人自身上的。“劳动者成为资本拥有者,不是由于公司股票的所有权扩散到民间，而是因为劳动者挖掘了具有经济价值的知识的技能——学习能力、完成有意义工作的能力、进行各种文娱活动的能力、创造能力和应付非均衡的能力。这种知识和技能在很大程度上是投资的结果。"舒尔茨扩展了资本的内涵，认为全面的资本概念应该包括人和物两个方面。人力资本的概念可以从几个方面理解：从人作为劳动力所具有的劳动能力或素质方面理解，这时人力资本表现为人的知识、劳动技能、经验和熟练程度；人的劳动能力和素质可以通过对人本身进行投资获得，也就是说，通过对人本身进行投资可以增加人力资本的价值；人力资本作为资本存在的一种形态，人们可以像对物质资本那样进行投资，个人或社会组织对人力资本的投资可以获得像对物质资本投资那样的收益，收益的差别将表现出人力资本的所有者——劳动者收入的差别上；人力资本凝结在"人"而不是"物"上，没有谁能够将"人"和"存在于人体身上"的这种资本分开。

(2) 第一次从宏观角度提出了教育是经济增长的源泉和缩小收入差别的手段。教育可以使经济增长，增加个人收入，从而使个人收入社会分配的不平等现象趋于减少。因为通过教育可以提高人的知识和技能，提高生产的能力，从而增加个人收入，使个人工资和薪金结构发生变化。舒尔茨认为个人收入的增长和个人收入差别缩小的根本原因是人们受教育水平普遍提高，是人力资本投资的结果。教育对个人收入的影响主要表现如下：首先，工资的差别主要是由于所受教育的差别引起的，教育能够提高工人收入的能力，影响个人收入的社会分配，减少收入分配的不平衡状态。其次，教育水平的提高会使因受教育不同而产生的相对收入差别趋于减缓。舒尔茨认为随着义务教育普及年限的延长，随着中等和高等教育升学率的提高，社会个人收入不平衡状况将趋于减少。再次，人力资本投资的增加，还可以使物力资本投资和财产收入趋于下降，使人们的收入趋于平等化。舒尔茨指出，在国民经济收入中，依靠财产收入的比重已相对下降，依靠劳动收入的比重在相对增加，其中人力资本对经济增长的贡献也随之增加。

(3) 开创教育对经济增长贡献的具体计算方法。20 世纪 50 年代，舒尔茨发表了他的关于人力资本的经典论文，定义了教育投资和人力资本等经济活动，设计了对教育投资价值的计算方法，并估算了 1929—1957 年美国教育投资的成本和收益率。他把资本分解为物质资本和人力资本两部分，通过计算一定时期内因教育水平的提高而增加的教育资本存量和教育资本收益率来测量教育的经济效益。具体的公式为：$P_e = (\Delta K_e r)/\Delta Y$。其中，$P_e$ 为教育对国民收入增长的贡献额，ΔK_e 为教育投资增量，r 为教育投资的平均收益率，ΔY 为一定时期内国民收入增量。教育投资增量 ΔK_e 等于末期的教育资本存量减去初期的教育资本存量，教育资本存量是用各等级毕业生人数和各等级教育支出的乘积加总来衡量的。教育平均收益率 r 是各级毕业生教育收益率的加权平均值，每一级的教育收益率 $r_i = (X_2 - X_1)/C_i$。其中，X_2 为本级毕业生人均工资收入，X_1 为低一级毕业生人均工资收入，C_i 为本级毕业生的人均教育费用。

舒尔茨之后，教育对经济增长贡献的研究呈现出多样性。一方面，以加里·贝克(G. Baker)和丹尼森为代表的学者沿着舒尔茨的人力资本理论进行思考；另一方面，一些学者将信息经济学和国际贸易理论的一些见解用于教育对经济增长贡献的研究，得到一些看似批驳人力资本理论，实际上与人力资本理论殊途同归的结论。贝克修补和深化了舒尔茨教育人力资本的观点，他把讨论的重心从正式学校教育转移到劳动培训。贝克在其经典著作《人力资本》中对劳动培训形成人力资本的决策过程进行了深刻论述，提出了非专业技能的培训费用由雇主承担、专业技能的培训费用由雇员承担的论断。这些填充了舒尔茨研究的空白，但是他并没有在教育对经济增长的贡献方面做出更多贡献。丹尼森(1960)则采用了不同于舒尔茨等人的思路,他试图从历史统计分析中度量增长的各种因素。丹尼森把经济增长因素分为两类:总投入的增加和单位投入的产出的增加。总投入可分为劳动、资本和土地3项,其中,劳动投入量由从业人数、工作时间、从业人员的受教育程度等子项组成,单位投入量产出的增长由资源配置的改善、以市场的扩大来衡量的规模经济和知识的进展等因素组成。然后逐项推算出各因素对国民收入年平均增长率所做的贡献,比较各增长因素的相对作用。根据丹尼森的计算结果,美国1929—1969年间人力资本对经济长的贡献平均为23.83%,远高于发展中国家的水平和世界平均水平。丹尼森用“经济增长因素分析法”在1974年测算了美国教育对经济增长的贡献。在计算教育程度提高对国民收入增长的贡献时,丹尼森将教育程度提高归入人力资本投入量增加的范畴,把教育水平提高看做是促进人力资本质量提高、从而对经济增长产生影响的主要因素,由此计算出美国1922—1957年间的经济增长有1/5应归功于教育。另据丹尼森的测算,如果假设美国1929—1969年间人均国民收入增长率为1.89%,则教育对国民经济的贡献率大约为0.39%。尽管这种方法假定了工资差别与人力资本受教育程度对经济增长贡献程度相同以及将知识进展当成独立要素,但仍得到了广泛认可,分解结果被广泛引用。

20世纪70年代以后,随着信息经济学的兴起,人们逐渐将这种新的思想方法引入到教育对经济增长贡献的研究中,其中最为成功的是诺贝尔经济学奖得主迈克尔·斯彭斯(A. M. Spencer, 1978)提出的“教育甄别假说”,认为教育年限或者教育投资与受教育者工资间的正相关关系是雇主根据求职者的教育水准进行安排的结果,而非因为人力资本理论所宣称的劳动生产率提高。接受教育不能增加认知能力或者社会化程度,教育只是作为一种甄别手段存在。他将具有不同生产率的个人进行分类,如大学教育就能将社会成员分为3类:未能进入大学者、进入大学而未能通过大学者和通过大学者。在雇佣谈判中,雇主与求职者间存在严重的信息不对称。雇主很难了解求职者的知识、能力、品质等条件,也很难预测求职者未来的工作实绩,于是他便把求职者的教育水准当做区分求职者个人能力的识别工具。根据教育的水准来识别不同能力的求职者,并根据教育水准来安排求职者的工作。雇主在信息不完全的限制下便给予受教育水准较高的雇员以较高的工资。在高生产率的社会成员能够以较低成本获得文凭的假定下,这种甄别能够有效运作,高生产率者通常能够被安排到更需要的位置。可以看到,尽管"甄别假说"否认了人力资本的存在,但它与人力资本理论并不相反。实际上,它指出了教育促进经济增长的另外一条途径:促进社会人力资源的合理配置。从个人角度来看,教育的甄别作用同时也是增加生产率的作用。事实上,由于教育的这种"甄别效应"确实存在,人们通常把它作为人力资本理论的一种补充。

20世纪80年代以后,国际贸易理论也被运用到教育对经济增长贡献的研究中来。人们发现,教育具有类似于出口的性质。除了可以通过直接形成人力资本外,教育还能够通过多种渠道促进其他部门的生产:

(1) 提高子女的品质(健康状况、认知能力的发展、受教育程度、选择职业的性质、未来收入等)。由于受教育程度与收入水平的正相关关系,受教育程度较高的父母通常能够为子女的健康、认知能力的发展提供更好的机会。

(2) 提高家庭内部劳务生产的效率。教育不但可以提高正式生产的效率,也可以提高家庭非正式生产的效率进而提高整个社会的生产效率。

(3) 有助于改善受教育者本人及其配偶和家庭成员的健康状况。更高的教育程度、更高的收入意味着受教育者及其家庭成员在健康的保持上得到更多的智力和财力支持。

(4) 降低生育率。有研究表明高学历人群的生育率明显低于低学历人群。

(5) 提高消费者选择效率。

(6) 提高劳动力市场双向选择的效率。

(7) 提高婚姻选择的效率。

(8) 提高储蓄率。

(9) 降低犯罪率。

(10) 提高社会和谐程度。

(11) 促进技术进步与传播。

(12) 促进社会民主化进程。

(13) 提高环境质量。

在教育外溢效应的支持者看来,教育部门对其他部门生产的外溢效应与教育所生产的人力资本同样重要。同时也可以看到,他们试图将"教育甄别"效应包括在外溢效应中。这种思考方式极大地拓宽了教育与经济增长关系的研究视野,因此受到了越来越多的关注。

从20世纪80年代中期以来,以美国保罗·罗默(P. Romer)和罗伯特·卢卡斯(R. Lucas)的著作为开端,新增长理论开始迅速发展。新增长理论把由知识积累或由人力资本积累引起的内生技术进步看成是经济增长的源泉。在罗默的知识溢出模型、斯托齐的"干中学"模型中,都认为教育在技术进步、研究开发和技术扩散中发挥着基础作用,从而影响经济增长。由于不同的国家、不同的经济发展阶段,对经济增长产生作用的人力资本可能有不同的内涵。现在西方学者普遍使用的方法是测量劳动人口中的受教育程度,以此来代表人力资本,从而建立教育与经济增长的数量计算关系。如1982年,Mass和Criel以入学率为基础估计了16个东非国家的基尼系数。英国萨卡罗普洛斯(G. Psacharopoulos)和

Ariagda(1986)认为最能恰当测量人力资本发展水平的指标应是教育成就的存量指标,它被定义为平均受教育年限。

巴罗(R. J. Barro)和李琼华(Lee Jong Wha)于1991,1993,1997,2000年在一系列文章中,收集了更多的跨国数据,并把教育成就和经济增长进行了回归分析。巴罗(1992)对98个国家1960—1985年间入学率与人均GDP的增长率之间的关系进行了多项回归分析,发现一个国家的经济增长率与起始的初中等入学率高度正相关,相关系数达0.73。曼奎(G. Mankiw,1992)则在柯布-道格拉斯生产函数的基础上加入了人力资本作为新生产要素,使用索洛模型考察了经济合作与发展组织(OECD)国家的经济增长情况,计算结果是教育对OECD国家经济增长的贡献率为22.3%。L. J. Lau(1993)计算出教育对巴西经济增长的贡献率为25%。Z. Griliches(1997)计算出教育对以色列经济增长的贡献率为14%。

2) 关于教育收益率的研究

明瑟(J. Mincer)收益率和内部收益率是研究教育收益率时最常用的两种方法。由于明瑟收益函数计算教育收益率只需要样本的教育程度和收入情况,而不需要知道样本完成某年教育所花费的成本,因此应用起来简便易行,所以多数国外研究者倾向于用明瑟收益函数计算收益率。经典的研究证明,随着经济发展水平的提高,教育收益率会下降。一般来说,发展中国家的教育收益率最高,新兴国家次之,发达国家最低,见表1.1。原因是发达国家教育规模和教育水平发展成熟稳定,受教育程度高的劳动者供给比较充分;而发展中国家受教育程度高的劳动者相对稀缺,因而收益率高。

O. Arias和W. W. McMahon的研究表明,美国从1975年到1995年,大学教育收益率从8.2%上升到13.3%,远远高于美国其他资本投资收益率(例如公司股票和政府的中期债券)。萨卡罗普洛斯在1985年的研究中证明,教育收益率随教育程度的提高而降低,小学的教育收益率最高,中学次之,大学最低,见表1.1。

表 1.1 部分国家和地区的教育收益率 (%)

国家或地区	社会收益率			私人收益率			明瑟收益率
	小学	中学	大学	小学	中学	大学	
非 洲	26	17	13	45	26	32	13
亚 洲	27	15	13	31	15	18	11
拉丁美洲	26	18	16	32	23	23	14
地中海国家	13	10	8	17	13	13	8
发达国家		11	9		12	12	9

资料来源:Psacharopoulos G. Returns to education: A further International update and implications [J]. The Journal of Human Resources, 1985, 20(4):583-604.

L. E. Vila 在对西班牙 20 世纪 80 年代的教育收益率的研究中发现:除大学本科和初中的边际教育收益率有所下降外,其他教育水平的教育收益率都有比较明显的上升,见表 1.2。

表 1.2 不同教育水平的教育边际收益率 (%)

教育水平	1981 年	1991 年
初 中	8.9	4.2
高中(学术性)	4.3	5.0
高中(职业性)	3.3	4.8
大学(短期)	3.9	7.3
大学(长期)	10.1	9.3

资料来源:Vila L E, Mora J G. Changing returns to education in spain during the 1980s [J]. Economics of Education Review, 1998 17(2): 173-178.

所有的研究几乎都验证了女性的教育收益率高于男性的教育收益率,但女性的绝对收入则低于相同教育程度的男性。原因大概是女性的教育机会成本较低。同时，女性参加工作的比例也低于男性，相对来说受教育程度高的女性的稀缺程度高于男性，因而教育收益率高于男性。而女性绝对收入低于男性的原因是女性的工作时间常常被打断(怀孕和抚养儿女等)，因此往往要重新进入劳动力市场，收入受到很大影响。但随着教育程度的提高，性别之间的收入差距将越来越小。H. K. Siphambe 在对博茨瓦纳的研究中验证了女性的教育收益率高于男性同伴，但男性的收入明显高出同等教育程度的女性(见表 1.3)。

表 1.3　不同教育水平、不同部门和性别的月收入(博茨瓦纳)　普拉

教育水平	私人部门的员工			公共部门的员工		
	所有	男性	女性	所有	男性	女性
文盲	608	658	210	584	676	348
初小	535	609	303	667	972	438
高小	526	622	402	705	809	455
初中	669	774	577	1 024	1 105	953
高中	1 265	1 395	1 088	1 319	1 541	1 083
大学	2 416	2 364	2 485	2 842	3 491	1 967

资料来源：Siphambe H K. Rates of return to education in Botswana [J]. Economics of Education Review, 2000, 19(3): 291－300.

注：普拉为博茨瓦纳货币单位。

A. Alba-Ramirez 等人在研究西班牙的收益率(见表 1.4)中证明无论在公共部门还是在私人部门，女性的教育收益率都高于男性教育收益率(分别是 7.5∶5.1;8.0∶5.4)。在 Vila 和 Mora 的研究中也发现基本相同的结论。

在 O. Arias 和 W. W. McMahon 对美国教育收益变化的研究中也发现，在各个教育水平上女性的年收入平均增长率都明显高于男性。

表 1.4 不同教育水平、不同部门和性别的月平均收入(1990 年,西班牙)

性别和教育水平	私人部门/比塞塔	公共部门/比塞塔	公共/私人收入均值比率
全体	144 875	96 528	1.50
男性	153 335	104 900	1.46
女性	132 575	76 172	1.74
低于小学	91 651	87 317	1.05
小学	118 230	94 045	1.25
初中	117 731	80 558	1.46
高中	137 607	117 264	1.17
大学	183 136	136 262	1.34

资料来源:Alba-Ramirez A. San-Segundo M J. The Returns to Education in Spain [J]. Economics of Education Review, 1995, 14(2).

注:比塞塔为西班牙货币单位。

Psacharoloupos 的研究表明,私人部门的教育收益率高于公共部门的教育收益率(13∶11)。一般的研究也同意这样的观点,因为私人部门的收入安排是以劳动生产率为原则的,工资具有竞争性,劳动力市场是开放的,而公共部门的薪酬安排存在一定的信号作用,并且在一定程度上存在劳动力市场分割影响。但是,在一些国家情况并非如此。Siphambe 在对博茨瓦纳的研究中发现明瑟收益函数在解释公立部门的教育收益方面更为显著,在解释私人部门的教育收益方面则弱一些,表明正规学校教育培养的素质和能力更适合于公立部门的需要。而工作经验在私人部门中对收入的决定作用则明显强于在公立部门中的作用。

Siphambe 在对博茨瓦纳的研究中还发现,公共部门的劳动者受教育程度平均比私人部门的劳动者高 1.7 年(9.5—7.8),每月平均劳动时间低于私人部门的劳动者27小时(196－169),平均收入却相当于私人部门的平均收入的151%。公共部门的教育收益率为9.4,而私人部门的教育收益率为7.5。他认为其原因,一是公共部门由于人员紧缩后报酬有了明显上涨,二是由于劳动力相对充裕使私人部门不必付给比公共部门人员高的报酬就可以雇到人。

A. Alba-Ramirez等人在研究西班牙的收益率中得出:除中等教育外,公共部门员工的收入都高于私人部门,可能的原因是失业造成的。在私人部门就业的人员由于迫切需要先就业再择业,因此在刚跨入私人部门时一般在比较低的岗位上。而且西班牙的私人部门失业风险高于公共部门。中等受教育程度的员工在公共部门的升迁机会较小,因此教育收益率低于私人部门。

1.5.2 我国学者的研究成果及其简单评述

1)关于我国教育对经济增长的贡献研究

我国对教育的经济功能的认识,大致可以追溯到春秋战国时期。生活在春秋战国时期的墨翟(约公元前463—公元前378年)便指出过:“教人耕者其功多”。在我国古代,人们很早就认识到发展教育是使经济发展、国家富强的条件之一,就有教育经济思想的萌芽。帝国列强入侵我国,使我国沦为半封建、半殖民地社会。为了维护封建统治,魏源、龚自珍等也看到了教育对改良社会、国家富强的作用。洋务派张之洞等人提倡“新教育”——“西学”,提倡学“西艺”,主张“中学为本,西学为用”,“自强”和“求富”,在客观上反映了一定的社会生产发展的需要。清末维新运动领导人康有为、梁启超、谭嗣同等人也都看到教育是国家富强的根本,认为教育不良是中国软弱的主要原因。梁启超认为:“中国之衰弱,由于教育之未善”;康有为在《请开学校折》中建议,仿照德、日学制,提出国家也应大量筹集教育经费,并“鼓励绅民,捐创学堂”。

20世纪初,资产阶级民主革命运动对教育提出了新的要求。

孙中山、蔡元培、黄炎培等人都提出了发展教育促进国家富强的主张，提出了“实利教育”、“实业教育”、“普及教育”、“职业教育”等主张。孙中山谈到教育与经济的关系时认为，要普及教育必先“治本”，即要先用革命的方法推翻阻碍经济发展的势力，教育普及才有可能。蔡元培1912年把实利主义教育列为宗旨之一，指出：“实利主义之教育，以人民生计为普通教育之中坚”。黄炎培等职业教育家们认为，随着工业日渐发达，职业教育必然要得到不断发展。他们把职业教育作为解决生计问题的根本，看到了职业教育在发展生产和解决生计上的作用。

“五四”运动和马克思主义传入我国，给我国革命的教育注入了新鲜血液，使我国教育理论和实践出现了新的契机。不少革命家、思想家、教育家如李大钊、鲁迅、陶行知等对教育与经济的作用、教育与生产发展等都发表了有价值的论著。特别值得提出的是我国早期的马克思主义教育理论家杨贤江关于教育与经济关系的论述。他在1918年3月主编的《学生杂志》中提出了“如何可费最少精力而举最大效果”的思想。杨贤江认为，在现代生产条件下，实施知识技能的教育是社会“生产组织自身的必要”，他还看到教育“受制于经济”、“受制于政治”，并大声呼吁“要力争增加教育经费，使学校各项教育设备臻于完备，反对军阀官僚以任何名义减少或挪移教育经费”。

我国进步教育家古梅在中国教育经济学发展史上占有突出的地位。他在1934年所著的《中国教育之经济观》一书中，用经济观点充分阐述了我国的教育问题，并首先提出了教育经济学的观点。他主张：教育者应具有经济观点，要明确教育在社会经济发展中的地位和作用；发展生产要重视人才；要注意研究教育成本，提出学生费用是值得研究的问题；办教育要讲经济效率，教育者在教育领域要注意提高经济效率，应当在经费、劳力、时间与机会方面谋求最小限度的浪费，在生产的效能与事物的利用方面取得最大限度的经济效果；受教育要具有一定的经济条件；提出办教育要量经济之力而行的思想。古梅的教育思想构成了中国教育经济学的早期雏形。

1949年中华人民共和国的成立，揭开了中国历史新的一页。经济和教育事业很快得到恢复和发展。但由于当时的特殊环境和比较封闭的状态及后来的“文化大革命”的破坏，当教育经济学作为独立学科于20世纪60年代初在西方形成之后，没有在我国经济学界和教育学界引起注意和重视。直到1965年《人民日报》上才发表了第一篇介绍教育经济学的文章，这方面的学习和探讨而后又被扼杀。党的十一届三中全会之后，我国的经济和教育进入了一个新的历史时期。随后，教育被确定为经济和社会发展的战略重点之一，为教育经济学的研究和发展创造了极为有利的社会环境。1977年到1979年的3年，在全国各报刊上发表了数以百计关于教育与经济发展、经济增长关系的文章、译著，介绍了国外教育经济学的一些材料。在1979年全国教育科学规划会议上正式提出要建立我国的教育经济学。1980年8月，中央教育科学研究所在北京召开全国教育经济学研究工作交流会，于光远、许涤新、董纯才等著名经济学家和教育学家，在会上倡导建立我国教育经济学。1981年8月刚成立的全国教育经济学研究会筹备组，在北京举办讲习班，由华东师范大学邱渊教授首次在我国系统地介绍了西方和前苏联教育经济学的产生、发展和基本内容。此后陆续出版了一批译著、论著和教材。

厉以宁从1984年开始强调智力投资的生产性问题，在我国最早提出“教育的社会经济功能”、“能力工资”以及“知识与技能评分”。1984年9月，中国教育经济学会在黄山正式成立。1985年，该学会与华中师范大学联合创办的《教育与经济》杂志正式出版，与美国的《教育经济评论》成为全世界仅有的2份专业杂志。与此同时，自80年代初以来，在北京大学、北京师范大学、华东师范大学、华中师范大学和厦门大学等几十所高等学校相继开设了教育经济学课程，经批准在北京大学、厦门大学、北京师范大学、华东师师大学、华中师范大学相继设立了该学科的硕士点，已培养了数十名硕士生，少数院校已培养出了博士生。可以说，教育经济学的研究活动，自80年代以来，在全国范围内已有计划、有组织地开展起来。

在我国，有关教育对经济增长贡献的研究始于50年代，并随着经济体制的改革而不断发展、深化。这方面大规模的研究分为3个阶段。第1阶段为70年代末至80年代中期。这一时期初步探讨了教育对经济增长贡献的关系，认识到教育与国民经济以及上层建筑各部门有着直接的具体的联系，教育必须受社会的经济、政治、文化等因素的制约并为社会发展服务。第2阶段为80年代中期至90年代初期。1984年10月和1985年5月分别通过了《关于经济体制改革的决定》与《关于教育体制改革的决定》，突破了把计划与商品经济对立起来的传统观点，确认我国社会主义经济是公有制基础上的有计划的商品经济。这一阶段有关教育对经济增长贡献、经济发展关系的研究，实际上是围绕“教育与有计划的商品经济”展开的，例如，潘懋元教授发表了《引进竞争机制与教育规律的关系》、《引进竞争机制重视能力培养》、《正确对待商品经济对职业教育的冲击》等一系列论文，指出商品经济对教育冲击是必然的，教育必须正确处理外部规律和内部规律的关系。1989年6月，薛天祥教授、杨德广教授主编的《社会主义初级阶段高等教育》一书，从不同侧面探讨了商品经济与教育发展及改革的关系，已经广泛涉及了社会主义市场经济与教育关系的多个侧面，如商品经济对教育的影响和作用、学校特别是高等学校如何运用商品经济规律建立与社会主义经济发展相适应的有效机制、引入市场机制、建立人才市场等。第3阶段为90年代初期至今。党的十四大报告明确提出“建立和完善社会主义市场经济体制”，党的十六届三中全会审议通过了《中共中央关于完善社会主义市场经济体制若干问题的决定》。至此，有关教育对经济增长贡献的研究相应转化为“教育与社会主义市场经济关系的研究”。

20世纪80年代初，我国学者王显润、费贵麟在研究教育工龄与劳动生产率的关系时，计算了吉林省全民所有制工业企业从1952年到1978年的劳动生产率总增长中，靠职工教育水平提高而得到的占19.2%；工业总产值年均增长速度10.1%中，每年约有0.55%的增长是靠提高职工文化教育水平实现的。前一个数据反映了这期间我国劳动生产率的增长主要靠提高劳动技术装备、靠物力的投资；后一个数据反映了这期间教育对经济增长速度的贡献很小，仅约5.5%(0.55%÷10.1%)，经济增长的速度主要靠物力投资和劳动力数量的增加。虽然2位学者研究的是吉林省全民所有制工业企业的情况，但能够反映我国50—70年代粗放型经营和经济增长主要依靠物力投资和劳动力数量增加的状况。几乎在同一时期，中央教育科学研究所研究人员曲祯森，以总课时数作为劳动简化尺度计算了我国1952年和1978年的劳动简化率，他把不同教育程度劳动者所受教育的课时数分摊到其全部工作年限上，得出1952年和1978年的劳动简化率分别为1.012和1.168。然后，他借鉴前苏联学者的方法，计算出我国1952—1978年由于劳动者的教育程度提高所增加的国民收入为504亿元－7.08亿元＝496.92亿元，占国民收入增长总额2 410亿元的20.7%。

我国著名教育经济学家王善迈教授，在1989年出版的《教育经济学概论》和1996年出版的《教育投入与产出研究》2本著作中，谈到有的教育经济学工作者采用估算各种教育程度的劳动生产率的办法，试算了我国1952—1978年教育对国民经济增长的贡献。他们假定这期间的农业劳动者绝大部分为文盲和半文盲，假定全体劳动者平均为初中以下文化水平，然后根据国家统计资料中的1952年和1978年农业劳动者和个体劳动者的人数、产值,求出各自的劳动生产率和2种劳动人群的生产率的比率,并依此求出这期间平均每年因教育程度提高而增加的劳动者数量的百分比(计算结果为1%)。而据我国统计部门计算,劳动量每增长1%,国民经济发展的增长量为0.611%。因此,他们算出1952—1978年我国教育平均每年使国民收入增长0.611%,占这期间我国国民收入增长率(5.48%)的9.4%,即教育对国民经济增长的贡献为9.4%。王善迈教授认为:“在我国科学技术不够发达,生产力水平不够高,劳动者文化水平比较低的条件下,9.4%这个教育对国民经济增长的贡献比率是基本符合我国实际的。”①这是同样对1952—1978年我国教育对经济增长贡献进行研究而作出的不同评价。在此之后,同样对1964—1982年我国教育对经济增长贡献进行研究的我国学者,因所用计算方法不同,也得出过不同的结论。

学者李建蔚在1988年主编的《教育经济学》一书中,以不同的教育年限作为确定劳动简化率的依据,分别算出我国1964年和1982年的平均劳动简化率为1.07和1.24(小学为1,初中为1.5,高中为2,大学为2.7)。依此计算出这期间我国教育对国民收入增长的贡献比率为24.54%。

韩宗礼教授曾用舒尔茨的方法和前苏联学者的方法,同时计算过这一时期我国教育对国民收入增长的贡献比率。前一种方法计算的结果,贡献比率为35.32%;后一种方法计算的结果,因他在以不同的教育年限作为确定劳动简化率的依据时,将文盲、半文盲劳动者的“基准”简化率设定为1,则小学为2,初中为3,高中为4,大学以上为5.3,结果求出1964年和1982年的平均劳动简化率分别为1.65和2.22,这期间教育对国民收入增长的贡献比率

---

① 王善迈.教育投入与产出研究[M].石家庄:河北教育出版社,1996:240.

为60.81%。之所以会出现这样大的差别,我认为主要是韩宗礼教授在用后一种方法计算时,劳动简化率设置得不准确,导致因提高劳动者教育程度所增加的劳动量被夸大,因而提高劳动者教育程度所增创的国民收入量也被夸大。

我国另一位著名教育经济学家王玉昆在1988年主编的《教育经济学》一书中,也曾借鉴前苏联学者的劳动简化法计量了1964—1982年我国教育对经济增长的贡献率。他用劳动者受教育年限确定劳动简化比(小学毕业为1;初中毕业为1.5;高中和中专毕业为2.0;受过职业教育为2.7),计算出我国1964年和1982年的平均劳动简化率分别为1.085 1和1.250 3,计算出这期间我国教育对国民收入增长的贡献率为25.6%。用同样的方法,他还计算出1982—1990年靠提高劳动者受教育程度取得的国民收入为958亿元,占同期国民收入增长额的25.7%。王玉昆教授还在上述研究的基础上,计算了1982—1990年期间我国各级教育对国民收入增长的贡献。计算的结论是:小学教育的贡献是13.9%;初中教育的贡献是8.3%;高中教育的贡献是2.9%;职业教育的贡献是1.6%。

2001年初,北京师范大学教育经济研究中心的学者崔玉平,采用与丹尼森大致相同的方法,也研究了1982—1990年期间我国教育对经济增长率的贡献。得出的结论与王玉昆教授的结论差距较大:这期间我国教育对经济增长率的贡献率是8.84%(王玉昆教授算出的贡献率是此值的3倍!);其中,职业教育的贡献率仅为0.48%(王玉昆教授的结论是此值的3.3倍!)。

2005年浙江大学公共管理系范柏乃等学者以国家统计局发布的1952—2003年度的统计数据为基础,对我国教育投资与经济增长的内在依存关系进行计量分析结果表明:我国教育投资与经济增长之间存在着十分明显的双向因果关系,即GDP变化是引起教育投资变化的原因,同时教育投资变化也是引起GDP变化的原因。1952—2003年，我国教育投资对经济增长的贡献率约为24.4%，实施以市场为导向的经济改革以后，教育投资对经济增长的贡献率有了明显的提高，由改革前的22.8%上升到改革后的29.7%，提高了约7个百分点。

2）关于我国教育收益率的研究

国内关于明瑟教育收益率研究的主要成果有：

（1）中国社会科学院经济研究所赵人伟教授与美国学者基斯·格里芬等人合作利用美国哥伦比亚大学经济学家雅可布·明瑟(J. Mincec)1957年提出的计算教育投资收益率的公式，对我国教育投资的个人收益率进行了估算。结果表明：我国个人教育收益率的估计值为3.8%，即就业时间不变，每增加1年教育，可提高个人收入3.8%。该成果载于1994年中国社会科学出版社出版的《中国居民收入分配研究》一书的第14章：中国教育投资的个人收益率的估计。

（2）中国社会科学院经济研究所诸建芳与美国加州区域经济研究所王伯庆、美国华盛顿州立大学恩斯特·使君多福合作研究的、载于《经济研究》1995年第12期《中国人力资本投资的个人收益率研究》一文，使用了经济研究所和国家劳动部劳动科学研究所1992年进行的对12个省26个市县438个企业和9 432名职工的抽样调查，估算了我国教育投资的个人收益率、工作经历(含在职培训)的个人收益率等。估算结果，我国教育投资收益率中的基础教育为1.8%、专业教育为3%，即职工每增加1年基础教育或专业教育，可增加年收入1.8%或3%。

（3）陈晓宇和闵维方对1996年的城市样本进行计算，得到我国教育的明瑟平均收益率为5.32%(初中3.9%，高中4.19%，中专5.76%，大专4.67%，本科5.58%)。西北大学的李元春基于2000年的我国城市工资价位的调查，计算出高中、专科、大学和硕士的各级教育明瑟收益率分别为24%、37%、28%和21%。

(4) 陈晓宇等人采用1996年、1997年和1998年"中国城市住户调查"的7个省市数据，计算出不同年份中的明瑟教育收益率。他们对1991年、1995年和2000年数据研究得到：90年代我国城镇教育收益率发生了巨大变化，大学本科的收益率从4%提高到13%，教育层次越高，教育收益率越高；2000年我国教育收益率已与国际平均水平逐步接近，如表1.5所示。

表1.5　不同教育程度明瑟收益率的变化趋势　(%)

年份	初中	高中	中专	大专	本科	不分级
1991	1.60	2.72			3.78	2.95
1995	3.62	3.87		5.33	7.23	4.66
1996	3.53	4.90	5.67	5.90	8.23	5.33
1997	2.97	8.35	10.72	5.96	9.68	7.20
1998		8.02	12.52	8.01	11.35	8.00
2000	4.86	5.53		9.97	13.1	8.53

资料来源：根据文献综述汇总整理而得。

国内关于教育内部收益率的研究的主要成果有：

(1) 北京大学孙凯根据贵州的望谟、丹寨和大方3个贫困县1991年的数据，估算出3个县整体的小学和中学的个人内部收益率分别为9.71%和7.8%。其中，丹寨的小学收益率已达到30.2%，而望谟仅为8.75%；初中收益率大方最高是15.45%，而望谟只有3.93%。北京大学的学者们采用1996年的数据，计算了高中、中专、大专和本科的各级教育内部收益率分别为5.47%、5.91%、4.48%和5.23%。并考虑转移支付等对收益的影响以及用不同的α系数(收入的增加归功于所受教育的程度)，得到表1.6。

表 1.6 1996 年大学教育的内部收益率 (%)

项 目	大学专科收益率			大学本科收益率		
α 系数	0.6	0.8	1.0	0.6	0.8	1.0
由平滑后收入计算	3.93	5.49	5.86	4.00	5.49	5.78
收益调整、扣除资助	4.66	5.24	7.62	4.53	5.01	7.30

资料来源:陈晓宇,闵维方.论中国高等教育的预期收益与劳动力市场化[J],教育研究,1999(1).

(2) 西安交通大学施彬、万威武对 1992 年西安市个人教育内部收益率计算得到:高中为 4.01,初中为 15.67,分别需要 22.33 年和 8.47 年的投资回收期。而大学教育不存在收益率和投资回收期。由此,作者认为西安市的高等教育投入并没有为本地区创造经济效益。刘廷新提出了质疑,认为从受教育者的终身收入及差额计算出发,关于高等教育的结论是不够恰当的;在进行教育投资决策研究时,应重视教育投资决策与经济投资决策的差异性。河海大学技术经济学院李洪天博士在其论文中,通过对大学本科的个人总成本、本科教育个人预期收益的确定,计算出 2000 级城镇生源的本科教育的个人内部收益率为 18.6。如果将预期收入的增长幅度由 13%下降为 10%,那么内部收益率降低为 17.3%。

(3) 北京大学计算了 1998 年的本科个人内部收益率为 5.44,并与 1996 年的数据进行比较后,发现:大学本科男性的个人内部收益率低于女性,中部地区的数据大于东部和西部地区;个人内部收益率在这 2 年间的涨幅为 23.1%,由于教育成本增加过快,其涨幅低于明瑟收益率的增长①。同时,在计算学生直接成本时,减去奖学金和助学金等资助金额,发现奖助学金只占所有费用的

① 闵维方,等.为教育提供充足的资源[M].北京:人民教育出版社,2003:192-209.

9.2%左右，只能初步缓解求学压力。

1.5.3 简要评述

综观以上对国内外有关教育对经济增长的贡献及教育收益率问题的理论和实证研究，可以看出，由于我国长期处于计划经济体制下(1992年党的十四大以后才提出建设社会主义市场经济体制)，教育的投资、管理、招生、培养和就业工作主要由国家承担，社会、家庭、学校和学生本人等对教育的经济贡献及教育本身的经济效益关注度不高，关于教育对经济增长的贡献及教育收益率问题研究重视不够、起步较晚而且研究很少。目前国内有关教育对经济增长的贡献及教育收益率问题研究，侧重于高等教育方面，对于其他类别教育特别是职业教育的经济增长贡献和成本与收益率问题定量的、系统的研究及其相关分析极为少见。因此，本研究分别测算我国实行市场经济前后各11年职业教育及相关教育的经济发展贡献率及有关年段收益率，并将测算结果与其成本收益情况进行综合分析，这对于我国职业教育及相关教育的改革和发展具有重要的理论与现实意义。

1.6 可能的创新及不足

本研究可能的创新包括以下几个方面：

(1) 定量分析技术方面。在职业教育贡献率计算中，采用"权数分配法"突破了丹尼森模型分别计算各类教育对经济增长贡献率的难题，创建了我国职业教育及其相关教育对经济增长贡献率实证计算的具体方法和步骤，对我国实行市场经济前后各11年间的各类教育特别是职业教育对我国国民经济增长的贡献进行了定量测算，并以受教育年限作为投入(成本)变量，教育的经济贡献率和边际收益率作为产出(效益)变量，对计算结果进行了实证分析和比较研究；在职业教育社会收益率计算中，采用"因素排除法"突破了因教育而提高的劳动生产率测算问题，并对我国 4 类教育的社会收益率分别进行了实证计算和分析比较，得出了最新的结论与建议。对于教育的经济增长贡献率及教育社会收益率问题定量研究，国内学者过去由于受传统方法的束缚，未能对各类教育进行分离测定和比较分析，而且从时间上最多只研究到 20 世纪末，对于 21 世纪初的教育特别是职业教育的经济增长贡献以及社会收益率问题，至今还未发现新的研究成果。

(2) 模型应用创新方面。本研究在借鉴西方著名学者创立的教育经济增长贡献率测算模型(丹尼森模型)计算我国不同时期教育贡献率过程中，发现了该模型应用过程中可能存在的一些限制与不足，并进而对整个模型成立条件和适用范围进行了客观分析，提出了测算我国教育对经济增长贡献时增加社会经济体制、教育质量、融入研究生教育和社会继续教育(社会培训及成人教育)4 个因素修正参数意见，进而设想出了我国教育贡献的新的修正计算模型，并对我国 1982—1993 年间教育的经济增长贡献率进行了实证修正计算。

(3) 经济理论应用方面。有 3 点新意：一是在运用人力资本和经济发展理论分析职业教育对就业增长作用机理的基础上，应用弹性、概率和收益等理论综合分析职业教育的就业增长贡献，得出了新的结论；二是在运用新的经济人假说和诺斯意识形态理论分析我国教育现实成本收益问题的基础上，提出了人类行为的成本-收益分析假说，即以成本-收益的分析法作为分析经济人行为的一种有效工具，探究人类的行为规律，以期更好地阐释和预测人们的教育选择行为，进一步丰富了教育经济学的内涵；三是在运用经济学边际理论和均衡理论综合研究我国教育对经济增长贡献及其成本收益(率)的基础上，提出了各类教育结构性均衡发展的理想条件和原则，并据此对我国教育结构主要指标进行了粗略的实证分析，初步形成了具有一定决策参考价值的现实而合理性结论。

“新”，只是特点，但未必就正确。“新”，仅能反映个人对现实情况做过探求、有了自己初步的看法，但这些探求和看法很可能十分粗陋、十分肤浅，甚至是错误的。尽管如此，本人还是愿意将这些探求和看法整理出来，希冀能够得到大家的斧正，引起更多人的探求。如果能够这样，相信这些方面的研究会更深入，对这些现实情况的认识会更清楚、更成熟，研究所得出的结论会更趋向合理、正确。

本研究可能存在以下不足和有待进一步探讨的问题：

（1）本研究所用的数据信息来源不一、采集的方法各异，部分计算过程不够精细，特别是用本研究提出的修正模型计算和分析教育对经济增长贡献的工作还不够深、不够全，理论性思考还不够透，所以本研究得出的只能是初步、粗略的结论，提高理论思考透彻度、数据信息采集的科学性和计算过程的精细度是今后需要进一步完善的工作。

（2）职业教育的经济发展贡献和成本收益分析问题，不仅是人力资本理论、人类行为经济理性理论、教育经济学理论和经济增长理论研究的课题，还应涉及发展经济学、会计学、统计学、投资学、劳动经济学、人口与环境资源经济学、产业经济学、职业教育学、现代化理论、农村社会学、城市经济学、农村经济学和社区理论等学科，由于研究者受知识背景所限，研究视野难免受到局限。对这一课题进行多学科研究是以后值得尝试的工作。

（3）由于搜集占有的数据资源不够充分，同时又缺乏实地调查研究，未能就职业教育对第一产业、第二产业、第三产业的贡献分别进行详细计算、分析研究比较，因此本研究结论对产业经济发展的指导性和针对性还不十分强。通过实地调查和对不同产业贡献的比较，可以进一步揭示职业教育对产业经济增长贡献的内在规律性，这是今后需要进一步探究的工作。

2 主要支撑理论及概念界定

本项研究的内容主要涉及教育与经济的相互关系，特别是职业教育的社会经济价值，因而属于教育经济学的研究范围。研究的理论基础有：人力资源理论、新经济增长理论（内生经济增长理论）、教育经济学理论、人类行为的成本-收益分析假说理论。

2.1 人力资本理论

1935 年 2 月，美国经济学家沃尔什（J. R. Walsh）发表了《人力资本观》，最早提出了人力资本的概念。1960 年前后，以美国芝加哥大学教授舒尔茨（T. W. Schultz）为代表的一些西方经济学家发展和完善了沃尔什的思想，创立了人力资本理论。

2.1.1 人力资本的概念

我们知道，传统经济理论把物质因素当做国民财富或经济增长的唯一源泉，国民收入分配理论的基础是土地、资本和劳动三要素理论，忽视劳动者的质量因素在经济活动中的作用。古典政治经济学理论体系的创立者亚当·斯密，较前人对人力资本以及教育的经济意义有了更深刻的认识。他在其代表作《论国民财富的性质和原因的研究》中，首次把人的经验、知识、能力看做是国民财富的重要组成部分和发展生产的重要因素。他认为：一个国家或一个社会的固定资本主要包含 4 项内容，其第 4 项就是：“社会上一切人民学到的有用才能。”[①]人们花费一定的成本受教育、进学校、做学徒所学到的才能，“对于他个人自然是财产的一部分，对于他所属的社会，也是财产的一部分，工人增进的熟练程度，可和便利劳动、节省劳动的机器和工具同样看做是社会上的固定资本”。而且，亚当·斯密认为，人们为了获得才能资本而接受的教育和训练是一种投资，而这样的投资(即教育投资)无论对个人还是社会，都是一种可获得利润的投资。他说：“学习的时候，固然要花一笔费用，但这种费用，可以得到偿还，赚取利润。”[②]在这里，亚当·斯密已初步表达了教育投资经济收益的教育经济思想。

20世纪60年代前后，国际上出现了许多传统经济理论无法解释的经济现象。特别是“二战”后，战败国日本、原西德在不太长的时间内，国民经济迅速恢复和发展，很快进入了经济高速发展国家的前列。而战后的一些独立国家，虽然得到了一些扶持，但国民经济增长却一直比较缓慢。因而也就产生了美国经济学家舒尔茨的著名的新观点：经济发展主要取决于人的质量。舒尔茨认为，全面的资本概念应当包括人和物两个方面，即人力资本和物力资本。人力资本又包括量和质两个方面。一个社会中从事有用工作的人数及百分比、劳动时间，是量的方面；而人的技艺、知识、熟练程度与其他类似可以影响人从事生产性工作能力的东西，则是质的方面。对此，舒尔茨更加强调后者，认为它是人力资本概念内涵，即人力资本是指凝聚在劳动者身上的知识、技能及其所表现出来的工作能力。它对生产起促进作用，是生产增长的主要因素，也是具有经济价值的一种资本。在现代社会，这种资本与物力资本相比

① 亚当·斯密．国民财富的性质和原因的研究：上卷[M]．郭大力，等译．北京：商务印书馆，1972：257．

② 亚当·斯密．国民财富的性质和原因的研究：上卷[M]．郭大力，等译．北京：商务印书馆，1972：258．

较，对经济增长的作用比后者更大。关于人力资本的基本属性，舒尔茨指出："人力资本的显著标志是它属于人的一部分。它是人类的，因为它表现在人身上；它又是资本，因为它是未来满足或未来收入的源泉或者两者的源泉。"①

2.1.2 人力资本的形成

在社会上任何岗位就业的劳动者与他们出生的时候相比已有了很大的变化，这些变化是他们的父母、教师、其他许多人包括他们自己努力的结果。从这个意义上讲，人是劳动力资源，通过投资开发才形成人力资本。舒尔茨认为，与物力资本一样，人力资本也是通过投资形成的。形成的基本途径有：

(1) 用于教育的支出，包括正规的学校教育和各种在职培训。

(2) 用于医疗保健的支出，可以减少劳动者的疾病，延长寿命，提高劳动者的身体素质，增强其工作能力。

(3) 用于国内劳动力流动的支出，有利于合理有效地配置劳动力，提高其使用效益。

(4) 用于移民入境的支出，往往节省了入境国的教育投资，增加了入境国的人力资本。

舒尔茨指出："很多被我们称之为消费的东西，构成了人力资本投资。用在教育、卫生以及为获得更好的就业机会而进行的国内迁移方面的直接费用就是证明。成人在校生及在职训练的工人所放弃的收入同样是清楚的范例。但是，在任何地方这些都未列入国家统计数字中去。利用闲暇时间去提高技术增长知识的现象更普遍，这同样没有记录在案。利用这些以及类似方法，人们的工作质量可以大大改进，生产力可以很快提高。"②舒尔茨还指出：

① 舒尔茨. 人力资本投资：教育和研究的作用[M]. 蒋斌，张蘅，译. 北京：商务印书馆，1990：40.

② 舒尔茨. 教育的经济价值[M]. 曹延亭，译. 长春：吉林人民出版社，1982，61.

"如果根据一种把人力资本、物力资本都包括进去的全面的资本概念去考虑问题,并认为所有资本都是由投资的方式产生的,那么这种想法既颇有裨益又妥帖恰当。长期以来,人们就抱有一种顽固的偏见,认为所有资本只包括物质设施、建筑物、器材和物质库存等等。这种偏见在很大程度上成为政府贬低人力资本投资、抬高物力资本投资的固执态度的原因。无论是中国还是巴西,最优先受到考虑的是钢厂、民航、辅助工业以及土地开发等等,而只把少量资源留给中等职业教育。长期以来,这种反常的投资减少了生产和福利的潜力。理想的投资方式应该是增加那些可能生产最佳预想收益率的资本形式。"①

2.1.3 人力资本的作用

人力资本理论认为,教育支出形成的教育资本是人力资本的主要部分。教育资本可以增加受教育者未来预期收入,缩小人们收入的差距,合理安排支出,增强劳动者职业选择和流动的适应能力。同时,劳动力质量的提高,是国民生产总值或国民收入增长的重要因素。

这一理论通过分析"教育-劳动生产率-工资"的关系,证实教育的经济价值。他们论证了在完全竞争的劳动力市场条件下工资与劳动生产率的关系,并运用回归分析方法证实了教育与工资是正相关关系,从而论证了教育-劳动生产率-工资的连锁关系,教育对提高生产率、增加个人收入的作用。通过教育与工资关系的实证分析,他们还进一步说明,工资差别反映了教育水平的差别,发展教育、缩小国民教育水平的差别就可以缩小人们收入的差别,促进社会公平。由于人力资本是生产要素,教育可以提高这一要素的素质,从而可以推动国民经济增长和国民生产总值的增加。

① 舒尔茨. 教育的经济价值[M]. 曹延亭,译. 长春:吉林人民出版社,1982:29,130.

2.2 新经济增长理论[①]

20世纪80年代中期,经济学界出现了新经济增长理论,其主要代表人物是罗默和卢卡斯,此外还有巴罗、斯克特等人。新经济增长理论,放弃了简单的要素积累论或者产业结构决定论,而代之以研究为保持持续的经济增长所必须的技术条件,以及技术进步所可能的机制,这无疑再次对发展经济学起到了极大的推动作用。一些经济学家开始重新分析经济增长的源泉,并且将重点放在技术进步及其决定因素上。在新的模型中,技术进步作为内生变量来考虑,与新古典模型中技术进步是以变动趋势的形式作为外生变量来处理是不同的,我们称这种理论为新经济增长理论;又因为在该理论模型中技术进步被作为内生变量来考虑,所以又称为内生经济增长理论。索罗的新古典模型假定规模报酬不变的生产函数,它考虑两方面的要素:一方面是可积累的资本,另一方面是不可积累的劳动。在没有外生变量(技术进步、有规律的人口增长)的情况下,资本边际收益递减的结果是随着资本积累的增加,其边际收益越来越低,最终导致经济增长源泉的枯竭。因此,此模型的经济增长只有在外生变量的作用下才能实现,那么均衡增长率也是外生的,而与储蓄率、财政政策无关。

内生经济增长理论假定:当资本存量增加时其边际收益不减少为0。在此假定下,生产函数具有规模报酬递增的特点,而规模报酬递增的存在使持久增长成为可能。然而,规模报酬递增面临着传统经济理论方面的障碍:在此条件下,市场体系是不稳定的,因为市场机制的运转将导致垄断,在初始时刻最大最富有效率的企业,因规模效益递增,将继续扩张而占领整个市场,从而企业竞争决定市场价格的假定不再

---

① 庄子银. 高级宏观经济学[M]. 武汉:武汉大学出版社,2004.

有效。因此，内生经济理论借用了两个机制。一个是马歇尔学说的外部经济效应：对于单个生产者而言，规模报酬是不增长的，但在行业的集合层次上规模报酬是增长的。企业的集合创造出一种正的外部性，这种外部性是单个企业无法控制的。另一个是张伯伦的学说即所谓产品的多样性。规模报酬递增是肯定存在的，但只在大规模集合中的产品上起作用，被假定可以相互替代的产品之间必然存在着竞争，由此形成稳定的不完全竞争市场体系。不能解释内生经济增长现象，经济增长理论就不够完善，为此，许多经济学家进行了尝试。投资是内生经济增长理论增长源泉的第一个研究对象。罗默 1986 年建立了他的第一内生经济增长模型，他认为正的外部经济效应来源于资本要素 K 的积累（不一定是有形资本），他使用知识替代资本这个词，是与有形资本相对而言的。

模型有 4 个基本假定：(1) 知识生产的私人收益率递减；(2)（新）知识的社会收益率递增；(3) 知识具有正的外部性；(4) 经济是完全竞争的，生产者是价格的接受者。

设有 N 个企业，每个企业都相同，给出单个企业生产函数：$F(k(t),K(t),x(t))$。其中，$k(t)$是资本存量，代表 t 时单个企业特有的知识投入，$x(t)$是 t 时该企业特有的实物投入量，$K(t)$是 t 时经济的总知识水平，因此，$K(t)=\Delta k(t)$。若函数满足，给定 K 值，则 F 是 k 和 x 的凹函数，F 是 k 和 x 的一阶齐次函数；若给定 x，则 F 是 k 和 K 的凸函数。

知识增量由对知识生产的投资 I 与厂商现有的知识 k 决定，即 Δk（增长量）$=G(I,K)$，G 是一次齐次凹函数，知识增长率可表示为 $\Delta k/k=g(I,k)$，因收益递减，g 函数有上界，即 $g<a$，$g(0)=0$。考虑代表性消费者的效用最大化问题：

$$\max\int_0^\infty U(c(t))\mathrm{e}^{-\sigma t}\,\mathrm{d}t \tag{2.1}$$

式中：σ 是效用的折现系数，c 是现实消费量。

$$\text{s.t.}\quad \frac{k'(t)}{k(t)}=g\left(\frac{f(k(t),K(t))-c(t)}{k(t)}\right) \qquad (2.2)$$

式中:f(函数值)、c(函数值)代表推迟消费而对知识生产追加的投入;g 是知识的增长率方程,满足 $0\leqslant g\leqslant a$。

根据各参数值不同,模型得出 3 种不同的解,分别是长期增长率为 0,增长率为正且越来越大,增长率为正且等于常数。

此模型使增长理论更趋向于合理,表现在:承认知识(累积资本包括有形和无形)能提高投资收益,从而说明了一定时期内投资收益率的现象和各国间经济增长率的非收敛性及长期收益增长的原因:承认投资促进知识的积累,知识又刺激投资,形成一种良性循环,从而投资持续增长,能永久性地提高一国经济增长率;承认知识是一种生产要素,在经济活动中知识投资与有形资本投资一样必须不断进行。

此模型还保留了完全竞争理论框架,得出竞争均衡非最优化的结论,从深层次为国家干预提供了理论基础。

有些内生经济增长理论,将研究重点放在技术创新的特殊作用和开发研究的重要性方面。罗默将经济分为 3 个部门:研究与开发(R&D)部门、中间产品生产部门和最终产品生产部门。R&D 部门使用人力资本和现有知识存量生产新的知识,其产品形式是用于生产新资本品的设计,并把这种新设计出售给中间生产部门;中间产品部门利用这些新设计和一部分过去的最终产出生产出大量的新资本品,卖给最终产品生产部门;最终产品生产部门使用劳动力、人力资本和一组资本品生产最终产品,其产出用于消费和生产新的资本品。

假定人口和劳动力供给已给定,人口中的总人力资本量是固定的,即 L、H 都保持不变;假定实物资本可以分解为若干不同的具体资本品 I,则作为生产投入的资本品集合$\{x_I\}$,x_I 是每种资本品的投入量。资本品的种类随着新资本品的发明而增加。最终产品生产部门的生产函数可以写为：

$$Y(H_Y, x, L) = H_Y{}^{\alpha} L^{\beta} \sum_{I=1}^{A} X^{1-\alpha-\beta} \tag{2.3}$$

式中：H_Y 是用于最终产品生产的人力资本。

对中间生产部门，将过去生产的而未用于消费的最终产品积累看做总资本存量 K，则资本增量方程为：

$$K(t) = Y(t) - C(t) \tag{2.4}$$

假定需要使用 η 单位的最终产品来生产一单位资本品，则

$$K = \eta \sum_{I}^{A} X_i \tag{2.5}$$

对 R&D 部门来说，如果一个研究者用人力资本 H_j 和知识存量 A_j 生产一种新设计，则其生产方程是 $\delta H_j A_j$，δ 是生产率系数。那么，对所有人的研究进行概括，得到知识进步方程：

$$A' = \delta H_A A \tag{2.6}$$

式中：A' 为 A 对时间的导数；H_A 是从事 R&D 的总人力资本。

经济中的总人力资本是最终生产部门和研究部门所使用的人力资本之和，即 $H = H_Y + H_A$。

如果把作为不同商品指数的 I 看做是连续变量，令 X_A 表示投入的各种资本品的平均数量，则有：

$$K = \eta A X_A \tag{2.7}$$

最终生产部门的生产函数可以有以下变换：

$$Y(H_A, L, X) = H_Y{}^{\alpha} L^{\beta} \int_0^A X_i{}^{1-\alpha-\beta} \mathrm{d}i = H_Y{}^{\alpha} (LA)^{\beta} K^{1-\alpha-\beta} \eta^{\alpha+\beta-1} \tag{2.8}$$

由于生产部门的利润最大化，罗默得出的经济均衡增长率方程为：

$$g=\frac{C'}{C}=\frac{Y'}{Y}=\frac{K'}{K}=\frac{A'}{A}=\sigma H-\frac{\alpha}{(1-\alpha-\beta)(\alpha+\beta)}\gamma \quad (2.9)$$

式中：C'、Y'、K'、A'分别为C、Y、K、A对时间的导数。

经济增长率与人力资本存量成正比，与R&D部门生产率成正比，与时间贴现率成反比，而与人口规模无关。此模型很好地解释了各国经济增长的差异，人力资本水平越高、总人力资本越丰富的国家，其经济增长率越高。

该模型提示了一种极端情况：如果发展中国家的人力资本水平太低，研究部门的人力资本可能为0，那么经济将陷入停滞状态。所以，必须使人力资本超过一定水平，经济才会实现持续增长。但模型将人力资本看做外生给定的，使得人力资本对经济增长的影响可能被低估。卢卡斯从不同的研究方向得出人力资本对经济增长的作用更加重要。

1988年，卢卡斯试图用人力资本解释持续经济增长问题。假定每一生产者用一定比例u的时间从事生产，而用$1-u$比例的时间从事人力资本建设，这样，卢卡斯的生产函数是：

$$Y=AK^{\beta}(uNh)^{1-\beta}h^{r} \quad (2.10)$$

式中：N是劳动力数；h是人均人力资本；$h_r(r>1)$表示人力资本的外部效应递增。

技术进步方程为：

$$\frac{h'(t)}{h(t)}=\delta(1-u(t)) \quad (2.11)$$

在此条件下求效用最大化：

$$\max\int_0^{\infty}e^{-\sigma t}\frac{c^{1-\sigma}(t)}{\sigma}N(t)dt \quad (2.12)$$

得出模型的均衡增长条件：

$$g=\frac{h'(t)}{h(t)}=\frac{(1-\beta)[\sigma-(\rho-\lambda)]}{\sigma(1-\beta+\gamma)-\gamma} \tag{2.13}$$

卢卡斯运用更加微观化的个量分析方法，将舒尔茨的人力资本引入到索洛模型中，视其为索洛模型中技术进步的另一种增长的动力形式，并具体化为“每个人的”、“专业化的人力资本”①。将人力资本内生化，人力资本积累成为经济长期增长的决定因素。卢卡斯模型充分强调智力投资是经济增长过程中的关键因素，人力资本的生产比物质资本生产重要，而人力资本生产是次优的，具有正的外溢性，为国家干预提供了理论基础。至此，人力资本因素在西方主流派经济增长理论中拥有了重要的地位。

杨小凯和墨尔本大学的博兰德继承了亚当·斯密关于劳动分工水平的提高会产生经济增长的思想，从微观角度考察专业化和分工水平的发展与经济增长的关系，成为经济增长理论在 90 年代最重要的发展。杨小凯等人的理论与其他模型相比较，实现了两个方面的突破：一是研究了经济增长的微观机制；二是其模型存在着竞争均衡和帕累托(Pareto)最优的一致性。

对经济增长理论的研究表明，经济增长是由社会经济系统综合决定的，其中生产力因素可能是经济增长中最重要的，而生产率和人力资本是密不可分的。因此，在引进技术创新、专业化分工和人力资本之后，内生经济增长理论得出以下结论：技术创新是经济增长的源泉，而劳动分工程度和专业化人力资本的积累水平是决定技术创新水平高低的最主要因素；政府实施的某些经济政策对一国的经济增长具有重要的影响②。内生经济增长理论的研究主线如图 2.1 所示。

---

① 陈峥嵘. 内生经济增长理论述评[J]. 江海学刊，1996(6)：29－35.

② 陶军锋. 以人力资本为基础的内生增长理论[J]经济学动态，2002(10)：81－84.

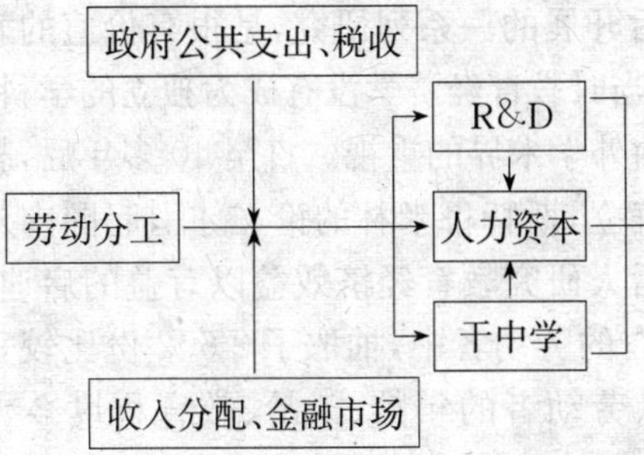

图 2.1 内生经济增长理论示意图

2.3 教育经济学理论

教育经济学是一门从研究教育的经济价值开始，介于教育学和经济学之间的新兴边缘科学，是研究教育与经济相互关系及教育领域内经济现象及其规律的科学。作为一门新的独立学科，它产生于20世纪60年代初，在我国则产生于80年代初。

2.3.1 前苏联教育经济学的基本理论及成果

前苏联的教育经济学以马克思主义的经济学说和教育理论为理论基础，其主要理论观点有：教育在劳动力再生产的整个经济体系中有着重要的地位和作用；社会主义经济规律在教育领域中有着特殊作用；劳动生产率提高的主要因素取决于生产中劳动技术的装备程度、工人的教育水平和操作水平；提高教育经济效率是提高整个社会生产率的组成部分，但教育经济效率的提高并不直接体现在物质生产上，而是体现在工人劳动生产率的提高和生产的经济效益等指标上；教师的劳动是社会总劳动的一部分，教师的劳动报酬应根据按劳取酬原则支付；教育的发展规模应遵循国民经济有计划按比例发展的规律。

值得一提的是，前苏联的斯特鲁米林1920年发表的论文《国民教育的经济意义》,及其后开展的一系列研究,是很有价值的教育经济学研究成果,只不过当时教育经济学没有成为独立的学科,他开展的研究也未引起国内外学术界的重视。直至40多年后,教育经济学的学科体系得以确立,斯特鲁米林的论文才引起国内外的关注。他的研究成果给后人研究教育经济效益以有益的启迪。斯特鲁米林曾从5万名左右的劳动者中,抽取了2 602份比较完整的材料作为观察对象,从劳动者的年龄、工龄、教育程度3方面,分析了他们对提高生产率的贡献。他的研究分析证明:年龄对生产的影响在早期是起作用的,但如果教育程度不高,到34岁以后就开始下降;工龄也如此,20年工龄的劳动者在生产上的作用往往不如早期;而教育程度的作用则既明显又持久,每增加1年教育比每增加1年工龄,在生产提高的单元上要大2.6倍。他还曾根据前苏联1924年的经济效果调查,得出结论:劳动者所受教育程度越高,劳动能力就越强,学历与提高劳动生产率应成正比。据此,他认为1个高级技术工作者在生产上发挥的作用以及带来的收益,相当于2个体力劳动者。他按照工资的比率算出比差,把具有高层次文化技术和能力的工作者换算为普通劳动者,换算的结果,断定前苏联国民收入的增加部分中有30%是由于劳动者学历层次提高带来的。他还根据调查和计算得出结论:教育是一种投资,而且是投资最有效的部门之一。教育投资所带来的经济效益要比投资诸如筑路、发电厂、水坝等收益时间长且收益率高。

2.3.2　建立在人力资本理论基础之上的教育经济学

沃尔什1935年发表在美国经济季刊上的《人力资本观》,被认为是欧美研究教育经济学最早的一篇论文。他从个人的教育费用和以后的收入相比较来计算教育的经济效益,把教育费用与资本的概念等同起来,采用的是"现值折算法。"

被欧美学者认为对教育经济学的形成作出了主要贡献的是美

国芝加哥大学经济学教授舒尔茨和丹尼森(E. F. Dennison)。舒尔茨于1960年发表了《人力资本投资》,1961年发表了《教育和经济增长》、《教育的经济价值》等论著;丹尼森于1962年出版了《美国经济增长的因素和我们的选择》,1967年出版了《为什么增长率不同——战后九个西方国家的经济分析》等著作。他们分别从计算教育投资的收益效率和分析国民经济增长因素入手,揭示了教育对经济的影响,并让人们对这样的影响有了一个明晰的量化概念。他们把"资本"的含义扩大到人力方面,把教育和训练人所花的费用看成是一种人力投资,认为教育投资的多少,对个人来说,是以后获取高学历、高工资的决定因素;对国家和社会来说,是提高生产率、增加国民收入的来源。他们通过计算得出结论:教育投资的收入,比物资资本的投资回报增长快而又具有持久性。他们认为:教育远不是一种消费活动,教育投资是一种生产性投资。舒尔茨说:"尽管在某种程度上教育可以说是一项消费活动,它为受教育的人提供满足,但它主要是一项投资活动,其目的在于获取本领,以便将来进一步得到满足,或增加个人作为一个生产者的未来收入。因为它的一部分是类似普通耐用消费品的消费品,另一部分是生产物资。所以,我主张将教育看做一项投资,将其结果看做资本的一种形式。"①为了证实其理论观点,舒尔茨对教育资本在美国经济增长中的贡献做了估算。他在分析美国的国民收入由1929年的1 500亿美元增加到1957年的3 020亿美元(均按1957年价格计算)时,认为物力资本和劳动所做贡献的比例分别是25%和75%,那么这期间劳动的贡献就从1 125亿美元(1 500亿美元×75%)增长到2 265亿美元(3 020亿美元×75%)。1929年美国劳动力人口是4 920万人,由此算出平均每个劳动力创造的

① 舒尔茨.人力资本投资:教育和研究的作用[M].蒋斌,张蘅,译.北京:商务印书馆,1990:62.

收入是2 287 美元/人(1 125 亿÷4 920 万人)。假如每个劳动力所创造的年收入保持不变,那么,1957 年全美 6 800 万劳动力创造的国民收入应该是 1 555 亿美元(2 287 美元/人×6 800 万人),这与所估算的 1957 年全美劳动力的贡献 2 265 亿美元相差 710 亿美元。显然这 710 亿美元的增量不是由劳动力数量的增加引起的,只能是劳动生产率提高带来的。他分析了引起劳动生产率提高的几个主要因素,认定最主要的因素是劳动者知识、技能的提高,是教育的作用,即这一时期教育资本的积累是这 710 亿美元增量的重要源泉。他通过计算社会积累的教育资本及其收益率的方法,计算出了教育对经济增长的贡献。在这一时期教育投资对经济增长的贡献为 495 亿美元,相当于 710 亿美元的 70%,相当于国民收入增长量 1 520 亿美元的 33%。这一对教育经济效益量化的结果和发现,引发了许多经济学家研究教育投资的兴趣,推动了教育经济学的建立和发展。

丹尼森比舒尔茨又进了一步。他列出了引起国民收入增长的 20 种因素,并对每一种因素进行分析,列出每一种因素对经济增长所起作用的百分比。他把教育当做提高劳动质量的一个因素,让其分担劳动收入增长中的一部分,约 3/5,因为他认为影响工资差别的因素有多个,教育程度差的作用只占 3/5。计算后的结论有 2 个:一是从 1929 年到 1957 年,由于教育的作用导致的劳动力质量提高,在美国国民收入增长率中占 23%;二是由于教育还在“单位投入量的产量增加”方面起一定作用,因此,这一时期教育对美国国民收入增长额的全部贡献为 35%。由于丹尼森的计算方法更为严谨,国际学术界对丹尼森的贡献评价较高。

1962 年,英国学者韦锥(J. E. Vaizey)的《教育经济学》出版,美国学者慕士金(S. J. Mtlskin)的《职业教育经济学》出版。此后,欧美、前苏联、日本等一些国家政府、学者、研究机构和国际组织也都发表了有关教育经济学方面的著作和文章,教育经济学得以形成。

2.4 人类行为成本-收益分析假说

世界上最复杂的莫过于人类的行为。然而尽管人类行为复杂多变,却万变不离其宗,这个"宗"就是人类的行为规律。本书提出一种新成本-收益分析作为认识人类行为规律的假说,即人类行为是成本-收益分析的结果,只有当个体行为的预期成本小于等于预期收益时,人的动机才会转化为行为。当然,这是一个可以而且需要用经验加以检验的假说。

2.4.1 新经济人假设

新经济人假设认为:在市场经济中,人们具有多元的效用函数,既有衣食男女的官能之欲和金钱财宝的物质之欲,又有权力名位追求之欲,还有利他主义的牺牲之欲,这些欲望(或偏好)的满足都能给人们带来效用,而在人们追求效用最大化的过程中,只具有限理性,其行为要受到多方面的约束。换句话说,经济人只能在特定的制度环境约束中最大化自己的效用,这些约束主要来自人类自身认识能力的有限性、环境的不确定性和复杂性、信息的不完全性和不对称性,以及法律、规章、价值信念、伦理规范、道德观念、风俗习惯和意识形态等,它们使人的行为成本得以改变。其中意识形态的约束往往对人的行为具有决定性作用,因为人们通过成本-收益分析来最大化个人效用,当边际收益等于边际成本时,便实现了净收益的最大化,而意识形态通过改变人们的偏好体系,对成本与收益的值具有直接的决定作用。从随机观察中可以发现,个人在成本-收益计算中仅以获得更多的尊重作为利益取向的行为模式是屡见不鲜的。总之,人们的基本行为动机没有什么不同,都是追求效用最大化,而人们行为的差异则在于其收益较之成本的差异，此差异来源于意识形态的影响①。

2.4.2 诺斯意识形态理论

意识形态可以被定义为关于世界的一套信念。道格拉斯·诺斯(D. North)强调意识形态是决定个人观念转化行为道德和伦理的信仰体系，它对人的行为具有强有力的约束，它通过提供给人们一种世界观而使行为决策更为经济，意识形态通过家庭、学校和社会的直接教化，反复灌输某种价值观念而进入人们行为的成本函数和收益函数之中，影响人们的成本-收益计算，进而影响人们的选择行为。显然，如果每个人都相信私人家庭“神圣不可侵犯”，那么，可以在室内无人而不闭户的情况下不用担心房屋被毁或被盗。如果一个美丽的乡村被认为是公共物品，个人就不会随便抛扔杂物。如果人们相信政治民主的价值，他们就会把投票用做当做一项公民的义务来履行，为了所有者的利益，劳动会勤勤恳恳，管理会兢兢业业；契约就会像有法律上那样，同样在精神上受到尊重。意识形态之所以存在，是因为世界是复杂的，而人心的理性是有界的，当个人面对错综复杂的世界而无法迅速、准确和高效地作出理性判断，以及现实生活的复杂程度超出理性边界时，他们便会借助于价值观念、伦理规范、道德准则、风俗习惯等相关意识形态来走“捷径”或抄近路，其有效性则取决于人们对价值信念或意识形态的虔诚程度，而人们的虔诚程度又取于接受教育的程度，即所谓人力资本投资的多少。由于意识形态是后天的长期反复教化和灌输形成的，短期内难以产生显著的效果，这就告诉我们，思想教育要持之以恒、始终一贯，才能对人的行为产生明显的影响，在短期内还需靠正式制度（如法律、规章等）来约束人的行为。引导经济人在利己的同时有益于社会。总之，意识形态是能产生极大外部正效应的人力资

① 贺卫. 试论市场经济中的人性——新经济人假设[J]. 财经研究，1997(8)：16-212.

本,因此,政府应通过向意识形态教育投资来对个人意识形态资本的积累进行补贴。意识形态理论揭示人们因为意识形态的不同,其主观偏好也各不相同,对客观事物有不同的理解和价值判断。从而对成本与收益会作出不同的评判,并因此产生不同的行为反应。①

2.4.3 人类行为成本函数

人类在追求效用最大化的过程中,一切给他们带来负效用的因素都要进入其行为的成本函数。人具有随机应变、投机取巧、利用一切机会为自己谋取更大利益的行为倾向,人类行为的成本就来自人的损人利己的机会主义行为。机会主义行为可分为2类:一类是在追求个人利益的时候,"附带地"损害了他人的利益,这类损人利己的特点是由于"技术上的原因"才导致在利己的时候损害了他人,最典型的事例就是污染环境,把自己的成本或费用转嫁给他人,造成所谓负的外部效应,对他人带来损失。另一类则是纯粹是人为的、故意的,纯粹是以损人为手段为自己谋利,是用掩盖真实信息或故意制造虚假信息的方式损人利己,一切商业违约、专利剽窃、偷税漏税、股市上的"内部交易"、偷盗和坑蒙拐骗等,都属于这种情况,它们与抢劫的唯一区别仅在于,后者是在信息公开的情况下进行的。因此,在市场交易过程中产生了度量、界定和保证产权(即提供交易条件)的成本,发现交易对象或寻找交易伙伴的成本,了解交易价格和讨价还价的成本,订立交易契约行为的成本,履行契约的成本,监督契约执行和制裁违约行为的成本,维护交易秩序的成本等。这一切成本都表现为对人的时间(包括闲暇)、脑力和体力的消耗,对实物形态的各种资源的消耗,以及对货币财富的消耗。总之,所有的交易成本都表现为人力成本、物力成本和财力成本。除了交易成本外,还有一种心理成本,例如,采取机会主

① 道格拉斯.C.诺斯.经济史中的结论与变迁[M].上海:三联书店上海分店;上海人民出版社,1994:49-653.

义行为损人利己冒受法律制裁、舆论谴责和名誉扫地的风险，以及良心的责备。这些因素引发了心理成本，它是因人而异的，意识形态在这里对心理成本的高低起了决定的作用。一般来说，拥有意识形态资本越多的人，越是风险厌恶者，机会主义行为和心理成本越高；反之，拥有意识形态资本越少的人，越是风险偏好者，机会主义行为的心理成本越低。从而在收益相同的情况下，可能出现前者觉得得不偿失而放弃机会主义行为，后者则觉得有利可图而采取机会主义行为的情况[①]。

综上所述，人类行为的成本函数可表示为：

$$C = C_1 + C_2 = f_1(r, w, c) + f_2(p, q, d) \qquad (2.14)$$

式中：C_1 为交易成本，它由所消耗的人力 r、物力 w 和财力 c 所决定；C_2 为心理成本，它由机会主义行为被查处的概率 p、发生次数 q 和惩罚程度 d 所决定。意识形态的影响主要体现在 C_2 上，即具有不同意识形态资本的人对 p 和 d 的主观评价不同，从而有不同的 C_2 和不同的 C。

2.4.4 人类行为收益函数

凡是能给人类带来正效用的一切因素都要进入其收益函数。这些因素正是人类行为所追求的对象，如追求生理需要、安全需要、社交需要、尊重需要和自我实现（含利他主义）需要的满足，都能给人自身带来正效用。它们可被分为物质因素与精神因素两大类。意识形态在这里的作用表现为：拥有较多意识形态资本的人不仅偏好物质因素，而且更偏好精神因素，当“熊掌与鱼不可兼得”时，他们往往宁愿牺牲物质因素，而保全精神因素，因为高层次需要（精神因素）的满足能给其带来更多的效用，从而在行为上更追求高层次需要的满足；而对拥有较少意识形态资本的人来说，他们

---

① 卢现祥. 西方新制度经济学[M]. 北京：中国发展出版社，1996：13－964.

的偏好主要局限于物质因素，即注重低层次需要的满足，因为其缺乏高层次的需要。意识形态就是这样通过改变人们的偏好体系来影响其收益函数的。

综上所述，人类行为的收益函数 R 可表示为：

$$R = f(s, m) \tag{2.15}$$

式中：s 为物质因素，m 为精神因素。

意识形态的影响主要体现在 s 和 m 上，即具有不同意识形态的人对 s 和 m 的主观评价不同，从而有不同的 R。

2.4.5 新成本-收益分析是解释和预测人类行为的有效工具

人类行为就是成本-收益分析的结果，只有当预期成本≤预期收益（即 $C \leqslant R$）时，人类的行为动机才会转化为现实行为；而当人类行为的边际收益等于边际成本（即 $M_R = M_C$）时，人类的行为才会终止，因为此时实现了净收益 $N_R(R-C)$ 的最大化。由此，根据成本-收益计算，便可解释和预测人类的行为倾向。只要掌握了个人意识形态资本的数量，就能对其某一行为的成本函数和收益函数的函数值进行预期，从而判断其行为倾向。反过来，可以通过对个人进行意识形态投资，改变其成本函数和收益函数，从而改变其行为倾向，达到引导、控制其行为的目的。当然，这是一个长期的过程，正可谓"冰冻三尺非一日之寒"。良好的家风、班风、校风、企业文化乃至社会风尚培养的意义便在于此，同时，健全法制、加强法治的意义也在于此①。

2.5 相关概念的界定

2.5.1 人力资本

人力资本是美国著名经济学家、诺贝尔经济学奖获得者舒尔

① 黄少安. 产权经济学导论[M]. 济南：山东人民出版社，1995：11-89.

茨提出的经济学概念。人力资本是指通过对劳动者的投资而形成的资本，包括用于教育、技术培训、保健、劳动力国内流动、移民入境等方面的支出，其中最重要的是教育和保健的投资。教育是人力资本形成和发展的最主要途径①。人力资本具有不可分割性、能动性、可变性及内部效应和外部效应等特征。人力资本理论把人力资源视为与物力资本相对、并比物力资本更加重要的一种资本形态，把教育看成是人力资本形成的基本途径，把教育投资当做人力资本投资的主要形式，并且通过大量经济资料的实证分析，证实投资教育具有巨大的经济价值，无论是对个人还是对社会都将带来显著的经济收益②。人力资本是反映人的综合能力和素质的一种指标，是体现在人身上的体力、知识、技能和劳动熟练程度的综合能力和素质。人力资本对资金和土地等传统资源的支配地位具有时代性。人力资本投资理论认为，人的素质对经济增长乃至社会进步的影响是第一位的，而物质资源(包括可再生性资源和不可再生性资源)却在其次。人力资本投资理论的核心，就是人的素质是经济增长的决定因素，即人力资本投资的作用要比物质资本投资更大，经济学家舒尔茨认为，这一点是现代经济发展中最突出的特征。

人力资本投资是国家发展的基础，职业教育发展规划与我国社会、经济发展规划紧密相联系，是国民经济发展规划的重要内容。人力资本理论建立起职业教育对经济增长贡献和社会发展之间直接的、全局性的关系，并由此直接推动了教育成本、教育投资、教育收益、职业教育产业化和职业教育对经济增长的贡献分析等理论的诞生。职业教育对经济增长的贡献是人力资本理论在职业教育中的反映。在21世纪，我国要实现国民经济的可持续发展，需要职业

---

① 范先佐. 论教育与人力资源形成[J]. 江汉大学学报，1998，15(4)：57-62.

② 陈彬. 关于高等教育对经济增长贡献、经济发展关系认识的历史回顾[J]. 汕头大学学报：人文科学版，1996，12(4).

教育的大众化和普及化,职业教育的适度发展,可以提高我国在知识经济时代即将来临之际的国际竞争力,从而提高我国的综合国力。

2.5.2 教育经济效益与教育收益

1) 教育的经济效益

教育的经济效益是宏观教育经济学的核心概念。教育的经济效益是指通过教育提高劳动者的专业知识和技能、劳动能力和素质,提高整个社会的知识总量和科技文化水平,从而在物质生产部门取得国民收入的增长。上述国民收入增长额在扣除用于教育和培训的全部经费之后得到的余额或纯收益,即是教育经济效益的量值。教育经济效益的概念表明:教育投资并非单纯消费性、福利性投资,而是与物质资料投资类似,甚至效益更大的生产性和建设性投资。教育的多重(社会、经济、文化等)功能(作用、职能、功效、效用等),形成了教育的多重效益。总体上可分为两大类:一类是精神上的效益,即在人类精神文明建设中的作用、功能;另一类是物质上的效益,即在人类物质文明建设中的作用、功能。教育的经济效益是指教育在人类物质文明建设即物质资料生产中的作用、功能的度量。教育的经济效益又可以分为两大类:一类是社会经济效益,即经训练的劳动者在社会生产中发挥更大的作用,提高劳动生产率,为社会创造更多的物质财富,增加国民收入;另一类是个人经济效益,即受过教育的劳动者个人能得到更多的劳动报酬。

发挥教育经济效益的前提条件是:

(1) 教育发展应与经济发展协调适应,即各级各类教育的规模和发展速度应与经济建设的规模和发展速度相适应,两者在数量上要协调发展。

(2) 教育的层次、专业结构要与经济部门的产业、行业与人才需要结构相适应。

(3) 教育质量应有保证,即各级各类教育的教育成果应达到教育目标，确保质量合格。

(4) 要有配套的专门人才和劳动力使用管理制度及正常的经济建设环境，如干部政策、知识分子政策、人事管理制度、劳动工资制度、正常的生产秩序、饱满的生产任务等。

2) 明瑟教育收益率

明瑟收入函数法的计量模型是：

$$\ln Y = \alpha + \beta S + \gamma_1 E_X + \gamma_2 E_X^2 + \varepsilon \qquad (2.16)$$

式中：Y 为年收入；S 为受教育年限；E_X 表示劳动力的市场经历；α 为截距项；β，γ_1，γ_2 为各对应变量的回归系数；ε 为误差项。

系数 β 就是每增加 1 年教育的个人明瑟收益率，又称为教育的边际收益率。对式(2.16)中的 S 求导，得到 β 的求值公式：

$$\beta = \frac{\partial \ln Y}{\partial S} = \frac{1}{Y}\frac{\partial Y}{\partial S} \approx \frac{1}{\Delta S}\frac{\Delta Y}{Y} \qquad (2.17)$$

由式(2.17)可知，实际计算出的 β 是教育边际收益率，其含义是指：在相同工作年限条件下，受教育者多接受 1 年教育所引起的收入变化率。由于明瑟收益率没有直接涉及教育个人成本，只计算了接受一定量教育所带来的收益，并不是严格意义上的成本和收益分析。

3) 教育内部回收贴现率(教育内部回收率)

考虑教育成本变量，通过成本-收益直接推导出的个人教育收益就是教育内部收益率。教育内部回收率基本计量模型是：

$$\sum_{t=1}^{m} C_t (1+r)^{m-t} \quad \sum_{t=1}^{n} B_t (1+r)^{-t} \qquad (2.18)$$

式中：C_t 为受教育年份中第 t 年的个人教育成本，包括直接成本和间接成本；B_t 为收益年份中第 t 年的个人收益，通常指毕业后所获得的收入；m 为接受该级教育的教育年限；n 为受教育者获得收益的年限；r 为内部回收率，即当教育成本现值和预期收益现值相等时的贴现率。

4）教育投资社会收益率

教育投资社会收益率即教育投资的宏观收益率，是教育投资收益 B 与教育成本 C 的比值，即

$$\text{教育投资社会收益率}=\frac{B}{C}\times 100\% \tag{2.19}$$

一般地，教育投资的收益通常用教育投资的纯收益来表示，于是式(2.19)变成：

$$\text{教育投资社会收益率}=\frac{\text{教育总收益}-\text{教育总成本}}{\text{教育总成本}}\times 100\% \tag{2.20}$$

5）教育投资个(私)人收益率

教育投资个人收益率即教育投资的私人收益率，是教育投资个人收益与教育个人成本的比值，即

$$\text{教育投资个人收益率}=\frac{\text{教育个人收益}}{\text{教育个人成本}}\times 100\% \tag{2.21}$$

一般地，教育投资个人收益通常用教育投资纯收益来表示，于是式(2.21)变成：

$$\text{教育投资个人收益率}=\frac{\text{教育个人总收益}-\text{教育个人总成本}}{\text{教育个人总成本}}\times 100\% \tag{2.22}$$

2.5.3 职业教育的社会效益与经济效益

1）职业教育的社会效益

职业教育的社会效益是指职业教育活动对整个社会的长期影响，这种影响既包括对经济发展的影响，也包括对社会政治、文化、科技、人口素质等诸方面发展的影响。只有当职业教育培养的人

才素质好、质量高，以及具有较高的创新能力、实践能力和创业精神并符合社会经济发展的需要，职业教育的社会效益才能得以很好地体现。职业教育的目的在于使人在认识、改造自然的过程中不断完善人类自身，同时承担起开创时代新风的历史重任，从而推动时代进步和社会发展。职业教育的社会效益主要表现在：有利于民主政治的建设和法治的健全，促进社会形成一个安定的环境；有利于社会道德风尚的改善；有利于全民科学文化水平和素质的提高。

2）职业教育的经济效益

职业教育的经济效益，从职业教育系统内部来看，可以指单位时间内职业教育培养出来的人才的数量和质量与各种资源的消耗之间的关系。内部经济效益是一种微观的经济效益，即投入产出之比。学校除了培养人以外还肩负着开展科学研究、技术开发以及凭借职业教育的人才、设施和信息等优势，直接或间接地向社会提供各种服务。学校的投入是指为办学而消耗的教育资源，包括人力资源、财力资源和物力资源。在一定的投入下，产出越高，则效益越高；一定的产出所消耗的投入越小，则效益越高。学校产出的数量是指培养了多少人，即办学规模。学校产出的质量是指学校所培养的人是否达到了教育目的和要求，即合格率。职业教育的内部经济效益可用下式表示：

$$\text{职业教育的内部经济效益}=\frac{\text{学校规模}\times\text{合格率}}{\text{办学所消耗的教育资源}} \tag{2.23}$$

从职业教育系统外部来看，职业教育的经济效益可以指职业教育通过提高劳动者的专业知识和技能，提高劳动者的素质，提高整个社会的知识总量和科技文化水平，从而促进国民经济的增长，为社会经济发展创造财富。外部经济效益是一种宏观的经济效益，它是职业教育投资所引起的国民收入（或国内生产总值）的增长与职业教育投资的比较,即职业教育间接产出与职业教育投入的关系。教育投资经过教育过程培养出的人才被输送到社会各个部门,因教育提高了人的知识和技能,便会为社会创造出更多的价值。这种多出的价值,即是职业教育投入与其对国民经济增长的贡献之间的差额,这种差额就是外部经济效益。外部经济效益不是在教育部门内部实现,而是在社会各部门实现的,其收益属于社会所有,并不归职业教育所有。这种效益是把教育纳入到整个社会化再生产过程中来实现的,它反映了教育与国民经济的关系,体现了教育对经济的作用。

职业教育的内部经济效益,可以通过比较不同职业教育培养同等数量和质量的人才所获得的成本大小来判断其经济效益的高低;外部经济效益可以通过职业教育收益分析来推断职业教育对社会经济发展的贡献。但是,由于职业教育系统属于整个社会中非物质生产部门,其投入是有形的,产出却是无形的,因而其经济效益既不如物质生产与流通领域那么明显,也不是职业教育系统所追求的唯一目标。

2.5.4 职业教育的概念

关于职业教育的概念,长期以来,各国和国际职业教育界各执己见,有的称职业技术教育,有的称职业教育。1999 年召开的第二届国际技术教育和职业教育大会的正式文件中,首次使用了技术教育和职业教育与培训的概念。职业教育被确定为包括职业教育、技术教育和培训。

我国《职业教育法》第十二、十三条规定:职业学校教育分为初等、中等、高等职业学校教育。初等、中等职业学校教育分别由初等、中等职业学校实施;高等职业学校教育根据需要和条件由高等职业学校实施,或者由普通高等学校实施。其他学校按照教育行政部门的统筹规划,可以实施同层次的职业学校教育。职业培训包括从业前培训、转业培训、学徒培训、在岗培训、转岗培训及其他职业性培训，可以根据实际情况分为初级、中级、高级职业培训。职业培训分别由相应的职业培训机构、职业学校实施。其他学校或者教育机构可以根据办学能力，开展面向社会的、多种形式的职业培训。

本书中的高等职业学校毕业生数包括：普通院校（含高等职业学校）专科毕业生和成人高等学校毕业生人数；中等职业学校毕业生数包括：普通中等专业学校、农业职业中学、工读学校、特殊教育学校、成人中等专业学校毕业生人数。我国目前初等职业教育所占比例极小，一般在计算过程中可以忽略。

2.5.5 经济增长与经济发展的定义

1）经济增长的定义

经济增长是指一个国家或经济实体在一定时期内生产的实际产品和劳动数量的增加。衡量经济增长的标准常以国内生产总值（GDP）的增长来计算。在20世纪，对经济增长几乎进行了一般性概述的唯一的经济学家是约瑟夫·熊比特。美国经济学家威廉·阿瑟·刘易斯1955年在其所著《经济增长理论》中阐述，经济增长的主题是人均产量的增长，而人均产量的增长一方面取决于所能得到的自然资源，另一方面还取决于人的行为。刘易斯认为经济增长的直接原因有3个：一是从事经济活动的努力，这种努力或者通过降低任何一定量产品的成本来实现，或者通过增加任何一定量努力或其他资源投入的产出来实现；二是知识的增长及其应用，近几个世纪以来产量较迅速地增长显然是与生产中知识较迅速地积累和运用相关；三是经济增长取决于人均资本和其他资源量的增加。库兹涅茨认为，一个国家的经济增长可以定义为给居民提供种类日益繁多的经济产品的能力长期上升，这种不断增长的能力是建立在先进技术以及所需要的制度和思想意识的相应调整基础上的。他根据14个国家近百年的经济增长统计，总结了现代经济增长的6大特征：(1) 人均产量和人口的高增长率；(2) 总要素生产力，特别是劳动生产力的高增长率；(3) 经济结构的迅速变革；(4) 社会结构和意识形态的迅速改变；(5) 经济增长在世界范围内由发达国家向发展中国家扩展；(6) 经济增长在世界范围内是不平衡的，导致各国间经济政治力量对比的改变，造成世界战争的必要条件和一些国家越来越落后的状态。他认为，经济增长的25%归之于生产资料投入量的增加，75%归之于由科技进步引起的生产效率的提高。

2) 经济发展的定义

经济增长与经济发展有质的区别，虽然经济发展要以一定的经济增长为基础。单纯的经济增长与公众的福祉并没有必然联系，发展的战略目标不仅仅是追求经济的增长，其最终目的是增进全体人民的福祉。诺贝尔经济学奖获得者阿马蒂亚·森(A. K. Sen)指出，经济发展意味着消除贫困、人身束缚、各种歧视性压迫与缺乏法治权利和社会保障的状况，同时经济发展要提高"人们按照自己的意愿来生活"的能力。法国社会学家和经济学家弗郎索瓦·佩鲁(F. Perroux)指出，经济发展等于经济增长加社会进步，发展不能仅仅表现为物质的扩大，必须在此基础上减少不平等、失业与贫困等现象。

正是由于经济增长与经济发展存在着质的区别，而那种过分追求经济增长的做法就忽视了充分就业等方面的重要内容，才会导致经济增长与扩大就业的矛盾。只有真正转变经济增长方式，使经济增长向经济发展转变，才能协调解决经济发展与充分就业的问题。经济发展意味着公众福祉的提高，其中一个重要前提是确保充分就业。在就业作为大多数公众获取收入主要途径的情况下，没有充分就业的前提，消除贫困与增加福祉只能是空中楼阁。随着 20 世纪 90 年代初我国社会主义市场经济体制改革目标的确立，就业体制改革也逐步深入，如何在确保社会稳定的前提下推进就业体制改革并努力实现充分就业，具有深远的理论价值与实践意义。就业权是每个公民应有的权利,对确保有就业能力且有就业意愿的人实现就业,是社会主义国家应尽的责任。受经济增长方式、经济发展阶段、人口状况与就业体制改革等诸多因素的影响,我国目前与未来一段时期仍存在较为突出的就业问题,就业总量问题与结构矛盾并存。就业不足是改革开放以来经济增长方式带来的必然结果。在十六届五中全会提出提高劳动力素质、不断提升科学技术水平与自主创新水平的情况下,通过经济增长方式转变,努力加大高素质劳动力投入以实现经济增长方式转变,并促进经济增长与充分就业协调互动,是解决就业的根本所在。

2.5.6 职业教育的经济发展贡献

职业教育的经济发展贡献包括职业教育对经济发展核心指标经济增长(GDP)率的贡献和职业教育对经济发展其他相关指标的贡献两方面。

1) 职业教育对经济增长贡献的由来

职业教育与经济的相互关系最初是从马克思的社会再生产理论中引申出来的。马克思的社会再生产理论认为,教育是劳动力再生产的必要手段与条件,在整个社会再生产中占据着重要的地位。马克思的社会再生产理论运用到教育与经济的相互关系中来,主要是基于对教育属性的初步认识:先从教育的消费性来看,它必须依赖于生产的发展才能使自身得到进一步的发展,即生产的发展为教育的消费提供物质基础并最终决定教育的消费;再从教育的生产性来看,教育对劳动力再生产、对劳动生产率提高的作用,以及对消费的拉动,则体现了教育的生产性对社会再生产中的消费、交换和流通等方面也有制约和促进的作用。

2) 职业教育与经济增长相互作用的几种形式

职业教育对经济增长贡献相互关系的形式有的是内在的,有的是外在的;有的是主动的,有的是被动的;有的是制约的,有的则是促进的,不一而足。具体表现为:

（1）相互依存、密不可分的关系。这种关系形式是职业教育对经济增长贡献相互关系的最基本的形式之一，它处于职业教育对经济增长贡献的微观层面，包括职业教育投入与产出的关系、职业教育的成本与效益的关系、职业教育资源配置与优化的关系等。

（2）相互促进、良性互动的形式。即职业教育的某一方面、某一部分和某一阶段与经济增长的某一方面、某一部分和某一阶段之间的相互促进关系所产生的联动效应，它处于职业教育对经济增长贡献的宏观层面，包括经济体制改革带动职业教育体制的改革、经济结构的调整带动职业教育结构的调整、经济规模总量扩大引起职业教育规模的扩大、经济增长速度加快促进职业教育发展的速度加快等。一些西方发达国家，当经济处于农业社会向工业社会的过渡时期，职业教育也正处于起步发展阶段，此时职业教育对经济发展的贡献并不明显；当经济发展过渡到工业社会，职业教育也进入快速发展时期，此时职业教育对劳动生产率提高、对科技进步的贡献、对人力资源的开发以及对经济结构的调整和转型，都产生了积极而巨大的影响；当经济发展进入后工业社会，也就是进入知识经济时代，职业教育也进入到高水平、高质量的内涵发展阶段，此时职业教育对科技进步的贡献、对知识的创新和生产的作用以及对经济发展的贡献都是空前的。它充分表明了职业教育与经济增长之间确实存在着一种相互促进、良性互动的关系。

（3）相互协调、主动适应的形式。职业教育应根据经济增长的需要以及自身发展的规律，通过主体的鉴别、判断和选择，再做出积极的回应，这是一种较高层次的关系形式。具体表现为：职业教育的发展不但要满足当前经济与社会发展的需要，更应着眼于未来社会经济发展，也就是“适度超前”发展。职业教育的“适度超前”理论是在现有社会资源总量框架内的超前，职业教育与经济发展的波动周期不会相离。

（4）相互制约、被动适应的形式。与相互协调、主动适应的形式正好相反，即职业教育主体的鉴别、判断和选择，无法对经济的发展以及其他外部因素做出积极的回应。如前德国在经济总量扩张的同时，高等职业教育规模未必随之扩大而是相对缩小，即多数人选择了就业而不是升学，高等学校中的教育资源相对过剩；相反，在经济总量缩小的同时，许多失业者又返回学校学习，使高等职业教育规模相应扩大，使高等学校中的教育资源出现相对不足，这种“反周期”的现象是职业教育与经济增长贡献相互关系中的特例。还有一个典型的例子就是战后印度，该国在重振经济的过程中，虽选择了重视人力资本投资的战略与之相配合，但由于过度投资高等教育（含高等职业教育），使得高等教育与当时的生产力发展水平不相适应，而普通教育则由于经费投入不足而在总量上满足不了经济增长的实际需要，从而导致该国经济一度进一步衰退。

3）职业教育对经济发展其他相关指标的贡献

对于职业教育对经济发展其他相关指标的贡献，本书着重研究职业教育对就业增长贡献及其关系。

3 职业教育对国民经济增长的贡献

教育的经济效益如何量化，即如何计量教育发展对国民经济增长的贡献是一项十分困难和复杂的工作。造成这种困难和复杂的原因来自于两个方面。一方面来自教育对经济增长的贡献具有间接性的特征，即教育的直接成果是受教育者在思想品德、文化知识、专业技能、身体心理等方面提高了的素养，教育对经济增长的贡献是由带着这些教育成果的受教育者在参与物质资料和精神产品的生产过程中间接产生的。另一方面来自于教育对经济增长的贡献具有迟效性和长效性的特征。所谓迟效性特征，即教育成果在国民经济发展中产生作用需要一定的周期，教育作用的显现一般要在教育活动完成几年甚至十几年后才发生；所谓长效性特征，即教育成果一般能在长达几十年的时间内产生效益。这两个特征均给计量一定时期内教育对经济增长的贡献造成了很大的困难，既容易将“贡献功臣”张冠李戴，将前一个时期教育的贡献算在了当前时期，又容易计量不足，对当前时期教育的贡献估计不够，忽视教育的长久作用。

近几十年来，国际上教育经济学界产生过几种计量教育对国民经济增长的贡献的方法，包括被学者们评价较高、被较广泛地用于计量许多国家和地区教育贡献率的丹尼森(E. F. Denison)的方法，但都只能是近似的，而且是有缺陷的。尽管如此，采用丹尼森的方法，通过一定的计量模型，近似地计算出我国某一时期教育对国民经济增长的贡献，总比单纯地用文字语言来定性描述教育的地位和作用，要明晰、精确得多，也容易通过横向和纵向比较，得出有益的启示。况且，我们可以在研究和实践的过程中，通过实证的方法尽可能科学地确定劳动简化系数，并科学地修正计量模型，以增强计量的客观性和意义。

3.1 教育贡献计量的基本模型及其计算方法和步骤

如前所述，计量教育发展对国民经济增长的贡献，本身是一项十分复杂的工作。现有的计量方法都只是近似方法，计量模型本身也有一定的缺陷或者难以操作。但这并不妨碍我们进行这方面计量的研究，也不妨碍我们通过使用国际上通行的计量模型，将计量结果进行纵向比较(本国不同时期的比较)和横向比较(不同国家和地区间的比较)。这对于我们正确总结教育发展的历史、正确分析教育发展的现状、正确认识教育发展对经济增长的作用，具有显而易见的现实意义和长远意义。

3.1.1 柯布-道格拉斯生产函数

经济学理论认为，产出主要与劳动力数量、资本投入量及土地数量有关，可用普通函数式 $Y = F(K,L,G)$ 表示。式中：Y 为产出，常用社会总产值表示；L 为劳动力数量；K 为资本投入量；G 为土地数量。但是，近几十年来的研究表明，可用土地的数量非但没有明显增加，许多国家还在不断缩减之中，因此，G 这项因素常可省略不计。普通函数式可表示为：$Y = F(K,L)$ 。

假设土地数量没有变化，导致经济增长的因素抽象为资本投入量 K、劳动力数量 L 和技术进步率 A。K,L 可以相互替代，且能以可变的比例组合。又假设经济发展处于完全竞争的市场经济条件下，生产要素都以其边际产品作为报酬，规模报酬保持不变。那么，柯布-道格拉斯生产函数的一般形式如下：

$$Y = AK^{\alpha}L^{\beta} \tag{3.1}$$

由上式对 K 求导，可得：

$$\frac{\partial Y}{\partial K} = \alpha AK^{\alpha-1}L^{\beta} = \alpha\frac{Y}{K} \tag{3.2}$$

由式(3.2)可推得：

$$\alpha = \frac{\frac{\partial Y}{\partial K}K}{Y} \tag{3.3}$$

$$\beta = \frac{\frac{\partial Y}{\partial L}L}{Y} \tag{3.4}$$

或

$$\alpha = \frac{\frac{\partial Y}{Y}}{\frac{\partial K}{K}} \tag{3.5}$$

$$\beta = \frac{\frac{\partial Y}{Y}}{\frac{\partial L}{L}} \tag{3.6}$$

上述公式中，指数 $\alpha>0$，$\beta>0$，资本和劳动从生产中获得边际收益，在 $\alpha+\beta=1$ 的假设下，α 和 β 分别代表资本和劳动在总产出中的相对比重。根据柯布(C. W. Cobb)和道格拉斯(P. H. Douglas)两人对美国 1899—1922 年间的有关经济资料的分析和估算，α 值约为 0.25，β 值约为 0.75，表明这一期间在总产量中，资本所得的相对份额为 75%，劳动所得的相对份额为 25%①。

由式(3.5)、式(3.6)可知，α 表示产出的变动率对资本投入量

① 高鸿业. 西方经济学[M]. 第 2 版. 北京：中国人民大学出版社，2000：143.

变动率的敏感度，即产出的资本弹性；β 表示产出的变动率对劳动投入量变动率的敏感度，即产出劳动弹性。其中，当 $\alpha+\beta>1$ 时，产出的规模报酬递增；当 $\alpha+\beta=1$ 时，产出的规模报酬不变；当 $\alpha+\beta<1$ 时，产出的规模报酬递减。

由式(3.2)求自然对数，再对时间 t 求导可得：

$$\frac{Y'}{Y}=\frac{A'}{A}+\alpha\frac{K'}{K}+\beta\frac{L'}{L} \tag{3.7}$$

式中：Y'、A'、K'、L'分别为 Y、A、K、L 对时间的导数；Y'/Y 表示产出的增长率；A'/A 表示综合要素生产率增长率；K'/K 表示资本投入的增长率；L'/L 表示劳动投入增长率。

由式(3.7)可知，产出的增长率等于综合要素生产率增长率、资本投入增长率和劳动投入增长率的线性组合，从而为测算各种要素对产出增长的贡献率①提供理论依据。

3.1.2 丹尼森对柯布-道格拉斯生产函数的扩展

如前文所述，在实证分析中，柯布-道格拉斯生产函数是最常用的生产函数，利用该函数可以分析经济学各个领域的经济问题。而利用该函数分析教育对经济增长的贡献则需要进行一定形式的扩展。

美国经济学家丹尼森认为，劳动不仅有数量方面的构成因素，而且有质量方面的构成因素。如果把教育作为构成成熟劳动质量方面的一个因素，人均劳动小时数和同质工人的数量可以看做是劳动的数量方面因素。

这样，柯布-道格拉斯函数可以变为：

$$Y=AK^{\alpha}(LE)^{\beta} \tag{3.8}$$

式中：Y 为国民收入产出量；A 为技术进步率；K 为资本投入量；L 为不包含教育质量因素的劳动投入量；E 为教育投入量。

---

① 通过各个组成要素的增长率与总产出增长率之比求得。

对式(3.8)两边求对时间 t 的全导数，且两边同时除以 Y，经过推导，可得国民收入产出增长速度模型：

$$y = a + \alpha k + \beta l + \beta e \tag{3.9}$$

式中：y 为国民收入年均增长率；a 为年技术进步率；k 为资本投入量年增长率；l 为不含教育质量因素的劳动年增长速度；e 为教育投入量年均增长率；α、β 分别为产出对资本、劳动的弹性系数。

因此，教育对国民收入增长速度的贡献可以表示为：

$$R_e = \frac{y_e}{y} = \frac{\beta e}{y} \tag{3.10}$$

式中：y_e 为由教育的作用所带来的国民收入增长率；y 为国民收入总增长率；R_e 为教育对国民收入增长速度的贡献率。这就是目前被国际教育经济学界广泛采用的教育对国民经济增长贡献的计量模型。

必须指出，在柯布-道格拉斯生产函数中，α 为资金的产出弹性系数，表示当其他生产要素不变时，仅资金一种生产要素改变所带来的产值相对变化率；β 为劳动的产出弹性系数，表示当其他生产要素不变时，仅劳动力一种生产要素改变所带来的产值相对变化率。实际上，资金、劳动力以及其他生产要素在一段时间内都是相应变化的，无法得到只有一种生产要素改变、其他要素不变时对产值相对变化的统计值。所以，无论采用什么方法，都只能得到 α、β 的近似估计值。

丹尼森计量教育对经济增长率贡献的方法是：

(1) 确定各教育年限的收入简化指数。根据某年受不同教育程度的劳动者的年人均收入差别确定该年收入简化指数。以受过 8 年教育的男性劳动力的年人均收入为 100%作为标准，折算出其他不同教育年限程度者在收入上的相对百分比差别即收入指数，从而确定由于教育年限的不同所导致的年人均收入简化指数的差别。由于考虑到收入的相对差别并不是全部由教育所导致的，假定同期收入差别中有3/5是由教育引起的，于是对收入简化指数的差别进行调整，使其差别缩小为原差别的3/5。

(2) 计算报告期年和基期年的教育量简化指数(%)。

某年教育量简化指数(%) $= \sum$(该年某教育年限的收入简化指数×该年同一教育年限劳动力数量占总劳动力数量的比例)

(3) 计算全期教育量指数增长系数 G_e 和每年平均增长系数 r。

G_e=报告期教育量简化指数(%)×基期教育量简化指数(%)

设基期年教育量简化指数为100%，则报告期教育量指数增加到1%+G_e，设每年教育量指数平均增长率为 r，采用水平法计算：

$$100\% \times (1+r)t = 1+G_e$$

$$r = \frac{(1+G_e)\times 100\%}{t-1}$$

式中，t 为报告期与基期之间相差的年数。

(4) 计算教育量增长导致的每年国民收入增长率 y_e。设工资在全期国民收入中的比例即产出对教育投入的弹性系数为 β，则

$$y_e = \beta r$$

(5) 计算教育对国民收入增长率的贡献 y_e/y。设国民收入全期年均增长率为 y，则

$$\frac{y_e}{y} = \frac{\beta r}{y} \times 100\%$$

此外，丹尼森认为知识进展所带来的产出增长率中，只有3/5是教育作用的结果，因此应把这部分加总到教育的贡献中去。

与其他计算教育对经济增长贡献的方法相比较，本研究认为丹尼森的方法较为科学合理。主要理由是：

(1) 教育投入量的指数确定。丹尼森根据不同教育年限劳动

者的年收入指数差别的3/5，来确定教育投入量指数上的差别，因为丹尼森认为不同教育年限的劳动者其平均报酬与其劳动边际产品成正比。

(2) β系数的确定。丹尼森采用历年来工资额占全部国民收入的百分比作为产出对教育投入量的弹性，这既坚持了充分竞争条件下的边际生产力分配论，也承袭了柯布-道格拉斯生产函数的思想。劳动生产率简化指数法对β系数的确定，采用的是历年来回归统计分析的结果，把β看做是因变量为国民收入产出量的回归方程中解释变量（因变量），即劳动投入量的回归系数。

3.1.3 计算各类教育对我国经济增长率贡献的方法和步骤

1) 计量模型的变量确定

根据基本计量模型$R_e = \beta e / y$，y、e和β的确定方法如下：

(1) 国民收入总增长率y的确定方法。本研究实际计算过程中直接将y具体为GDP的年增长率。

(2) 教育投入量年均增长率e的确定方法。首先根据从业人员人均受教育年限及其年均收入差别比例（劳动力数量换算系数），计算出教育综合指数的年增长率，然后在此基础上再乘上折算系数。之所以要乘上一个折算系数，主要是因为从业人员劳动生产率差别导致的工资收入差别是由众多因素共同作用的结果，如个人的天赋素质、家庭背景、勤奋努力程度等都会导致工资或个人收入的差别，只有一部分差别可以归因于所受正规教育的不同，而且，劳动力质量、素质、技能的提高也不能完全归因于正规教育。按照丹尼森等西方学者通行的算法，对于依据工资收入差别而计算出的教育综合指数的增长率（即由教育程度的提高而带来的劳动量的增长率）一般用0.6作为折算系数。

(3) 劳动的产出弹性系数β的确定方法。需要说明以下3点：

① 在不同国家的不同时期其数值是不同的。美国数学家柯布和道格拉斯根据美国20世纪初期20多年的数据推算出，β为

0.75（α为0.25）；我国学者周天勇分析了1953—1990年间我国国民收入的产出结果①，得出β为0.109 3（α为0.817 8）。上述两组数据反映出这个期间（计划经济体制）我国劳动投入对经济增长的贡献比较小。

② 在一定条件下β值等于工资总额与国民收入之比。在前面假设条件成立、企业追求利润最大化的前提下，劳动力的工资率等于其边际产品，由柯布-道格拉斯生产函数可以推导出，β为劳动所得在总产出中所占的比重（α则为资本所得在总产出中所占的比重），工资总额与国民收入之比就是劳动对产出的弹性系数β。

③ 本研究中β的取值。

根据上述说明，美国学者麦迪逊（A. Maddison）利用西方6国1913—1984年间数据，计算得出β值为0.7；而本研究使用《中国统计年鉴》的历年工资总额和国民收入数据计算得出，我国实行市场经济体制以后，1993—2004年间各年的β值分别为：0.141 945 58、0.142 354 26、0.138 513 39、0.133 756 40、0.126 309 05、0.118 660 75、0.120 333 34、0.119 106 01、0.121 573 01、0.125 138 10、0.125 594 05、0.123 470 97②，这些数值虽然比周天勇计算出的1953—1990年间β值有所提高，但与美国等西方国家相比仍较低。分析其主要原因有两方面：一方面，由于我国分配机制刚性较强、整体工资水平较低、工资提升幅度较小，形成我国工资总额客观上相对较小；另一方面，我国收入分配不规范、工资统计范围不全、统计手段不科学，导致我国实际工资总额统计不足。为弥补以上缺陷，增加计算结果的国际可比性，本研究采用麦迪逊的β值③，即

① 周天勇. 劳动与经济增长[M]. 上海：三联书店上海分店，1993：115.

② 详见附录1：1978—2004年国民收入、工资总额及其相关指数统计表。

③ Maddison A. Growth and slowdown in advanced capitalist economies: Techniques of quantitative assessment[J]. Journal of Economic Literature, 1987, 25(2): 649-698.

β=0.7,即认为劳动投入每增加1%,产出增加量为0.7%。实际上,我国的β值可能低于0.70。

2) 各类教育对经济增长贡献率的具体计算步骤

在丹尼森计量教育对经济增长率贡献的模型与方法中,未能给出分别估算各类教育对经济增长率贡献的具体方法。本研究根据上述修正模型及说明,采用"权数分配法"突破了这一难题,并将我国小学、初中、普通高中、中等职业教育、高等职业教育、本科以上高等教育对经济增长率贡献的计算过程设计为以下8个步骤:

(1) 计算劳动力数量的换算系数。

使用相关调查数据,计算受不同程度教育从业人员的劳动力数量折算系数:根据实行市场经济年间受小学、初中、普通高中、中等职业教育、高等职业教育(大专)、本科以上高等教育从业人员的年平均收入推断出受小学、初中、普通高中、中等职业教育、高等职业教育(大专)、本科以上高等教育从业人员劳动生产率的比例倍数,进而得出接受小学、初中、普通高中、中等职业教育、高等职业教育(大专)、本科以上高等教育所提高的劳动力质量换算为劳动力数量的系数(劳动力数量换算系数)。

(2) 推算从业人员文化程度分布百分比。

由《中国劳动统计年鉴》直接查得相关年度的文盲半文盲、小学、初中、高中(含中等职业教育)、大专以上文化程度从业人员分别占总就业人数的百分数,然后整合多种资料数据并经过较为复杂的推理运算确定中等职业教育、高等职业教育、本科以上教育程度的从业人员百分比。

(3) 分别计算从业人员人均教育综合指数。

根据第2步计算结果及我国现行学制,先分别计算相关年段我国从业人员人均受教育年限,然后用教育综合指数代表由于教育程度的提高而带来的劳动投入量。把劳动力人均受教育年限看做是权数分别乘以劳动力数量折算系数,据此计算出劳动力人均教育综合指数。

（4）计算从业人员人均受小学、初中、普通高中、中等职业教育、高等职业教育、本科以上高等教育年限平均年增长率、教育综合指数平均年增长率 E 和教育投入年增长率 e 等指标参数。

采用几何平均法，公式为：

$$E = \left(\frac{E_{1(2)}}{E_0}\right)^{1/n} - 1 \tag{3.11}$$

式中：n 为终止年与起始年之间的间隔年限数。按公式（3.11）计算我国从业人员受小学、初中、普通高中、中等职业教育、高等职业教育、本科以上高等教育年限平均年增长率、教育综合指数年平均增长率和教育投入年增长率。

（5）用权数分配法分别计算小学、初中、普通高中、中等职业教育、高等职业教育、本科以上高等教育指数增长率占年均总教育指数增长率的百分比。

由上述第 3 步和第 4 步计算可知，各类教育指数年均增长率和各类教育劳动力数量折算系数是决定年均教育综合指数增长率的关键要素。因此，可以用小学、初中、普通高中、中等职业教育、高等职业教育（大专）、本科以上高等教育指数年平均增长率与各类教育劳动力数量折算系数的乘积作为权数（比例），直接计算（分配）其占年均教育综合指数增长率的百分比。

（6）计算 GDP 的实际年平均增长率 y。

以本国货币不变价格计算的增长率习惯上称之为实际增长率。设我国 1978 年 GDP 为 100，采用几何平均法计算 GDP 的实际年平均增长率 y。

（7）计算教育对经济增长率的贡献 R_e。

根据基本计量模型公式 $R_e = \beta e / y$ 计算教育对经济增长率的贡献。

(8) 计算小学、初中、普通高中、中等职业教育、高等职业教育、本科以上高等教育对经济增长率的贡献。

各类教育指数年平均增长率占年均教育综合指数的百分比与 R_e 的乘积即为其对经济增长率的贡献，由此计算得出相关年段小学、初中、普通高中、中等职业教育、高等职业教育、本科以上高等教育对经济增长率的贡献。

3.2 教育贡献基本计量模型精度不足及其修正

3.2.1 基本计量模型精度不足的表现

从基本计量模型公式 $R_e = \beta e / y$ 可以看出：教育对经济增长的贡献与教育综合指数年均增长率成正比，与国民收入年均增长率成反比。因而，在国民收入年均增长率已知情况下，教育对经济增长的贡献取决于教育综合指数的年均增长率。以一定时期内教育综合指数的年均增长率为指标，考察我国教育对国民经济增长的贡献，是否十分精确？可以从以下几个问题的讨论中发现丹尼森教育贡献基本计量模型在我国应用上的限制。

(1) 在我国九年制义务教育基本普及以后，人均受教育年限的增速势必会放缓，教育综合指数的增速也势必会有所放缓，那么这是否预示着教育对经济增长的贡献率也将随之逐渐下滑吗?

(2) 将来一旦高等教育也普及以后，教育综合指数的增速不是将趋向于 0 吗？那么，教育对经济增长的贡献也将趋向于 0?

(3) 假若由于社会经济制度原因，导致教育的功能不能正常发挥或形成教育与经济发展完全不相匹配，通过上述模型计算得到的教育对经济增长贡献率会不会变化?

3.2.2 基本计量模型精度不足的分析

这几个问题的实质是人力资本的增量与存量以及数量与质量关系的处理。具体计算中就是如何决定教育综合指数及其增长率？如何对教育形成的人力资本进行测度？如何选取人力资本产出弹性系数？如何考虑教育和经济发展的阶段性特征对测算值的影响？下面分别予以分析说明。

（1）教育形成的人力资本测度问题。人力资本的测度是进行教育经济贡献计量研究必然涉及到的关键问题，人力资本无法像固定资本一样直接体现、观察，有时往往还表现为一种无形资产，因此对人力资本的测度往往通过间接方式实现。教育综合指数是测度人力资本的有效方法之一，它是某一时期劳动者人均受教育程度的综合反映，但丹尼森的教育贡献基本计量模型中的教育综合指数仅与劳动者受正规学校教育的年限和层次（受较高层次教育的，按劳动简化系数进行折算）有关，与其他形式的教育活动无关。所以从理论上讲，它并不能完美地反映某个时期我国劳动者人均受教育的状况以及教育对经济的作用。在我国计划经济体制下，劳动者的个人收入差异与教育程度差异并非一致，个人的收入分配并不是完全按市场价格确定，而是由国家统一制定工资政策，收入差距不大。改革以来，我国在收入分配方面虽然进行了一些市场化改革，但由于劳动力市场的制度性分割，使得劳动收入分配扭曲现象严重，如较早实行市场化改革的私营经济的个人收入相对较高，而传统计划性较强的国营部门仍是一种相对均衡的收入分配政策。实际使用该模型计算我国不同历史时期教育对经济增长的贡献时，可以发现，1964—1990 年期间我国教育对经济增长的贡献大大高于 20 世纪 90 年代的 10 年时期。究其原因，一是1964—1990 年期间我国经济增长的速度低于 90 年代，二是这一时期我国教育综合指数的年均增长率高于 90 年代，三是按非市场经济条件下的就业人员工资推算的劳动简化系数不能真实反映教育对经济的作用。其中也包括“文革”10 年期间教育综合指数的增长，高于 90 年代的 10 年。我们知道，“文革”10 年期间教育综合指数虽然增长较快，但这个增长只是反映小学、初中、高中的学生数量的增长,没有反映这10年的教育质量:当时大量的初中是村级小学“戴帽子”办的,大量的高中是初中“戴帽子”办的;大量的教师是“代课教师”,是初中毕业教初中、高中毕业教高中;大量的自然科学知识、人文社会科学知识被当做“封、资、修”的东西从教材和教学内容中删除;大量的书籍被作为禁书;大量的学校教学时间被用来搞“革命活动”;大量的知识分子被丑化、敌视为“臭老九”和社会的“渣滓”,而大量的无知者、文化考试交“白卷”者却成了社会的英雄和青少年仿效的榜样;等等。一句话,教育综合指数增长的这一指标没有反映当时的教育质量和教育对经济实质性作用。再如,在现代社会,劳动者受教育提高科学文化素质和劳动技能的途径,已不只是正规学校学历教育,受同一层次教育的机会也不只是一次。而在这一指标的统计和计算中,大量的“专业证书”和“岗位证书”类的教育、单科进修教育、专业技能培训教育、再就业培训教育、外语资格培训教育,以及“双专科”教育、“双学位”教育,甚至如今规模一再扩大的研究生教育等,均没有被考虑在内。而所有这些教育,都必然会有大量的教育投入,导致劳动者素质的提高,对经济活动产生影响,对经济增长作出贡献。更何况知识经济时代将是人们终身学习的时代,是继续教育和社会培训形式多样、内容丰富、规模远远超过以往任何时代正规学校学历教育规模的时代。因此,目前国际上流行的权威的教育对经济增长贡献的计量模型应用于我国实际,存在不够精确的问题。

(2) 人力资本产出弹性系数选取问题。要素产出弹性是要素投入量与产出量之间的一种相对变化关系,它是随时间而发展变化的,因此用固定弹性并不能十分准确地测算各要素对经济增长的贡献。本研究中用某一年的弹性系数去替代某一时期的弹性系数(为了能与国际比较),进而计算各个时期教育对经济增长的贡献。因此,这种计算只是一个粗略的估算。解决这一问题的有效方法是用时间序列数据对生产函数进行回归,即用各年的弹性系数确定某一时期的平均弹性系数，这种方法相对较为准确。

（3）教育和经济发展的阶段性特征对测算值的影响问题。教育由于其自身体制的影响，是存在极限值和阶段性的，即当义务教育普及、人均教育年限达到一定程度后，其增长率或幅度将逐步减小（如果全民均接受了高等教育，那人均教育年限的增长率将接近于0）。因此，用人均教育年限的增长率与边际生产力的乘积求教育对经济增长的贡献也不是长期有效的。解决这一问题的方法之一可能就是考虑上述提到的教育质量差异性，因为本来的教育资本差异不是数量型，而是体现不同质量差异或资本化程度的人力资本。因此，在比较研究中，尤其在国际比较中，一定要将教育的经济贡献率和教育的普及程度、经济的发展阶段相联系。这也可能是各国实证分析中，随经济发展水平的提高，教育贡献率下降的一个解释。或者可以大胆地设想一下，教育对经济增长的贡献是否也存在一种"倒U型"假说呢？而且在不同的经济发展阶段，三级教育的贡献率差异和变化特征可能在经济发展的初期更为明显，初等教育对经济产业结构的发展是必需的，但当初等教育普及、产业结构发生变化后，中等和高等教育对经济增长的重要性可能就更大了，这不仅是因为人均初等教育增长率的降低，更主要是经济发展对中、高等教育劳动者的需求。对这一问题的实证分析，有些学者通过经济增长收敛分析法加以解决，从而相对准确地了解在经济发展的不同阶段，教育对经济增长的重要性①。

3.2.3 基本计量模型的修正

从我国社会经济发展的实际来看，更加完善的教育对国民经济增长贡献的计量模型，应当充分考虑社会经济体制、教育质量、研究生教育、继续教育和社会培训4个因素。

---

① 安雪慧. 教育经济增长贡献计量方法中的一些问题[J]. 教育与经济，2002(2).

如何在估算模型中加入这4个要素？本研究采取两种办法：一是在基本模型中直接加入新的修正参数；二是合理选择相关数据并改进计算过程。具体说明如下。

(1) 加入“制度变量参数 s”，把社会经济制度因素考虑进来。s 取值主要决定于市场经济体制完善程度。市场经济体系越健全，经济发展水平越高，教育的经济功能发挥就越充分，劳动力市场也就越发达，社会收入在不同文化程度的劳动者之间的分配就越合理，由不同文化程度的劳动者收入推算得到的劳动者的劳动简化系数就越科学，运用上述丹尼森基本模型计算得到的教育对经济增长贡献率就越大；否则，计算得到的教育对经济增长贡献率就越低。我国1993年开始正式实施市场经济体制以来，社会经济发展一直处于转型时期，市场经济体系还不够健全，因此，s 取值应大于或等于1，即 $s \geqslant 1$，具体取值可根据相关国家间的比较来获得。

(2) 设置“教育质量参数 q”，把教育质量因素的影响体现到模型中来。q 取值应小于或等于1，即 $q \leqslant 1$，具体取值应根据一段时期内教育质量与社会进步、科技发展、经济发展的客观要求的适应程度来确定，完全适应才能取1。根据这一参数的意义，它与教育综合指数年均增长率应当是乘积的关系。

(3) 扩大原有教育综合指数的含义，将研究生教育和继续教育列入其中。研究生教育列入比较简单，它毕竟是正规的学校学历教育，统计其数量比较容易，只要分别确定硕士研究生毕业和博士研究生毕业的劳动者的劳动简化系数，即可直接列入教育综合指数公式加以计算。即按下式直接在计算过程中体现出来。

$$\text{教育综合指数} = \sum(\text{人均受各级教育的年限} \times \text{相应的各级劳动简化系数})$$

(4) 增加继续教育和社会培训修正参数。在教育综合指数中考虑继续教育和社会培训的因素，难度相对要大一些，但也完全可以做到。首先，将各类继续教育划分为与正规学校学历教育大致相当的几个层次，如相当于高中层次、大学层次或硕士研究生层次等。其次，统计出受各层次继续教育的人数 X 和 1 年中人均受教育培训的标准课时 W。按接受正规学校学历教育的全日制脱产在校生人均全年总课时数 1 000 计算，将接受继续教育的总人数折算为相当于接受同一层次的正规学校学历教育的人数。最后，将这一折算后的人数乘以一个大于 1 的系数 Z，因为接受继续教育者的学习大多是主动性、研究性的学习，其学习效率大多优于在校学生，仅按标准课时数来折算，肯定低估了继续教育的作用和效能。因此，某层次继续教育和社会培训的状况，可折算为当年正规学校学历教育的人数，用公式可表示为：$WXZ/1\,000$。也就是说，在起初统计和计算劳动人口受各级教育的人数和文化程度分布百分比时，就可以将继续教育状况统计和计算进去，这样，以后依此计算出的人均受教育年限，以及教育综合指数，就完全包含了继续教育的因素。本书为了进一步简化，实际计算过程中根据成人继续教育和社会培训所占的比例及其贡献率估算一个非学历培训系数 v，直接纳入到基本模型中。

将社会体制、教育质量、研究生教育、继续教育和社会培训纳入教育综合指数的要素之后。教育综合指数的计量就发生了变化，某一时期内的教育综合指数人均增长率，从量上讲也不可能与用原先方法计算出来的年均增长率 e 相同。

综上所述，添加 4 个要素之后，估算教育对国民经济增长贡献的较理想的模型应当是将式(3.10)修正为下式：

$$R_e' = sqvR_e = \frac{sqv\beta e}{y} \tag{3.12}$$

利用此修正模型计算时，s、q、v 的取值标准可在积累了大量国内外统计资料后，通过实证分析和比较研究作进一步探讨。

当然，在没有更好、更理想的估算模型出现之前，或在更理想的估算模型一时难以投入实际运算（因缺少统计资料等）之前，国际上目前流行和权威的计量模型是较为理想的；在市场经济体制比较完善、教育质量相对稳定的条件下，在继续教育和社会培训的作用（在国民经济增长中的作用）还不很突出和研究生教育的规模（相对于整个高等教育的规模）还不是很大的情况下，原有的计量模型是较为科学合理的。从我国的情况来看，即使我国已基本普及了九年制义务教育，在今后很长的时期内，教育投入量的主体部分仍然是正规学校学历教育，因为普及高中阶段教育以及进而普及高等教育将经历一个长期过程，因此，原有的计量模型仍会显示出它存在的价值和意义。不过，无论如何，本节所提出的这个新的计量模型，肯定更为科学合理和完善，更能适应新世纪教育发展的特征和趋势。

3.3 我国1982—1993年教育对国民经济增长贡献的估算

按丹尼森方法实证计算分析我国1982—1993年间教育对经济增长的贡献率，可采取以下4个步骤。

3.3.1 采用丹尼森方法计算1982—1993年我国教育对国民经济增长贡献

计算步骤如下：

(1) 分别计算1982年、1993年从业人员人均教育综合指数。

用教育综合指数代表由于教育程度的提高而带来的劳动投入量。根据1982—1990年间接受初等、中等和高等教育从业人员的平均收入差别，推断出中等教育毕业生的劳动生产率是初等教育毕业生的1.4倍，高等教育毕业生的劳动生产率是初等教育毕业生的2倍①。1980—1993年间我国经济运行机制是以计划为主导，因此，可以认为：1982—1993年与1982—1990年间初等、中等和高等教育从业人员的年平均收入比例基本相同，并可根据1982—1990年间受初等、中等和高等教育程度的从业人员的年平均收入差别推断出1982—1993年间初等、中等和高等教育劳动力数量换算系数分别为1.0、1.4、2.0，可以把1.0、1.4、2.0作为1982—1993年间接受初等、中等和高等教育所提高的劳动力质量折算为劳动力数量的系数，再把劳动力人均受教育年限看做权数，据此计算出劳动力人均教育综合指数。使用相关年度的《中国人口统计年鉴》和《中国统计年鉴》统计数据（见表3.1），通过整理计算得出1982年我国从业人员人均初等、中等和高等受教育年限分别为3.31、1.46、0.03，1993年我国从业人员人均初等、中等和高等受教育年限分别为5.10、1.86、0.09。

表3.1 1982年、1993年从业人员受5类教育程度分布百分比 (%)

年份	大专以上	高中和中专	初中	小学	文盲半文盲
1982	0.87	10.54	25.01	33.38	28.20
1993	2.3	11.2	33.9	35.6	15
2000	3.67	12.65	41.70	32.84	8.14

数据来源：1982年、1993年数据根据中国统计出版社《中国人口统计年鉴1994》、《中国统计年鉴1993》、《中国统计年鉴1997》有关资料推算而得；2000年数据根据全国第五次人口普查的相关资料整理而得。

上述数据具体计算过程如下：

1982年从业人员人均受初等教育年限：

$$\frac{(0.87+10.54+25.01+33.38)\times 6}{100}=3.31$$

① 崔玉平. 中国高等教育对经济增长率的贡献[J]. 教育与经济，2001(1)：1-5.

1982 年从业人员人均受中等教育年限：

$$\frac{(0.87+10.54)\times 3+(0.87+10.54+25.01)\times 3}{100}=1.46$$

1982 年从业人员人均受高等教育年限：

$$\frac{0.87\times 4}{100}=0.03$$

1982 年人均受教育年限：

$$3.31+1.46+0.035=5.80$$

1982 年人均教育综合指数：

$$3.31\times 1+1.46\times 1.4+0.03\times 2=5.41$$

1993 年从业人员人均受初等教育年限：

$$\frac{(2.3+11.2+33.9+35.6)\times 6}{100}=5.10$$

1983 从业人员人均受中等教育年限：

$$\frac{(2.3+11.2)\times 6+33.9\times 3}{100}=1.86$$

1983 从业人员人均受高等教育年限：

$$\frac{2.3\times 4}{100}=0.09$$

需要说明的是：若计算方法与 3.4 节按研究生、本科、大专分别计算 2003 年、2004 年从业人员人均受教育年限一样，则 1993 年人均受高等教育年限应为：

$$\frac{(0.03+0.75)\times 4+1.52\times 3}{100}=0.08$$

1993 年人均受教育年限：

$$5.10+1.86+0.09=7.05$$

1993 年人均教育综合指数：

$$5.10\times1+1.86\times1.4+0.09\times2=7.88$$

(2) 计算起止年间从业人员人均教育综合指数平均年增长率。

采用几何平均法，年平均增长率 e 的计算公式为：

$$e=\left(\frac{E_1}{E_0}\right)^{1/n}-1$$

式中：n 为终止年与起始年之间的间隔年限。

按上述公式计算，我国 1982—1993 年间初等教育、中等教育、高等教育和教育综合指数年平均增长率 $e_{初}$、$e_{中}$、$e_{高}$、$e_{综}$ 分别为：

$$e_{初}=\left(\frac{5.10}{3.31}\right)^{(1/11)}-1=1.54\%$$

$$e_{中}=\left(\frac{2.86}{1.46}\right)^{(1/11)}-1=2.23\%$$

$$e_{高}=\left(\frac{0.09}{0.03}\right)^{(1/11)}-1=1.05\%$$

$$e_{综}=\left(\frac{7.88}{5.41}\right)^{(1/11)}-1=1.89\%$$

劳动生产率和工资的差别是由众多因素共同作用的结果，如个人的天赋素质、家庭背景、勤奋努力程度等都会导致工资或个人收入的差别，只有一部分差别可以归因于所受正规教育的不同，而且，劳动力质量、素质、技能的提高也不能完全归因于正规教育，因此，按照丹尼森等西方学者通行的算法，对于依据工资差别计算出的教育综合指数的增长率(即由教育程度的提高所带来的劳动量的增长率)用0.6作为折算系数,于是,$e=1.89\%\times0.6=1.13\%$。

(3) 计算起止年间我国人均GDP的实际年平均增长率y。

以本国货币不变价格计算的增长率习惯上称之为实际增长率。设我国1978年GDP为100,则1982年GDP为133.1,1993年GDP为398.8(见表3.2)。1982—1993年GDP实际年平均增长率为:

$$y=\left(\frac{398.8}{133.1}\right)^{1/11}-1=10.49\%$$

表3.2 1978—2001年GDP指数 (%)

年份	GNP	GDP	第一产业	第二产业	工业	建筑业	第三产业	交通运输仓储通信业	批发和零售贸易餐饮业	人均GDP
1978	100.0	100.0	100.0	100.0	100.0	100.0	100.0	100.0	100.0	100.0
1979	107.6	107.6	105.1	108.2	108.7	102.0	107.8	107.7	108.8	105.1
1980	115.0	115.0	103.6	122.9	122.4	129.2	113.2	113.8	107.4	113.0
1981	122.0	122.1	111.9	125.2	123.5	133.3	125.2	115.0	139.6	117.5
1982	133.3	133.1	123.8	132.1	131.7	137.9	142.6	129.5	145.1	125.2
1983	148.2	147.6	135.1	145.8	143.5	161.4	163.3	142.5	175.8	137.9
1984	170.9	170.0	152.6	165.9	165.0	179.0	195.1	163.8	213.8	155.8
1985	193.5	192.9	155.4	197.9	195.2	218.7	231.9	185.9	275.8	175.5
1986	209.9	210.0	160.5	218.2	215.2	253.4	260.0	209.7	305.1	188.2
1987	233.1	233.3	168.1	248.1	243.6	298.7	297.4	230.7	347.3	205.6
1988	260.5	260.7	172.3	283.1	280.8	322.5	335.7	261.5	395.9	225.3
1989	271.5	271.3	177.6	293.8	295.0	295.3	353.8	273.8	363.8	231.9

（续表）

年份	GNP	GDP	第一产业	第二产业	工业	建筑业	第三产业	交通运输仓储通信业	批发和零售贸易餐饮业	人均GDP
1990	283.0	281.7	190.7	303.1	303.9	298.8	363.0	297.2	345.5	237.3
1991	308.8	307.6	195.2	345.3	348.8	327.4	395.0	330.5	362.1	255.6
1992	352.2	351.4	203.4	419.5	422.6	395.2	443.0	365.2	409.4	288.4
1993	398.4	398.8	213.0	502.8	507.5	467.5	491.3	410.5	435.4	323.6
1994	448.7	449.3	222.6	595.2	603.5	531.5	538.3	449.5	469.9	360.4
1995	489.1	495.5	233.7	677.7	688.2	597.4	583.4	503.4	497.6	393.0
1996	535.8	543.1	245.6	759.8	773.3	648.2	629.4	561.1	523.3	427.1
1997	582.9	592.2	253.2	839.4	861.9	665.2	687.1	621.4	568.8	460.3
1998	628.4	638.5	263.1	913.2	938.6	725.2	743.1	687.5	612.7	491.5
1999	673.5	683.1	270.5	988.6	1 018.6	755.2	801.6	765.0	655.9	521.8
2000	730.1	738.5	277.0	1 081.8	1 118.3	799.1	865.9	853.1	710.9	559.2
2001	781.2	792.4	283.8	1 175.9	1 217.8	858.2	931.0	908.6	767.1	595.1

资料来源：中国统计年鉴 2002，中国统计出版社。

注：本表按可比价格计算（1978 年＝100）。

（4）计算教育对我国产出增长率的贡献 R_e。

$$R_e = \frac{\beta e}{y} = \frac{0.7 \times 1.13\%}{10.49\%} \times 100\% = 7.54\%$$

由上述计算结果可知，1982—1993 年间我国 GDP 年平均增长率 10.49 个百分点中，有 0.79 个百分点是由教育带来的，所占份额为 7.54%，即这期间教育对 GDP 年平均增长速度的贡献率为 7.54%。

3.3.2 我国1982—1993年教育贡献丹尼森方法计算结果的修正

3.2节提出应在国际通行的计量教育对国民经济增长贡献的模型(丹尼森方法)中加入4个要素:社会经济体制;教育质量;研究生教育;继续教育和社会培训(包括成人学历教育、各类非学历教育以及双专科、双学位等同层次的学历教育)。现根据上述设想对1982—1993年我国教育贡献丹尼森方法计算结果进行修正。

1) 社会经济体制因素

以人均受正规教育年限与我国相近的若干个完全市场经济国家为参照系,并取完全市场经济体制国家的制度变量参数为1,以这些国家的教育经济贡献的平均值进行比对。由于掌握数据不够,而且为简化计算,比较表3.3和表3.4相关数据,取与我国1982年人均受正规教育年限比较相近的荷兰、日本和法国的平均值作为参照标准,因此,我们可以将这3国1913—1950年教育贡献值的平均值[(11.03%+27.04%+33.88%)/3=23.98%]作为我国1982—1993年的参照值,而我国教育贡献率为7.54%(见3.3.1节),那么,丹尼森模型计算值与参照标准值之差为:23.98%−7.54%=16.44%。假定这16.44%误差值中有50%是由社会经济体制因素导致的,我国1982—1993年间的制度变量参数s就是:(16.44%×50%+7.54%)/7.54%=2.09。

表3.3 7国15～64岁人口人均受正规教育年限 年

国家	年 代	初等教育	中等教育	高等教育	合 计
美国	1913	3.90	1.83	0.20	5.93
	1950	5.61	3.40	0.45	9.46
	1973	5.80	3.62	0.89	11.31
	1984	5.80	5.10	1.62	12.52

（续表）

国家	年代	初等	中等	高等	合计
英国	1913	5.30	1.90	0.08	7.28
	1950	5.00	3.27	0.13	9.40
	1973	5.00	3.99	0.25	10.24
	1984	5.00	3.50	0.42	10.92
日本	1913	3.50	0.56	0.04	5.10
	1950	5.88	2.08	0.16	8.12
	1973	5.00	3.79	0.39	10.18
	1984	5.00	3.56	0.59	11.15
德国	1913	3.50	3.35	0.09	5.94
	1950	3.00	3.37	0.14	8.51
	1973	3.00	5.11	0.20	9.31
	1984	3.00	5.17	0.31	9.48
法国	1913	3.31	1.77	0.10	5.18
	1950	3.96	3.04	0.18	8.18
	1973	5.00	3.11	0.46	9.58
	1984	5.00	3.89	0.90	10.79
荷兰	1913	5.30	0.64	0.11	5.05
	1950	5.00	1.17	0.24	7.41
	1973	5.00	2.49	0.39	8.88
	1984	5.00	3.34	0.58	9.92
中国	1982	3.31	1.46	0.03	5.80
	1993	5.10	1.86	0.08	7.04

资料来源：Becker W E，Lewis D R. Higher Education and Economic Growth[M]. Norwell，USA：Kluwer Academic Publishers，1993：56－57.

注：中国的数据是作者根据从业人员人均受教育年限计算出来的。

表 3.4　6 国 1913—1984 年劳动力教育年限增长率及教育对产出增长率的贡献

(%)

年份	指标	美国	英国	日本	德国	法国	荷兰
1913—1950	总教育指数年均增长率	0.59	0.47	0.87	0.35	0.51	0.38
	高等教育占总教育指数年均增长率的百分比	8.69	1.53	3.88	2.55	2.92	11.13
	人均高教年限年增长率	2.22	1.32	3.82	1.20	1.60	2.13
	年均 GDP 增长率	2.78	1.29	2.24	1.30	1.06	2.43
	教育对 GDP 增长率	13.78	25.49	27.04	19.00	33.88	11.03
	高等教育对 GDP 增长率的贡献	1.29	0.39	1.05	0.48	0.99	1.23
1950—1973	总教育指数年均增长率	0.58	0.29	0.74	0.28	0.52	0.62
	高等教育占总教育指数年均增长率的百分比	23.88	15.42	11.08	7.41	22.20	7.70
	人均高教年限年增长率	3.01	2.88	3.95	1.56	3.16	2.13
	年均 GDP 增长率	3.72	3.02	9.37	5.92	5.13	3.70
	教育对 GDP 增长率	10.87	5.61	5.54	3.26	7.08	9.17
	高等教育对 GDP 增长率的贡献	2.60	1.08	0.61	0.24	1.57	0.71

（续表）

年份	指标	美国	英国	日本	德国	法国	荷兰
1973—1984	总教育指数年均增长率	0.78	0.46	0.63	0.14	0.86	0.78
	高等教育占总教育指数年均增长率的百分比	62.41	28.57	21.16	71.19	38.21	17.05
	人均高教年限年增长率	5.60	3.83	3.84	3.07	5.29	3.67
	年均 GDP 增长率	2.32	1.06	3.78	1.68	2.18	1.58
	教育对 GDP 增长率	23.41	30.23	11.71	5.90	27.53	33.61
	高等教育对 GDP 增长率的贡献	13.61	8.64	2.48	3.20	10.52	5.90

资料来源：Becker W E, Lewis D R. Higher Education and Economic Growth[M]. Norwell, USA: Kluwer Academic Publishers, 1993: 56 - 57.

2）教育质量因素

我们可以假定 20 世纪 90 年代我国教育质量弹性系数 q 取值为 0.95，即这一时期的教育质量能够比较好地适应社会进步、科技发展、经济发展的需求。而 1964—1990 年期间，十年“文革”对教育质量的负面影响很大，即使撇开教育教学内容、办学条件、师资队伍等直接影响教育质量的因素，仅从学制上讲，小学 6 年变成了 5 年，初、高中共 6 年变成了 4～5 年，大学 4 年变成了 2 年，这一时期教育质量弹性系数与 90 年代相比，就应该再打 7～8 折。因此，可以将 1964—1990 年期间的教育质量弹性系数 q 取值定为 0.75。综合考虑各方面因素，将 1982—1993 年期间的教育质量弹性系数 q 取值定为 0.85。

3）研究生教育因素

我国研究生教育的规模与整个教育事业相比显得很小，20 世纪 90 年代的 10 年期间毕业研究生数量还不到 43 万人①；根据《中国劳动统计年鉴 2004》表 1－44 可知：2003 年从业人员中受研究生教育程度的人员比例为 0.1%，人均受研究生教育年限为 0.003；根据 1990—2000 年期间接受初等、中等和高等教育从业人员的平均收入差别，取中间年限 1995 年，推断出中等教育毕业生劳动生产率是初等教育毕业生劳动生产率的 1.79 倍，高等教育毕业生的劳动生产率是初等教育毕业生劳动生产率的 2.17 倍②，分别把 1.0、1.79、2.17 看做是接受初等、中等、高等教育所提高的劳动力质量折算为劳动力数量的系数（劳动者的劳动简化系数），而把劳动力人均受教育年限看做是权数，如果受过研究生教育的劳动者的劳动简化系数确定为 3，那么 2000 年我国的教育综合指数，也只能从未考虑研究生教育因素时的 10.02（计算方法同 1993 年教育综合指数）增至 10.029，增幅仅为 0.089 8%。而 1982—1993 年期间的研究生教育规模则更小，何况在计算从业人员人均高等受教育年限时已略微多计了数值（见 3.3.1 节 1993 年人均高等受教育年限计算的说明），因此，对这一期间教育综合指数变化的影响完全可以忽略不计。

4）成人继续教育和社会培训因素

对于成人学历教育和双学历教育，可以通过统计数据直接纳入到计算过程中去；对于非学历教育，北京教育科学研究院的学者吉利 2002—2003 年的研究表明：非学历教育具有较强的经济功能（大

---

① 见附录 3：1949—2004 年全国就业人员数及研究生、普通本科、中等职业教育毕业生人数统计表。

② 李实，赵人伟，张平．中国经济转型与收入分配变动[J]．经济研究，1998(4)：42－51.

多属职业培训性质)，其收益率高于学历教育，但目前学历教育的影响仍远大于非学历教育，主要是因为人们接受学历教育的时间比接受非学历教育的时间要多得多。研究样本显示：人们接受非学历教育的平均时间为 0.159 9 年，即 58.4 天，而接受学历教育的时间平均为 9.65 年，是非学历教育的 60.35 倍，虽然非学历教育的经济收益率是学历教育的 3.24 倍，但人们接受非学历教育的时间仅为学历教育时间的 1/60.35，即 0.016 6，而 0.016 6 的 3.24 倍仅为 0.07，所以目前非学历教育对人们经济收益的影响仅为学历教育的 7%①。因此，非学历培训系数可以取为 $v \approx 1.07$。

综上所述，加入社会经济体制、教育质量、研究生教育、继续教育和社会培训 4 个要素后，我国 1982—1993 年教育对经济贡献计算结果修正如下：将 $s = 2.09$，$q = 0.85$，$v = 1.07$，$R_e = \beta e/y = 7.54\%$ 代入式(3.12)，得到：

$$R_e' = sqvR_e = \frac{sqv\beta e}{y} = 2.09 \times 0.85 \times 1.07 \times 7.54\% = 13.35\%$$

由上述修正计算结果可知，1982—1993 年间我国 GDP 年均增长率 10.49 个百分点中，有 1.51 个百分点是由教育带来的，所占份额为 13.35%，即这期间教育对 GNP 年平均增长速度的贡献率为 13.35%。

3.4　我国 1993—2004 年职业教育及相关教育对国民经济增长贡献的估算

根据以上修正模型及有关说明，可按以下 8 个步骤计算我国

① 吉利. 非学历教育收益率研究[J]. 河北师范大学学报：教育科学版，2003，5(5)：52-56.

1993—2004 年间小学、初中、普通高中、中等职业教育、高等职业教育、本科以上高等教育对经济增长的贡献率。

(1) 计算 1993—2004 年劳动力数量的换算系数。

本研究使用中国社会科学院经济研究所收入分配课题组和城镇贫困研究课题组开展的 1999 年住户抽样调查数据，计算 1993—2004 年间受不同程度教育从业人员的劳动力数量折算系数：由 1999 年受小学、初中、普通高中、中等职业教育、高等职业教育(大专)、本科以上高等教育从业人员的年平均收入(元)为 2 683、3 443、3 692、4 043、4 866、5 916[①]，推断出受小学、初中、普通高中、中等职业教育、高等职业教育(大专)、本科以上高等教育从业人员在 1993—2004 年间劳动生产率的比例倍数为 1、1.28、1.38、1.51、1.81、2.20。这样就得出接受小学、初中、普通高中、中等职业教育、高等职业教育(大专)、本科以上高等教育所提高的劳动力质量换算为劳动力数量的系数(劳动力数量换算系数)分别为：1、1.28、1.38、1.51、1.81、2.20。

(2) 分别推算 1993 年、2003 年和 2004 年从业人员文化程度分布百分比。

1993 年和 2004 年的文盲半文盲、小学、初中、高中(含中等职业教育)、大专(含高等职业教育)以上文化程度的从业人员分别占总就业人数的百分数可以由《中国劳动统计年鉴》直接查得，但对于中等职业教育、高等职业教育(大专)、本科以上教育程度的从业人员百分比无法从统计年鉴中直接获取，必须整合多种资料数据并经过较为复杂的推理运算才能确定。

2004 年各类教育程度的从业人员百分比整合推算的主要过程是：

① 李实，丁赛. 中国城镇教育收益率的长期变动趋势[J]. 中国社会科学，2003(6)：58-72.

① 由相关年鉴得出每年相关教育的毕业生数和每年的从业人员总数。

② 界定中等职业教育和高等职业教育的范围并汇总研究生、普通本科及中等职业教育、高等职业教育毕业生总数[①]。

③ 根据有效适龄劳动人口年龄(男 16.60 岁、女 16.55 岁)和我国教育学制与入学年龄推算从业人员中所含的中等职业教育、普通本科和研究生人数[②]。其中,中等职业教育人数为 2004—1964 年中等职业教育男毕业生数与 2004—1969 年女毕业生数之和,实际计算时用 2004—1964 年中等职业教育毕业生总数减去 1964—1968 年女中等职业教育毕业生数(按男女生比推算);普通本科人数为 2004—1968 年男本科毕业生数与 2004—1973 年女本科毕业生数之和,实际计算时用 2004—1968 年本科毕业生总数减去 1968 至 1972 年的女本科毕业生数(按男女生比推算);研究生人数为 2004—1971 年的男研究生毕业生数与 2004—1976 年的女研究生毕业生数之和,实际计算时用 2004—1971 年的研究生毕业生总数减去 1971 至 1975 年的女研究生毕业生数(按男女生比推算)。

④ 用推算得的中等职业教育、普通本科、研究生毕业生人数分别除以 2004 年的从业总人数即得到受中等职业教育、普通本科、研究生教育从业人员所占的百分比。

⑤ 将从《中国劳动统计年鉴》直接查得的数据与推算得到的数据相结合,得到 2004 年文盲半文盲、小学、初中、普通高中、中等职业教育、高等职业教育、本科以上高等教育文化程度人数分别在从业人员中所占的百分比[③]。按同样方法,可得到 2003 年从业人

---

① 见附录 2:1949—2004 年全国就业人员数及研究生、普通本科、高等职业教育、中等职业教育毕业生人数统计表。

② 见附录 3:1949—2004 年全国就业人员数及研究生、普通本科、中等职业教育毕业生人数统计表。

③ 见附录 4:2004 年从业员人受 8 类教育程度分布百分比计算。

员受 8 类教育程度分布百分比。

推算 1993 年从业人员受 8 类教育程度分布百分比时，先根据 1990 年和 1996 年的统计数，用插入法求得 1993 年的从业人员受 5 类教育程度分布百分比的初步数据，再使用 2004 年的推算方法求得 1993 年从业人员受 8 类教育程度分布百分数①。合并 1993 年、2003 年②和 2004 年数据获得表 3.5 所示数据。

表 3.5 1993 年、2003 年和 2004 年从业人员受 8 类教育程度分布百分比

（%）

年份	研究生	本科	高等职业教育	中等职业教育	普高	初中	小学	文盲半文盲
1993	0.03	0.75	1.52	3.4	5.8	33.9	35.6	15.0
2003	0.1	1.2	5.5	9.1	3.5	43.7	28.7	7.2
2004	0.11	1.3	5.8	9.4	3.0	45.8	27.4	5.2

(3) 分别计算 1993 年、2003 年和 2004 年从业人员人均教育综合指数。

根据表 3.5 及我国现行学制，分别计算 1993 年和 2003 年我国从业人员人均受教育年限。

1993 年我国从业人员人均受教育年限：

$$小学=\frac{(0.8+1.5+3.4+5.8+33.9+35.6)\times 6}{100}=5.1$$

$$初中=\frac{(33.9+5.8+3.4+1.52+0.75+0.03)\times 3}{100}=1.452$$

$$普高=\frac{(5.8+1.52+0.75+0.03)\times 3}{100}=0.273$$

① 见附录 5：1993 年从业人员受 8 类教育程度分布百分比计算。

② 见附录 6：2003 年从业人员受 8 类教育程度分布百分比计算。

中等职业教育$=\frac{3.4\times3}{100}=0.132$

高等职业教育$=\frac{1.52\times3}{100}=0.0456$

本科$=\frac{(0.75+0.03)\times4}{100}=0.0312$

研究生$=\frac{0.03\times3}{100}=0.0009$

2003 年我国从业人员人均受教育年限：

小学$=\frac{(28.7+43.7+3.5+9.1+5.5+1.2+0.1)\times6}{100}=5.568$

初中$=\frac{(43.7+3.5+9.1+5.5+1.2+0.1)\times3}{100}=1.923$

普高$=\frac{(3.5+5.5+1.2+0.1)\times3}{100}=0.339$

中等职业教育$=\frac{9.1\times3}{100}=0.273$

高等职业教育$=\frac{5.5\times3}{100}=0.165$

本科$=\frac{1.2\times4}{100}=0.048$

研究生$=\frac{0.1\times3}{100}=0.003$

2004 年我国从业人员人均受教育年限：

小学$=\frac{(27.4+45.8+3.0+9.4+5.8+1.3+0.11)\times6}{100}=5.629$

初中$=\frac{(45.8+3.0+9.4+5.8+1.3+0.11)\times3}{100}=1.992$

普高$=\frac{(3.0+5.8+1.3+0.11)\times3}{100}=0.336$

$$中等职业教育=\frac{9.4\times 3}{100}=0.282$$

$$高等职业教育=\frac{5.8\times 3}{100}=0.174$$

$$本科=\frac{1.3\times 4}{100}=0.052$$

$$研究生=\frac{0.11\times 3}{100}=0.0033$$

用教育综合指数代表由于教育程度的提高而带来的劳动投入量。把劳动力人均受教育年限看做是权数分别乘以劳动力数量折算系数，据此计算出劳动力人均教育综合指数。

1993 年平均教育综合指数 E_0 为：

$$E_0=5.1\times 1+1.452\times 1.28+0.273\times 1.38+0.132\times 1.51+0.0456\times 1.81+(0.0312+0.0009)\times 2.20=5.1+1.85856+0.37674+0.19932+0.082536+0.07062=7.687776$$

2003 年平均教育综合指数 E_1 为：

$$E_1=5.568\times 1+1.923\times 1.28+0.339\times 1.38+0.273\times 1.51+0.165\times 1.81+(0.048+0.003)\times 2.20=5.568+2.46144+0.46782+0.41223+0.29865+0.1122=9.32034$$

2004 年平均教育综合指数 E_2 为：

$$E_2=5.629\times 1+1.992\times 1.28+0.336\times 1.38+0.282\times 1.51+0.174\times 1.81+(0.052+0.0033)\times 2.20=5.629+2.54976+0.46368+0.42582+0.31494+0.12166=9.50486$$

（4）分别计算 1993—2003 年和 1993—2004 年从业人员受小学、初中、普通高中、中等职业教育、高等职业教育、本科以上高等教育年限平均年增长率、教育综合指数平均年增长率 E 和教育投

入年增长率 e 等指标参数。

采用几何平均法，公式为：

$$E = \left(\frac{E_{1(2)}}{E_0}\right)^{1/n} \times 100\%$$

式中：n 为终止年与起始年之间的间隔年限数。

按上述公式计算，我国 1993—2003 年和 1993—2004 年从业人员受小学、初中、普通高中、中等职业教育、高等职业教育、本科以上高等教育年限平均年增长率分别为：0.882%、2.849%、2.189%、7.537%、13.724%、3.739%；0.901%、2.916%、1.906%、7.145%、12.946%、5.069%。可见，高等职业教育指数增长速度最快，其次是中等职业教育。

我国 1993—2003 年教育综合指数年平均增长率 E_a 为：

$$E_a = \left(\frac{9.32034}{7.687776}\right)^{1/10} \times 100\% = 1.944\%$$

我国 1993—2004 年教育综合指数年平均增长率 E_b 为：

$$E_b = \left(\frac{9.50486}{7.687776}\right)^{1/11} \times 100\% = 1.948\%$$

我国 1993—2003 年教育投入年增长率为：

$$e_1 = 0.6E_a = 0.6 \times 1.944\% = 1.166\%$$

我国 1993—2004 年教育投入年增长率为：

$$e_2 = 0.6E_b = 0.6 \times 1.948\% = 1.169\%$$

（5）分别计算 1993—2003 年和 1993—2004 年小学、初中、普通高中、中等职业教育、高等职业教育、本科以上高等教育指数增长率占年均总教育指数增长率的百分比。

由上述第 3 步和第 4 步计算可知，各类教育指数年均增长率和各类教育劳动力数量折算系数是决定年均教育综合指数增长率的关键要素。因此,可以用小学、初中、普通高中、中等职业教育、高等职业教育(大专)、本科以上高等教育指数年均增长率与各类教育劳动力数量折算系数的乘积作为权数(比例),直接计算(分配)其占年均教育综合指数增长率的百分比("权数分配法")。具体算法如下:首先,计算各类教育指数年均增长率与劳动力数量折算系数的乘积,分别得到1993—2003年和1993—2004年小学、初中、普通高中、中等职业教育、高等职业教育(大专)、本科以上高等教育指数增长率占年均教育综合指数增长率的百分比的权数(比例),分别为0.882%、3.647%、3.021%、11.381%、23.84%、10.426%和0.901%、3.732%、2.630%、10.789%、23.432%、11.152%。然后,设1993—2003年和1993—2004年权数(比例)的公约数分别为X_1、X_2,则1993—2003年和1993—2004年小学、初中、普通高中、中等职业教育、高等职业教育、本科以上高等教育指数占年均教育综合指数增长率的百分比的权数(比例)分别与X_1、X_2的乘积,即为所要求的各类教育指数增长率分别占年均教育综合指数增长率的百分比,且其和等于100%,即分别有下述两个等式成立:

$$X_1(0.882\% + 3.647\% + 3.021\% + 11.381\% + 23.84\% + 10.426\%) = 100\%$$

$$X_2(0.901\% + 3.732\% + 2.630\% + 10.789\% + 23.432\% + 11.152\%) = 100\%$$

由此求得:$X_1 = 1.845$,$X_2 = 1.900$;1993—2003年和1993—2004年小学、初中、普通高中、中等职业教育、高等职业教育、本科以上高等教育指数年平均增长率占年均教育综合指数的百分比分别为1.627%、5.729%、5.574%、20.998%、45.83%、19.236%和1.712%、7.091%、3.997%、20.499%、43.521%、21.189%。进一步计算,可分别得到1993—2003年和1993—2004年小学、初中、

普通高中、中等职业教育、高等职业教育、本科以上高等教育指数增长引起年均教育综合指数增长率增加的实际值分别为0.032%、0.131%、0.108%、0.408%、0.891%、0.374%(其和为1.944%)和 0.033%、0.138%、0.097%、0.399%、0.867%、0.413%(其和为1.948%)。

(6) 计算1993—2003年和1993—2004年GDP的实际年平均增长率y

以本国货币不变价格计算的增长率习惯上称之为实际增长率。设我国1978年GDP为100,则1993年GDP为398.8,2003和2004年GDP指数分别为941.8、1 031.3①,1993—2003年、1993—2004年及2003—2004年GDP实际年平均增长率为:

$$y_1=\left(\frac{941.8}{398.8}\right)^{1/10}-1=8.973\%$$

$$y_2=\left(\frac{1\,031.3}{398.8}\right)^{1/11}-1=9.021\%$$

$$y_3=\frac{1\,031.3}{941.8}-1=9.50\%$$

(7) 计算1993—2003年和1993—2004年教育对经济增长率的贡献R_e。

1993—2003年和1993—2004年教育对经济增长率的贡献分别为:

$$R_{e_1}=\frac{\beta e_1}{y_1}=\frac{0.7\times1.166\%}{8.973\%}=9.096\%$$

$$R_{e_2}=\frac{\beta e_2}{y_2}=\frac{0.7\times1.169\%}{9.021\%}=9.071\%$$

① 见附录1:1978—2004年国民收入、工资总额及其相关指数统计表。

1993—2003 年和 1993—2004 年教育对经济增长率贡献实际增加值分别为：9.096% × 8.973% = 0.816% 和 9.071% × 9.021%=8.18%。

这表明：我国 1993—2003 年 GDP 年均增长率 8.973 个百分点中的 0.816 个百分点是由教育带来的；1993—2004 年 GDP 年均增长率 9.021 个百分点中的 0.818 个百分点是由教育带来的。

(8) 计算 1993—2003 年和 1993—2004 年小学、初中、普通高中、中等职业教育、高等职业教育、本科以上高等教育对经济增长率的贡献。

各类教育指数年平均增长率占年均教育综合指数的百分比与 R_e 的乘积即为其对经济增长率的贡献，由此可计算得到 1993—2003 年和 1993—2004 年小学、初中、普通高中、中等职业教育、高等职业教育、本科以上高等教育对经济增长率的贡献分别为：0.148%、0.612%、0.507%、1.910%、3.169%、1.750% 和 0.155%、0.643%、0.453%、1.859%、3.038%、1.922%。

3.5 我国职业教育对经济增长的贡献与国外教育的比较

将我国及西方 6 国相关数据信息进行整理组合，列成表 3.6 和表 3.7。

对表 3.6、表 3.7 及其他有关数据进行实证比较分析，可得出以下结论与建议：

(1) 我国教育事业发展速度较快，但由于职业教育发展较慢导致我国教育总体水平较低，与发达国家和我国经济发展要求相比存在很大差距，具有很大的拓展空间和发展潜力，政府应当进一步加大行政推进力度、加快职业教育和高等教育的协调发展速度。

表 3.6 我国各类教育对经济增长贡献率和人均教育年限

指 标	小学	初中	普高	中等职业教育	高等职业教育	本科以上	教育整体
1993—2003 年贡献率/(%)	0.148	0.612	0.507	1.910	4.169	1.750	9.096
1993—2004 年贡献率/(%)	0.155	0.643	0.453	1.859	4.038	1.922	9.071
1993 年人均教育年限/年	5.1	1.452	0.273	0.132	0.045 6	0.032 1	7.035
2004 年人均教育年限/年	5.629	1.992	0.336	0.282	0.174	0.055 3	8.468
人均教育年限年增长率/(%)	0.901	2.916	1.906	7.145	12.946	5.069	1.700

从表 3.6 和表 3.7 可以看出，我国 1993—2004 年人均受教育年限年均增长率超过 6 个发达国家 1973—1984 年平均增长水平，但 6 个发达国家人均受正规教育的平均年限，1973 年为 9.92 年，1984 年为 10.80 年，比我国经过几十年快速发展后的 2004 年的水平，分别高出 1.45 年、2.33 年；另外，除小学教育阶段外，其余几个阶段我国 2003 年、2004 年人均受教育年限也大大低于 6 个发达国家 1984 年的水平，整个高等教育还不到美国 1984 年的 1/7，如果再考虑到这些发达国家还有发达的研究生教育，我国教育发展水平与发达国家之间的差距会更明显。仔细分析其结构性原因，主要是由于我国人均受职业教育年限偏少，人均受中等职业教育和高等职业教育教育年限之和还不到 0.5，其对我国教育水平（受教育年限）提高贡献很少。因此，我国职业教育相对于国内外的社会经济发展来说，具有很大的发展空间和后劲。

表 3.7 中国与西方 6 国劳动力人均教育年限及教育对产出增长率的贡献比较

国家	年代	人均初等教育年限/年	人均中等教育年限/年	人均高等教育年限/年	合计人均教育年限/年	教育对GDP增长率的贡献/(%)	年平均GDP增长率/(%)	高等教育对GDP增长率的贡献/(%)	人均高教年限增长率/(%)
美国	1950	5.61	3.40	0.045	9.46	10.87	3.72	2.60	3.01
	1973	5.80	4.62	0.89	11.31				
	1984	5.80	5.10	1.62	12.52	23.41	2.32	14.61	5.60
英国	1950	5.00	3.27	0.13	9.40	5.61	9.37	1.08	2.88
	1973	5.00	3.99	0.25	10.24				
	1984	5.00	4.50	0.42	10.92	30.23	1.06	8.64	4.83
日本	1950	5.88	2.08	0.16	8.12	5.54	5.92	0.61	3.95
	1973	5.00	3.79	0.39	10.18				
	1984	5.00	4.56	0.59	11.15	11.71	3.78	2.48	3.84
德国	1950	4.00	4.37	0.14	8.15	3.26	5.13	0.24	1.56
	1973	4.00	5.11	0.20	9.31				
	1984	4.00	5.17	0.31	9.48	5.90	1.68	4.20	4.07
法国	1950	4.96	3.04	0.18	8.18	7.08	4.70	1.57	4.16
	1973	5.00	4.11	0.46	9.58				
	1984	5.00	4.89	0.90	10.79	27.53	2.18	10.52	5.29
荷兰	1950	5.00	1.17	0.24	7.41	9.17	—	0.71	2.13
	1973	5.00	2.49	0.39	8.88				
	1984	5.00	3.34	0.58	9.92	34.61	1.58	5.90	3.67
中国						7.54	10.49	—	—
	1982	4.31	1.46	0.03	5.80				总体10.08，高等职业教育12.95，本科5.07
	1993	5.10	1.86	0.08	7.04	9.10 (93—03)	8.97 (93—03)	5.92 (93—03)	
	2003	5.57	2.54	0.22	8.33				
	2004	5.63	2.61	0.23	8.47	9.07 (93—04)	9.01 (93—04)	5.96 (93—04)	

资料来源：转引自 Becker W E, Lewis D R. Higher Education and Economic Growth [M]. Norwell, USA: Kluwer Academic Publishers, 1993:56-57。

注：表中中国数据是笔者根据表 3.2 及相关数据计算而得。

(2) 我国高等职业教育发展速度很快，高等职业教育对经济增长率的相对贡献值较高，但由于人均受高等职业教育的年限较少及教育与经济发展的阶段性特征，我国高等职业教育教育和高等教育对经济增长率的绝对贡献值较低，政府应当进一步优化教育与经济协同发展机制，提高高等教育和经济发展的匹配性。

由表 3.6 和表 3.7 可知，1993—2004 年，我国人均受高等职业教育和高等教育年限年平均增长率(12.95%和 10.08%)分别是西方 6 国 1973—1984 年人均高等教育年限平均值(5.15%)的 2.5 倍和 1.96 倍，我国人均受高等教育年限的增幅(186%)和高等教育对经济增长率的贡献份额占整个教育对经济增长的总贡献比例(相对值 65%)远高于西方 6 国 1973—1984 年的平均数值(67%、39.77%)，但 1993—2004 年我国高等教育对经济增长率的贡献(绝对值 5.96%)比 1973—1984 年西方 6 国的平均值(7.73%)低 1.77%。

分析我国高等教育对经济增长速度贡献率低的根本原因是：

① 我国人均受高等职业教育和高等教育的平均年限较低。

② 教育发展阶段性递增规律特征。一般来说，只有当前一段(级)的教育普及之后，后一阶段(级)教育才会得到大的发展，教育对经济增长的总贡献才会上升，并更多地体现在更高一级教育阶段上。20 世纪末以来，我国教育事业处于“两基”(基本扫除青壮年文盲、基本普及九年制义务教育)攻坚向普及中等教育过渡的发展阶段，社会劳动力人均受高等教育年限很少，高等教育普及化程度很低，教育对经济增长的总贡献不会很快实现跨越式、大份额的增加，并在高等教育阶段得以体现。

③ 我国经济发展的阶段性特征。高等教育的发展、高等教育对经济增长的贡献增加，与国民经济产业结构层次的提高、经济增长模式的进步之间，是相互依存、相互影响、相互促进的，只有在经济结构层次较高的阶段，高等教育对经济增长的作用效应才能得到充分释放。20世纪末以来，我国国民经济技术结构层次较低，任何国家经济处于这一发展阶段时，高等教育对经济增长的贡献都不会很大。

为此，政府应当在提高基础教育水平和质量的同时，加大统筹力度，进一步调整优化经济结构，提升产业层次，不断提高高等职业教育教育和高等教育的普及率，才能让整个高等教育更好地担负起"兴国"的重任。

(3) 我国2003—2004年劳动力人均教育年限和GDP增长都较快，义务教育及本科以上高等教育对经济增长的绝对与相对贡献有所提高，但由于中等职业教育和高等职业教育对经济增长的绝对和相对贡献下降导致教育整体对经济的贡献有下降趋势，国家应当大力提升职业教育内涵发展水平，进一步提高职业教育对经济发展的适应性和贡献率。

我国2003—2004年劳动力人均教育年限和GDP分别增长0.14和9.50%，远高于西方6国1973—1984年的年平均增长水平。但教育对经济增长的贡献在1993—2003年为9.10%，1993—2004年为9.07%。2003—2004年教育对经济增长的贡献不但绝对值较低，而且有下降趋势，分析其原因，主要在于各类教育对经济增长的贡献率变化。比较1993—2003年和1993—2004年各类教育对经济增长的贡献值及其他相关数据(见表3.8)可知，普通高等教育生均经费(成本)从2002年开始逐年有所降低，义务教育及本科以上高等教育对经济增长的绝对与相对贡献有所提高，普通高中、中等职业教育和高等职业教育对经济增长的绝对和相对贡献下降。普通高中对经济增长贡献降低是由于从业人员中受普通高中教育程度的比例(见表3.1)和人均受普通高中教育年限相对减少；义务教育对经济增长贡献的提高是由于其人均受教育年限相对增加；而本科以上高等教育对经济增长贡献的增加、普通高等教育生均经费降低以及职业教育对经济增长贡献的减少则可以说明：一方面，中国经济2003年为拐点逐步向较高级阶段发展，本科以上教育与经济发展的匹配性及其质量水平和效益正在提升；另一方面，我国实行市场经济后的10年，外延扩张式快速发展的职业教育与粗放型的经济增长方式基本相适应，职业教育对经济增长的贡献率较大，且2003年达到阶段性高峰值，但随着经济增长方式的转变，外延扩张式的职业教育已逐步不能适应市场经济发展的需要，职业教育对经济增长的贡献也随之有所降低。因此，要提高职业教育对经济增长的贡献，必须大力推进职业教育走内涵发展之路，进一步提高职业教育的质量和效益。

表3.8　中国1994年、2002年、2003年、2004年各类教育的生均经费支出比较

元

年份	普通高校	成人高校	中专	技校	普通高中	职业中学	初中	小学
1994	7 505.15	1 550.97	3 095.91	2 362.91	1 542.29	1 563.86	749.04	385.69
2002	15 445.23	3 931.82	5 081.06	4 283.99	3 503.36	3 047.53	1 372.35	970.10
2003	15 119.56	4 153.43	5 393.81	4 913.15	3 875.28	3 280.11	1 533.66	1 153.03
2004	14 962.77	4 627.47	5 638.00	4 551.84	3 983.47	3 423.34	1 668.74	1 293.50

资料来源：1994年中国教育经费统计年鉴；2002年中国教育经费统计年鉴；2003年和2004年中国教育经费统计年鉴。

3.6　我国不同时期职业教育对国民经济增长的贡献与其他教育的比较

采集汇总相关资料及本研究计算结果数据，分别形成我国

1994 年、2003 年、2004 年各类教育的生均经费支出比较表(见表 3.8)和我国 1993—2004 年各类教育贡献及私人收益比较表(见表 3.9)

表 3.9 中国 1993—2004 年各类教育贡献及边际收益率比较 (%)

指 标	研究生	大学本科	高等职业学校	中等职业学校	普通高中	初中	小学
对 GDP 增长的贡献(1993—2003 年)	1.757		3.187	1.918%	0.509%	0.615%	0.149%
对 GDP 增长的贡献(1993—2004 年)	1.922		3.038	1.859%	0.453%	0.643%	0.155%
1996年明瑟收益率	—	5.58	3.67(大专)	5.76(中专)	3.19	3.59	—
2004年明瑟收益率	17.4	18.9	13.5(大专)	13.8(中专)	7.29	7.01	—
2004年内部收益率	—	10.7	8.2(大专)	9.2		12.7	—

资料来源:笔者对中国相关数据的实证计算结果;陈晓宇,闵维方.我国高等教育个人收益率研究[J].高等教育研究,1998,19(6):33-37.北京大学课题组.2004 年中国城镇居民教育与就业情况调查报告[J].教育经济简报,2005(22).

对表 3.8、表 3.9 及其他相关数据进行整合比较分析,可形成结论与建议。

(1) 我国生均教育经费增长较大,但中等职业教育与其他相关教育之间差距很大,国家应当进一步理顺教育管理体制、平衡教育投入,促进职业教育与其他教育均衡、协调发展。

由表 3.8 数据可以推得,1994—2004 年我国普通高校、成人高校、中专、技校、普通高中、职业中学、初中、小学阶段教育生均经费总平均值分别增长了101%、168%、74%、108%、151%、110%、105%、199%，总体增长幅度很大，但中等职业教育的生均经费的增长相对较低，相对制约了职业教育的发展及其对经济发展的贡献。

(2) 我国高等职业教育与中等职业教育的贡献率和边际收益增长率相对很高，但其经费投入增长却相对较低，大力发展职业教育应当是当前和今后一段时间政府提高教育和经济投入产出率的重要环节和主要手段。

表3.8和表3.9的数据显示，高等职业教育的明瑟收益率(1996—2004年)增长速度及其对GDP增长的贡献率分别是大学本科及以上教育的1.1倍、2.0倍以上，而高等职业教育的生均经费总平均值(取成人高校值)增长速度(1994—2003年)仅仅是普通高校的1.3倍；中等职业教育的明瑟收益率增长速度及其对GDP增长的贡献率分别是普通高中的1.2倍、3.7倍以上，而中专生均经费增长速度是普通高中的1/2还不到。这充分反映出职业教育巨大的需求增长趋势，这种增长趋势决定于两个方面：一方面是经济发展对职业教育发展的需求。我国还将长期处在由劳动密集向技术密集转化的进程之中，制造业特别是中低端的制造业将仍然占据主体地位。在这一进程中，我国的发展需要数以亿计的高素质的劳动者，需要数以千百万计的专门人才。另一方面是国民增加就业、提高收入、改善生活对职业教育的需求。目前我国仍处于低收入、低福利发展阶段，随着经济体制改革的深入和产业结构的调整，下岗工人的转行、农村劳动力转移、新生劳动力的就业、国民收入水平的提高，都迫切要求通过职业教育培训来实现。这两种需求决定了职业教育成为我国主体教育的重要内涵。

(3) 我国高等教育和义务教育发展优先，高中教育发展失衡，政府应当采取有效措施促进教育理性消费，实现高中阶段教育的健康可持续性发展。

比较表 3.8、表 3.9 数据可以发现，我国高等教育和中等职业教育收益率及其对经济增长贡献率相对较高，而普通高中则相对较低，其对经济增长的贡献比初中还低。出现这种不良现象的原因主要是高等教育与义务教育优先发展和中等教育需求与消费缺乏理性。1986—1998 年，我国教育行政工作主要致力于普及九年义务教育；1999—2002 年，政府教育部门对高等教育的大规模扩招工作有所侧重，普通高等学校招生从 1998 年的 108.36 万人发展到 2004 年的 447.34 万人。我国教育发展的重心直接从义务教育阶段跳跃到了高等教育阶段，超越了普及高中阶段教育而直接迈入高等教育大众化阶段。它产生了两种负面效应：一是相对降低了高等教育的质量，国外有专家研究认为，只有当高中教育普及率达到 70%以上时，才能有效保证高等教育大众化的质量，而我国整个高中阶段的毛入学率还不到 50%(见表 3.10)；二是造成整个高中阶段教育供求失衡状况，一方面普通高中教育需求速度膨胀，优质普通高中教育供不应求、矛盾突出，另一方面中等职业技术教育需求不足，中等职业教育教育资源利用效率不高、相对浪费。要克服以上不良现象，必须做到：建立高中阶段教育成本由政府、企业、家庭和个人合理分担及相关社会经济信息有效供给机制，使个人、国家和生产单位(企业)对教育的需求与消费理性化；引入市场供求机制，推动高中阶段教育资源配置方式的改革，促进社会力量办学的进一步发展；加强中等职业教育学校自身内部管理，改革劳动人事制度，增加初中毕业生对中等职业教育的需求，缓解普通高中教育的供求矛盾。

(4) 我国各类教育的生均经费、边际收益率及其对经济增长的贡献率系列数据之间关系失调，反映出我国社会总投资及教育内部投资结构存在较为严重的不合理性，国家对教育投资应遵循最优的生产要素组合规律。

表 3.10 我国 2001—2004 年高中教育招生及在校生数比较

类别和指标		2001 年	2002 年	2003 年	2004 年
普通高中	招生数/万人	557.98	675.70	752.13	821.51
	比上年增长/(%)	18.04	21.28	11.15	9.22
中等职业教育	招生数/万人	430.1	503.04	515.75	565.2
	比上年增长/(%)	1.96	17.19	2.32	9.78
高中阶段合计	招生总数/万人	987.99	1 180.74	1 267.88	1 387.71
	比上年增长/万人	75.68	192.75	87.15	119.83
高中阶段毛入学率/(%)		41.3	42.8	43.8	48.1
普通高校招生数/万人		268.28	320.50	382.17	447.34

资料来源:根据国家教育部 1998—2004 年全国教育事业发展统计公报有关数据整理而得。

这种不合理性主要表现在 3 个方面:

① 社会总投资中的人力资本投资与物质资本投资比例不合理。表 3.9 显示,各类教育收益率均随时间推移而有显著的提高,1996—2004 年各类教育明瑟收益率平均增长了 2 倍以上,这说明我国教育投资边际收益上升空间较大,人力资本投资相对偏低,人力资本相对于物资资本更为稀缺,人力资本投资与物质资本投资在边际上远未达到均衡的结果。

② 教育投资中社会公益性投资与受教育者个人投资比例不合理。由表 3.8 可以看出,教育明瑟收益率变化是层次越高、收益率越高,受过较高级别教育的劳动者不但其收入的绝对水平高,而且受的教育层次越高,多接受 1 年教育收入提高的幅度越大;而教育的内部收益率变化情况是高层次教育收益率低于低层次教育,而且总体水平低。2004 年我国初中、高中、大学专科、大学本科教育内部收益率分别为 12.7%、9.2%、8.2%、10.7%,与国际平

均水平(私人内部收益率国际平均水平为:初等教育 25.6%,中等教育 17.0%,高等教育 19.0%)比较仍相当低下①,造成这种局面的原因是我国教育的私人成本水平较高,受教育者个人投资的比例相对过大,而且教育层次越高则受教育者个人支出相对越多。

③ 各类教育之间的投资比例不合理。将表 3.8 与表 3.9 数据进行对应分析,可以看出,各类教育对经济增长的贡献率、生均经费投入和收益率之间存在较为严重的不对称性矛盾,高等职业教育对 GDP 增长的贡献率是本科以上教育的 2.4 倍,高等职业教育的明瑟收益率增长速度是本科教育的 1.1 倍,而高等职业教育的生均经费平均值(取成人高校值)仅仅是普通高校的 1/4 左右;中等职业教育的明瑟收益率增长速度及其对 GDP 增长的贡献率分别是普通高中的 1.2 倍、3.8 倍,而中专和技校生均经费平均值仅仅是普通高中的 1.5 倍左右;初中明瑟收益率增长速度及其对 GDP 增长的贡献率分别是普通高中的 1.1 倍、1.2 倍,而初中教育的生均经费平均仅有普通高中的 1/2 还不到;中等职业教育对 GDP 增长的贡献率是普通高校 1.1 倍,而中等职业教育的生均经费却仅仅是普通高校的 1/3 还不到。这些不对称性矛盾归因于各类教育发展(投资)比例不适当而导致的教育结构性过度与不足。

根据教育经济学原理,解决上述 3 方面的投资比例不合理问题,实质上是要在整个社会宏观系统和教育领域 4 个供求层面上实现均衡,而实现供求均衡的条件是资源要素最优组合。对于整个社会宏观系统供求来说,国家应该通过对教育(人力资本)与固定资产(物质资本)这 2 种要素投入总量的不断调整,使得最后一单位的成本支出无论用来购买哪一种生产要素所获得的边际产出都是相等,从而达到在既定成本条件下获得最大产出的目标,实现

① 北京大学课题组. 2004 年中国城镇居民教育与就业情况调查报告[J]. 教育经济简报,2005(22).

宏观供求上的均衡。综合分析各类文献可知，教育投资普遍较固定资产投资的边际产量大，所以，我国投资应该继续向教育方向倾斜。对教育领域供求来说，在教育总投资一定的条件下，各类教育发展的供求均衡条件有 2 个:第一个条件是各类教育花费单位成本所获得的边际收益相等，也可表述为各类教育的明瑟收益率与其花费总成本(含机会成本)之比相等，这是教育总投资在各类教育之间得到合理配置的基础;第二个条件是受各类教育的个人单位成本所获得的边际效用相等，亦即各类教育的个人效用与其私人成本之比相等，这是实现教育社会公益性投资与个人投资合理比例、确保各类教育有效供求的前提。对于当前和今后一段时间，我国政府部门应当通过行政、经济和法律等调控手段，适当增加高等职业教育和中等职业教育的投入比例，适当降低受教育者个人投入比重，促进各类教育高效、健康、协调发展，实现各类教育的供求均衡。

4 职业教育对就业增长的贡献

就业增长率是经济发展的重要指标之一，因此，职业教育对就业增长的贡献研究是职业教育的经济增长贡献研究课题的重要内容。

4.1 教育和职业教育对就业增长贡献的理论分析

4.1.1 教育发展对经济增长作用的机理

教育发展对经济增长作用的功能是通过人力资本的投入增加来实现的，而人力资本对经济增长作用的机理可以从两方面来分析。

(1) 从人力资本的要素和效率的生产功能来分析，人力资本是决定经济增长的重要因素，关键在于它具有特殊的生产功能。从生产过程角度看，它具有要素和效率两个方面的生产功能。前者是指人力资本是生产过程必不可少的先决条件或投入要素。后者是指人力资本是提高生产效率的关键因素，其途径是：人力资本投入的增加可以提高人力资本自身的生产效率；人力资本投资增加可以提高其他生产要素的生产效率。作为生产要素的人力资本，一方面直接对经济增长作出贡献，同时它又通过促进技术进步来促进经济的增长。技术进步依赖人力资本的提高，而技术进步是人力资本规模收益率不下降或者提高的根本原因。可见，经济增长依赖于科学技术的进步，同时也依赖于人力资本的增加。

(2) 从人力资本的知识效应和外部效应来分析，人力资本的知识效应包括知识进步的需求效应、收入效应及替代效应3个方面。知识进步的需求效应是指在经济发展中有用的新知识要求新形式的物质资本，或者是要求新的劳动技能，甚至这两者都十分需要。人力资本投资的知识收入效应是指受过教育、培训具有更多知识与能力的人会具有更高的生产力，因为他们具有更高的分辨力，能随时随地抓住投资获利的机会。人力资本的知识替代效应首先表现在人们能够通过知识的进步来增加资源，人力资本在各种要素间相比较，其补充和替代作用已经变得越来越重要，正是知识的替代效应，可以克服经济发展中自然资源、物质资本与"原生劳动"的不足，保持经济的可持续发展。知识的替代效应还表现在人力资本可以产生递增的收益，消除物质资本等要素边际收益递减对经济长期增长的不利影响。

罗伯特·卢卡斯(R. Lucas)认为脱离生产、通过学校教育而获得的是一般性的知识，这些人力资本能产生内部效应，即对投资者本身的生产率的贡献。通过"干中学"获得的是专业化知识，这些人力资本能产生外部效应，又叫溢出效应，即对投资者以外要素的生产率的贡献。重要的是外部效应，使人们的平均技能水平或人力资本水平可以在人们之间传递，其结果是不仅提高自身的生产率，还增加了劳动力和物质资本的生产率，并产生了生产中的递增收益。用人力资本的溢出效应解释技术进步，说明经济增长是人力资本不断积累的结果。认为知识是人力资本的一种形式，而人力资本是经济增长的"发动机"。

4.1.2 经济增长对就业增长的作用

就业和经济增长本来是经济发展中两个紧密联系着的方面。一般说来，经济复苏和繁荣将增加对劳动力的需求，改善就业并增加劳动者报酬，并进而导致市场消费增加、物价水平上扬；反之，经济衰退将减少对劳动力需求，增加失业和减少居民收入并进而导致消费需求减少和通货紧缩。因此，在大多数市场经济国家，对于失业的治理和经济增长的刺激其实就是一个事物的两个方面，刺激经济增长就意味着扩大就业，遏制过热就意味着增加失业。宏观经济政策的决策者的反周期调控实际上要解决的问题，就是要通过对经济增长的调控来解决充分就业的问题。

反映经济增长与就业关系以及劳动力市场与经济的关系的最著名的理论是菲利普斯曲线和扩充的菲利普斯曲线。菲利普斯曲线是由新西兰经济学家菲利普斯(A. W. Phillips)在研究失业率与工资增长的关系时得出的经验数据，即货币工资变动率与失业率存在比较稳定的此增彼减的关系。以后经济学家用该曲线来描述就业与通货膨胀的关系。众所周知，前者通过经验研究发现了英国名义工资变动率和失业之间存在的显著负相关关系，用计量经济学方法拟合出了菲利普斯曲线，如图 4.1 所示；后者则在菲利普斯曲线的基础上，将失业和总产出以及名义工资变动率与通货膨胀率联系起来，推导出了准菲利普斯曲线，如图 4.2 所示，进一步得到了向上倾斜的总供给曲线。其表现形式是：在以失业率为横轴、货币工资变化率为纵轴的坐标图上，由右下方向左上方倾斜的、具有负斜率的一条曲线。它表明：失业率与货币工资变化率二者呈反向的对应变动关系，即负相关关系。当失业率上升时，货币工资变化率则下降；当失业率下降时，货币工资变化率则上升。

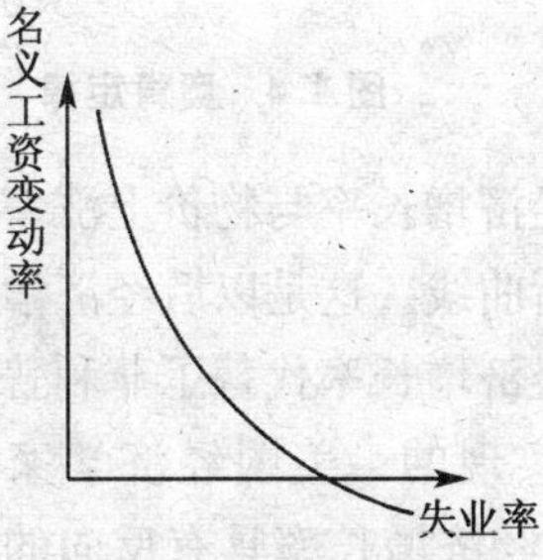

图 4.1　菲利普斯曲线

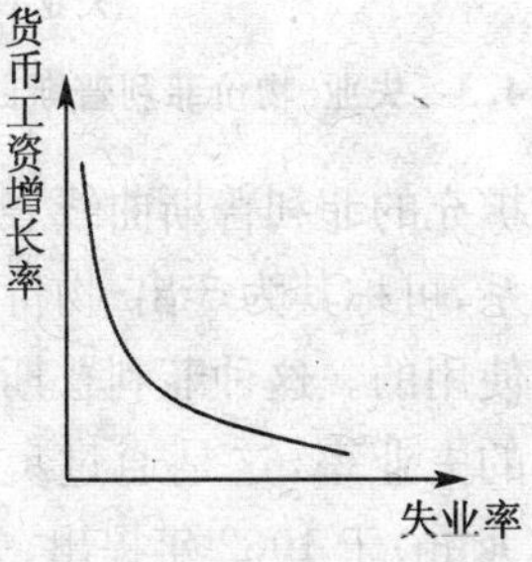

图 4.2　准菲利普斯曲线

菲利普斯曲线还可以反映失业率与物价上涨率之间的关系，可称其为失业-物价菲利普斯曲线。这是由美国经济学家萨缪尔森和索洛于1960年提出的。萨缪尔森和索洛以物价上涨率代替了原菲利普斯曲线中的货币工资变化率，这是通过一个假定实现的。这个假定是：产品价格的形成遵循平均劳动成本固定加值法，即每单位产品的价格是由平均劳动成本加上一个固定比例的其他成本和利润形成的。这就是说，物价的变动只与货币工资的变动有关。这种菲利普斯曲线的表现形式与上述准菲利普斯曲线相同，只不过纵轴改为物价上涨率，如图4.3所示。这条曲线表明：失业率与物价上涨率二者亦呈反向的对应变动关系。在一轮短期、典型的经济周期波动中，在经济波动的上升期，失业率下降，物价上涨率上升；在经济波动的回落期，失业率上升，物价上涨率下降。

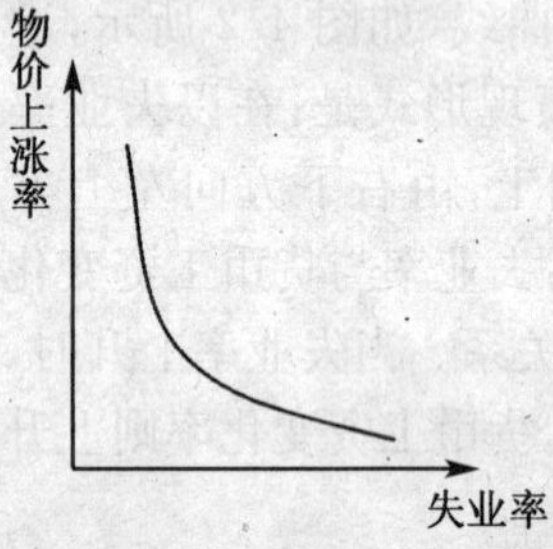

图4.3　失业-物价菲利普斯曲线

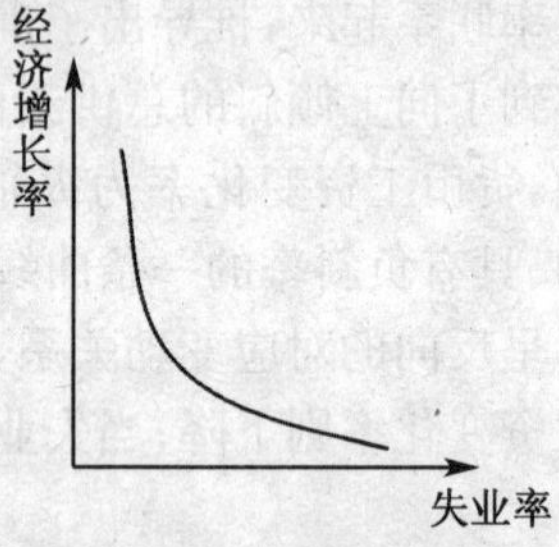

图4.4　奥肯定律

扩充的菲利普斯曲线表明的是经济增长率与物价上涨率之间的关系，可称其为产出-物价菲利普斯曲线。这是以后经济学家所惯常使用的。这种菲利普斯曲线以经济增长率代替了菲利普斯曲线中的失业率，这是通过奥肯定律实现的。美国经济学家奥肯(A. Okun)于1962年提出，失业率与经济增长率具有反向的对应变动关系，如图4.4所示。他认为，劳动力需求的水平在动态意义上主要决定于经济增长。经济增长速度快，对劳动力的需求量相对较大，就业岗位增加，就业水平高，失业率低；经济增长速度慢，对劳动力的需求量相对较少，会直接制约就业岗位的增加，就业水平低，失业率高。该定律论证了失业率与国民生产总值增长率二者呈反方向变化的关系，即高增长率使失业率降低，低增长率则会提高失业率。

在这一关系的研究中，一般不是直接采用经济增长率指标，而是采用“现实经济增长率对潜在经济增长率的偏离”，或是采用“现实产出水平对潜在产出水平的偏离”。这一“偏离”，表明一定时期内社会总供求缺口和物价上涨的压力，在外汇市场中往往用产出缺口(output gap)来描述。现实经济增长率表明一定时期内由社会总需求所决定的产出增长情况，而潜在经济增长率则表明一定时期内、在一定技术水平下，社会的人力、物力、财力等资源所能提供的总供给的状况。潜在经济增长率是指正常的潜在经济增长率，即在各种资源正常地充分利用时所能实现的经济增长率。在外汇市场，常常用产能利用率这个指标体现一国实现潜在增长率的程度，当一国经济实现潜在经济增长率时，其产能利用处于完全状态，此时认为该国实现了充分就业。这种菲利普斯曲线的表现形式是：在以现实经济增长率对潜在经济增长率的偏离为横轴、物价上涨率为纵轴的坐标图上，从左下方向右上方倾斜的、具有正斜率的一条曲线，如图 4.5 所示。这条曲线的走向与前面的菲利普斯曲线正好相反。这条曲线表明：现实经济增长率对潜在经济增长率的偏离与物价上涨率二者呈同向的对应变动关系，即正相关关系。当现实经济增长率对潜在经济增长率的偏

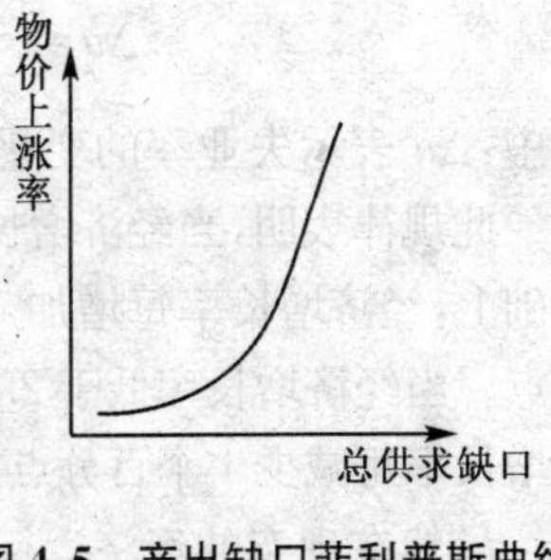

图 4.5 产出缺口菲利普斯曲线

离上升时，物价上涨率亦上升；当现实经济增长率对潜在经济增长率的偏离下降时，物价上涨率亦下降。在一轮短期、典型的经济周期波动中，在经济波动的上升期，随着需求的扩张，现实经济增长率对潜在经济增长率的偏离上升。

从上面的分析可以看出，反映失业率和通货膨胀关系的菲利普斯曲线与最初的菲利普斯曲线形成内在联系的现实条件是企业对劳动力成本上升的价格转移能力。这也是能否形成全社会的工资推动型通货膨胀的关键。

而奥肯定律将经济增长率和失业率的变化联系在一起，其实也为失业与经济周期阶段的关系提供了理论依据。该定律虽然并不是很精确，但它提供了由经济增长到失业的一种实用性的转换方法。根据奥肯定律，降低失业率要有高经济增长率与之相配合，也就是说，低失业率伴随着经济周期的扩张阶段。1968 年美国经济学家阿·奥肯在为总统经济顾问委员会分析失业与经济增长的关系时发现，失业率每增加 1 个百分点，经济增长率就降低 3 个百分点，后来经济增长率修改为 2 个百分点或者 2.5 个百分点，这就是奥肯定律。奥肯在对美国经济增长率与失业率之间的关系进行研究之后揭示出如下规律：

$$\Delta u = -0.5(y - 2.25)$$

式中：Δu 表示失业率的变化；y 表示经济增长率。

此规律表明，当经济增长率高于 2.25%时，失业率将下降，在此基础上，经济增长率每增加 1 个百分点，失业率就会下降 0.5 个百分点。当经济增长率低于 2.25%时，失业率将上升，在此基础上，经济增长率每减少 1 个百分点，失业率就会增加 0.5 个百分点。

虽然在现实的经济运行中，由于受到经济结构、经济增长方式等诸多因素的影响，上述公式的系数会有所不同，但奥肯定律反映了一种趋势性的普遍规律，体现了劳动力市场与经济的互动关系。

奥肯定律在不同经济体中的差别主要受劳动生产率的影响，一国的经济产出除了受资本和劳动力等生产要素制约外，还受全要素生产率的制约。如何在劳动生产率提高的情况下不让失业率增加，享受经济的成长，这是对中央银行宏观调控能力的考验。在一定时期内，劳动生产率保持稳定的情况下，从理论上讲，经济增长与就业有如下4种状态：一是经济高增长，就业高增长；二是经济低增长，就业低增长；三是经济高增长，就业低增长；四是经济低增长，就业高增长。

通过上述分析，可以对就业与经济增长及就业与通货膨胀的关系形成一定的认识。投资者可以通过劳动力市场和就业数据来判断各国经济情况，以及中央银行可能采取的货币政策。一般来说，描述劳动力市场的劳动供给主要使用劳动参与率、就业率和失业率3个指标。劳动参与率是指在全部劳动年龄人口中经济活动人口所占的比例，一国劳动参与率的提高意味着该国居民进入劳动力市场寻求就业的意愿较强，所以劳动力的供给充分，该指标反映了劳动力市场的活跃程度。就业率是指有工作的人占全部劳动年龄人口的比例，反映愿意就业的人口中有多少人找到了工作。失业率是指没有工作的人口占经济活动人口的比例。此外，作为劳动力市场价格——工资，也是反映劳动力市场状况的重要经济指标。

综合上述，由传统经济理论的分析可知，教育对经济和就业增长具有重要作用，教育程度越高，人力资本的教育含量越大，对经济增长贡献也就越大，而经济增长会拉动就业的相应增长。这种互动机制曾被许多国家发展进程的事实所证明。我们可以推论：教育发展对就业增长作用机制主要体现在两个方面：一是教育发展促进经济增长，从而拉动就业增长；二是教育特别是职业教育能直接提高人们的择业能力和就业能力，从而降低结构性失业和摩擦性失业，提高就业率。因此，教育发展与就业增长应当呈正相关性协调一致关系。但应当注意的是，教育并不总是无条件地促进经济和就业增长。20世纪80年代以来，我国教育迅速发展过程中，由于教育机会和教育产品两种供求矛盾的激化，就业出现零增长和负增长的事实，使我们不得不对教育发展与就业增长的关系重新进行现实而理性的思考。

4.2 职业教育在劳动就业中的作用[①]

据有关部门抽样调查显示，我国失业人口中真正掌握一定技术、技能的还不到总人数的5%。文化和技术水平的低下，会限制劳动者的就业领域和就业层次，降低劳动者的就业能力，成为制约劳动者就业和再就业的一大严重障碍。在现代经济发展条件下，要妥善地解决劳动就业问题，大力发展职业教育是必不可少的。

4.2.1 职业教育是劳动者提高技术水平、增强劳动适应能力的重要途径

首先，职业教育是劳动者个人技术水平提高的重要途径。劳动就业问题的解决，在很大程度上取决于劳动者个人技术水平的提高。劳动者技术和技能的缺乏，已经成为当前越来越多的劳动者无法就业和再就业的重要的职业因素。如何提高劳动者的文化和技术素质，增强劳动者的就业和适应能力，拓宽就业门路和就业领域，成为劳动者就业迫切需要解决的问题。从我国目前的实际情况来看，大力发展职业教育可以说是一条比较有效的途径。建国以来，职业技术教育的发展，为我国国民经济各部门输送了大批经过一定专门技术培训、具有一定技术基础的工作人员，对促进我国经济发展、扩大就业起到了良好的推动作用。今天，许多用人单位已把掌握一定的专业技术作为聘用的基本条件。学习文化技术、掌

---

① 钟小川.论职业技术教育在解决就业问题中的作用与发展方向[C]//中国教育经济学学术年会论文论文集，2004.

握一定的专业技能、增加自身的就业能力、拓宽就业领域,已在新增劳动力和下岗人员群体中以及在整个社会形成了基本共识。

其次,职业教育是劳动者增强劳动适应能力的必要手段。劳动就业问题能否顺利解决,与劳动者的劳动适应能力也有着密切的关系。国际劳工组织在一份报告中指出,凡是重视职业培训、劳动者素质高的国家,劳动力的适应能力强,就业问题就容易解决。而这种适应能力的培养,必须靠职业教育才能达到。

我国传统产业结构正面临调整,随着社会主义市场经济的发展,第三产业必将有较大的发展,新的行业将会不断地涌现,原有的某些行业将会衰落,甚至被淘汰。在这些部门就业的劳动力就面临着转换工作岗位或另谋职业的问题。从我国目前情况分析,劳动者素质低、陈旧的观念严重制约着农村剩余劳动力转移和城镇下岗、失业职工再就业工作的开展。职业教育担负着专业知识更新和新技术培训的任务,通过培训使劳动者具有适应变换新职业的能力,从而使劳动者顺利地从一个部门转换到另一个部门。这就要求建立起一贯性的"在岗职业培训"制度,帮助劳动者更新知识,使其适应经济发展的需要。对失业者组织就业教育,使失业者重新获得知识和新技能,以适应新行业、新部门、新职业的需要,尽快就业。

4.2.2 职业教育有助于劳动者文化知识水平和教育程度的整体提高

劳动者的文化知识水平和教育程度是解决劳动就业问题的基础。从世界范围来看,日本、德国等一些发达国家以及亚洲"四小龙"等一些新兴的工业化国家和地区,所以能在当今世界经济发展中保持良好的发展势头和强劲的竞争能力,质量、效益是其基本保障,而归根结底在于拥有一支高素质的技术队伍。职工文化和技术水平的不断提高,可以提高产品和服务质量,提高经济效益,而社会生产力水平的提高,使得一些新兴的部门不断产生和发展壮大,又可以在较高的技术层次上扩大就业，形成就业与经济、技术发展的良性循环。事实说明，一个国家职业教育越发达，社会成员所受教育的程度越高，劳动力就业问题就越容易解决。

4.2.3 职业教育是治疗结构性就业失衡的一帖良方

结构性就业失衡主要是人才比例和结构的失衡。随着技术水平的提高，资本密集型、技术密集型企业会排挤劳动密集型企业，从而使产业结构发生变化。产业结构的变化又带来了对劳动力需求的变动。技术进步使社会在财富增加、闲暇时间增多、人口数量质量提高等方面获得了必要条件，但同时会出现劳动力的结构性失业问题，即文化技术水平较低的劳动者难以适应产业技术结构变化而被排斥于就业队伍之外，从而造成劳动力供求矛盾的加剧和劳动力资源合理配置的困难。职业教育是使他们获得再训练以便重新获得就业机会和缓解劳动力供求矛盾的必要手段，因为现代职业教育是一种综合性的教育，既包括职业教育，也包括技术教育，既包括职前教育，也包括在职教育。大力发展职业教育和培训事业，既可以使劳动者搞好就业前的定向培训，又能使就业者更新知识，适应经济发展需要，还能使失业者很快获得新知识、新技能以适应新行业、新部门、新职业的需要，尽快就业，缓解这些行业、部门劳动力供求的矛盾，进而实现劳动力资源的合理配置和经济社会的协调发展。

当然，造成结构性就业的失衡固然有技术方面的因素，但也有传统的就业观念的影响。现代职业教育的要求，不仅要使劳动力掌握适应社会生产发展的新的文化技术，也要树立劳动者全新的劳动观念，培养多方面、多层次的新型劳动者，满足各方面的需要，做到“人人有事做，事事有人做”。

总之，职业教育与经济发展唇齿相依、息息相关，是教育资源与经济资源的直接结合，是提高劳动者素质的最直接、最有效的渠道，是培养绝大多数不同职业的实用型人才的教育。对个人而言，它能迅速提高劳动者的技术水平和劳动适应能力，大大增强其就业竞争力；对社会而言，它既有助于全体劳动者文化知识水平和教育程度的整体提高，又是解决结构性就业失衡的一把金钥匙。因此，职业教育在解决就业问题中的作用不言而喻。

4.3 我国职业教育及相关教育对就业增长贡献的实证比较

4.3.1 3类教育毕业生数及其就业率变化与就业增长之间的关系

根据2000—2005年国民经济和社会发展统计公报以及中国教育和科研计算机网（http://www.edu.cn/）的相关报道，2001年共有普通高校毕业生104万人，2001年6月的初次就业率为70%。从2002年开始，高校扩招的大学生陆续毕业，当年全国普通高校毕业生134万人，较上年增加了近30万人，增幅达28.8%，6月的初次就业率为64.7%，比上年下降约5个百分点，到2002年底，又有部分毕业生实现就业，就业率上升到80%。2003年是高校扩招本科学生毕业的第1年，毕业生人数多达187.8万人，比上年增加近54万人，加上"非典"疫情的影响，高校毕业生就业率下降至70%，就业率比上年下降12.5%。2004年高等教育毕业生就业率又略有上升，2005年却又略有下降。将2002—2005年高等教育、高等职业教育和中等职业教育毕业生数及其就业率变化情况进行汇总，如表4.1所示。对表4.1中的数据进行分析，可以得出结论：从近几年的高等职业教育毕业生直接就业情况来看，3类教育（普通高等教育、高等职业教育和中等职业教育）规模发展（扩招）速度超过其自身毕业生就业率的增长，中等职业教育的就业率远远高于普通高等教育和高等职业教育。我国三类教育毕业生数及其就业率变化与就业增长之间关系存在着明显的非一致性。

表 4.1 高等教育、高等职业教育和中等职业教育毕业生数及其就业率比较

类别	年份	毕业生人数/万人	毕业生增长率/(%)	就业率/(%)	就业增长率/(%)
高等教育	2003	187.8	40.1	70	12.5
	2004	239.1	27.3	73	4.3
	2005	307	28.4	72.6	0.55
高等职业教育	2003	104.5	52.1	56	14.4
	2004	119.5	14.4	61	8.9
	2005	153.5	28.5	62	1.64
中等职业教育	2003	343.8	10.5	94.3	0.07
	2004	351.0	2.1	94.4	0.01
	2005	403	14.9	94.42	0.002

资料来源:2003—2005 年国民经济和社会发展统计公报;http://www.edu.cn 2005-11-17;2004—2005 年中国统计年年鉴;1998—2004 年中国教育统计年鉴;1998—2004 年中国教育事业发展统计公报;中国教育和科研计算机网(http://www.edu.cn/20040409/3103520.shtml)。

注:表中数据皆为全日制学历教育。

4.3.2 GDP、教育投资和毕业生增长率及其就业弹性与就业增长之间的关系

经济增长(GDP)与就业增长存在着非一致性。经济增长是一个国家或地区经济发展的最重要的组成部分之一。经济发展包含的内容要比经济增长广泛得多,除了考虑经济增长之外,还要考虑就业、通货膨胀、国际收支平衡、收入分配等问题。从更广泛的意义上说,还要考虑环境、资源、教育等社会和人文发展方面的问题。从长远来看,这些子目标和总目标之间应该是一致的,这就是为什么发达国家在各类国际比较中总是排名在前的道理。但从一

个较短的时间看，总目标和子目标之间可能存在矛盾，因为资源有限，不可能各个子目标都同步地获得发展，这时候，这些国家或地区的宏观经济政策及调控目标就会有所侧重、有所倾斜。我国改革开放之前，在就业上实行的是铁饭碗政策。从20世纪90年代中后期开始，我国经济发展中劳动力需求和供给的矛盾开始显现。与世界其他国家相比，我国的就业和失业问题有其一般性，也有其特殊性。一般性在于，作为一个市场经济国家，随着经济市场化带来的劳动力流动，我国必须不断地解决结构性失业、摩擦性失业问题；特殊性在于，在我国的工业化、城市化过程中，大量农业剩余劳动力将源源不断地转入城市，这种劳动力的供给几乎是无限的，这就为城市人口的就业造成重大压力。因此，我国在改善居民福利的过程中，首先要解决就业问题，然后才是收入的提高及合理分配问题。就业当然离不开经济增长，但不同的经济增长方式所能够容纳的劳动力可能会有所不同。虽然中央和地方政府在宏观调控中的作用和地位及其相互关系已经发生了变化，但是在对于经济发展的价值取向方面却有共同点。在这样的背景下，经济增长和就业的同步关系就有可能发生变化，甚至有可能出现二者不相关的情况（如表4.2所示各年度GDP增长率与城镇登记失业率变化呈明显的非一致性关系），也就是说，出现就业和经济周期不相关的局面。

从整个社会就业情况来看，教育发展（投资增长、毕业生增长）与就业率增长呈现非正相关性关系，教育投资和高校毕业生增长的就业弹性从1999年开始逐年下降，中等职业教育毕业生增长就业弹性及直接就业率相对很高。可以用表4.1和表4.2中的相关数据进行比较进一步加以分析说明。

由表4.1和表4.2可以看出，尽管随着人力资源要素市场配置机制的作用不断强化，教育发展（投资和毕业生增长）与就业增长的非一致性程度呈缓和趋势，但教育发展、GDP增长、城镇登记失业率之间的相关性一直不够明显，1995年以来城镇登记失业率具有较强的向下“刚性”，2002年以来城镇登记失业率一直处在4%以上。在教育投资增长率发生波动的上升期间（1999—2001年），城镇登记失业率并不下降，而是基本保持不变，它与教育投资增长率变动基本无关，但在教育投资增长率发生波动的下降期间（1995—1997年），城镇登记失业率有所上升；在高校毕业生增长

表4.2　中国GDP、教育投资和毕业生的增长率及其就业弹性比较

年份	GDP增长率/(%)	城镇登记失业率/(%)	教育投资增长率/(%)	高校毕业生增长率/(%)	社会就业增长率/(%)	GDP就业弹性	教育投资就业弹性	高校毕业生增长就业弹性	高职毕业生增长就业弹性	中职毕业生增长就业弹性
1995	10.5	2.9	24.14	24.4	1.1	0.105	0.042	0.041		
1996	9.6	3.0	20.47	4.1	1.3	0.135	0.063	0.317		
1997	8.8	3.1	11.91	1.2	1.1	0.125	0.092	0.917		
1998	7.8	3.1	14.48	0.07	0.5	0.064	0.030	7.14		
1999	7.1	3.1	13.56	2.2	0.9	0.127	0.066	0.409		
2000	8.0	3.1	14.93	12.1	0.8	0.10	0.053	0.066		
2001	7.3	3.6	20.49	9.1	1.32	0.18	0.064	0.145		
2002	8	4	18.16	29.0	0.98	0.12	0.054	0.034		
2003	9.1	4.3	13.29	40.1	0.09	0.01	0.007	0.002	0.002	0.009
2004	9.5	4.3	14.66	27.3	0.13	0.014	0.008	0.005	0.009	0.062
2005	9.9	4.3		28.4	0.08	0.008		0.003	0.003	0.005

数据来源：1994—2005年中华人民共和国国民经济和社会发展统计公报；1994—2004年全国教育事业发展统计公报；1994—2004年全国教育经费执行情况统计公告及中国教育经费统计（资料）年鉴；《2005中国教育蓝皮书》及作者的相关整理计算。

率发生波动的总体上升期间(1997—2002年),城镇登记失业率先是维持不变(1997—2000年),最后是逐步上升(2000—2002年),但在高校毕业生增长率发生波动下降期间(1995—1997年),城镇登记失业呈上升趋势。从就业弹性来看,当教育投资增长率和高校毕业生增长率较高时(如1995年、2001年、2002年),其就业弹性反而相对较低;当教育投资增长率和高校毕业生增长率最低时(如1998年),其就业弹性反而最高,这说明教育投资增长带来的就业吸纳(增加就业岗位)能力不断下降,大量高校毕业生挤占了社会就业岗位,增加了社会就业难度;普通高等教育、高等职业教育和中等职业教育3类教育中,2003—2005年中等职业教育毕业生的平均直接就业率分别高于高等职业教育、普通高等教育34.7%、23.5%,而且层次越低其毕业生增长的就业弹性就越高,这说明我国中等职业教育对社会就业增长的贡献相对较大。

需要说明两点:

(1) 表4.2中教育投资还未能完全反映以下两个方面的民间教育资本:一方面是作为教育供给者的个人、企业、社会团体等对教育投资(如部分社会培训教育),另一方面是作为教育需求者的个人或家庭的教育投资。就后一方面而言,由于教育机会供不应求,入学竞争过于激烈,许多家庭选择自费留学的方式送孩子出国。据http://edu.QQ.com(北方网)2006年02月23日报道,人事部最新统计表明,截至2005年12月底,我国海外留学人员总数约46万人,其中大部分是自费出国,以每名留学生每年花费10万元人民币计算,我国的海外留学市场投资在460亿元以上。因此,若将民间教育资本全部统计进去,则教育投资增长率更高,教育投资就业弹性会更低。

(2) 表4.2中所列毕业生数据皆是接受全日制学历教育毕业生人数,未统计社会培训和成人教育因素,而社会培训和成人教育的岗位职业性都较强,其对就业提高的直接贡献率一般应高于全日制学历教育，若将社会培训和成人教育的贡献考虑进来，则3类全日制学历教育毕业生增长就业弹性会更低。

由上分析可知，我国GDP、教育投资和毕业生增长率及其就业弹性与就业增长之间存在着明显的非一致性关系，即教育发展与就业增长之间存在明显的非一致性。具体表现为：随着教育投资增长率和高校毕业生增长率增加，就业增长率具有较强的下降惯性，失业和下岗人员逐渐增多，城镇失业率上升，教育发展和就业增长在速度与方向上存在严重的非对称性，这体现为教育发展至高峰时，教育投资和高校毕业生就业弹性最小。这种现象无疑与人力资本理论中的教育发展推动经济增长、经济增长带动就业增长的连环公理相悖，令人对教育发展的现实绩效产生怀疑。

4.3.3 3类教育毕业生就业概率与教育收益率的比较

(1) 1996—2004年大学生(含高等职业教育)与高中生(主要是普通高中毕业生)的就业概率差距扩大会导致大学教育收益率提高，大学生(含高等职业教育)与高中生(主要指普通高中毕业生)的就业概率差距也呈现出扩大的趋势。这可以从二者失业概率的差距反映出来。1997—2005年《中国统计年鉴》和《中国劳动统计年鉴》数据表明：1996—1999年、2001年、2004年我国城镇失业人员受教育程度的构成中，大学生失业比例为4.6%、4.1%、4.7%、4.7%、4.1%、8.4%，高中生失业比例为1.1%、33.6%、34.8%、33.9%、34.4%、34.8%，二者差距为24.5%、29.5%、30.1%、29.2%、30.3%、28%，二者总体上呈增加趋势，这表明，虽然大学生失业率增加，但是普通高中毕业生失业率也增加并且增加更多，或者说，虽然大学生就业概率降低，但是普通高中毕业生就业概率降低更多，二者的就业概率依然呈现出扩大的趋势。二者就业概率差距的扩大，也是市场经济体制日益完善的结果。因为完善的市场体济体制要求企业全面推行聘任制，企业拥有更多的自主用人权。根据人力资本理论，大学毕业生特别是高等职业教育毕业生由于大多接受3～4年的专业教育，进行了更多的人力资本投资，其人力资本含量明显高于普通高中毕业生，因而就业时更受用人单位的青睐，在就业竞争中处于明显的优势地位。这一优势随着企业用人自主权的扩大而表现得日益突出。理论上，随着市场经济体制的日益完善，大学毕业生与普通高中毕业生的就业概率差距不仅仍然存在，而且会进一步扩大。

(2) 2001—2004年高中毕业生就业概率上升、大学毕业生就业概率下降，这是由于高校扩招、中等职业教育毕业生就业率提高等方面因素综合作用的结果。表4.3显示：2001—2004年虽然高

表4.3 本科（普通高等学校）、大专（高等职业教育）和高中（中等职业教育）就业概率相关数据

年份	城镇登记失业人数/万人	毕业后失业人员（城镇）/(%)	城镇失业人员中高中教育程度比例/(%)	城镇失业人员中大专教育程度比例/(%)	城镇失业人员中本科教育程度比例/(%)	高中升学率/(%)	高中阶段毛入学率/(%)	中等职业教育毕业生就业率/(%)
1999	574.0	4.6	33.9	4.7		63.8	34.4	84.1
2000	594.0		34.5（中专4.6）	4.3	0.08	73.2	38.2	84.4
2001	681.0	20.4	34.4	5	1.1	78.8	41.3	88.6
2002	770.0	21.0				83.5	42.8	94.6
2003	800.0		普高10.39 职高7.78	5.16	2.72	83.4	43.8	94.3
2004	827.0	19.5	34.8	4.8	1.6	82.5	48.1	94.4

资料来源：《1997—2005中国劳动统计年鉴》；《1997—2005中国统计年鉴》；国家教育部2001—2004年全国教育事业发展统计公报；《新中国五十五年统计资料汇编》；http://www.edu.cn 2005-11-17；中国2000年人口普查资料（中册1571页）；沈超，等.城镇就业与失业调查报告.徐州工程学院，2005.

中阶段毛入学率一直呈上升趋势，但高中毕业生失业率却下降了1.6%，而大学本科和大学专科毕业生失业率却分别上升1.8%和0.5%。造成这一现象的原因主要有两方面，一是高中教育阶段的中等职业教育毕业生就业率不断提高，而且一直处于高水平状态；二由于高等教育的不断扩招，普通高中升学率有所提高，就业和失业人员中的普通高中毕业生相对减少、大学毕业生相对增多。

由以上分析得到下列结论：

(1) GDP不断增长，大学(含高等职业教育)毕业生和普通高中毕业生的整体就业概率下降、失业率却有所提高，这是一对现实的矛盾。

(2) 大学(含高等职业教育)毕业生与普通高中毕业生的就业概率差距和收入水平差距是决定大学教育收益率的关键因素。随着市场经济体制的日益完善，大学(含高等职业教育)毕业生与普通高中毕业生的收入水平差距以及就业概率差距逐渐扩大，这是导致我国大学毕业生收益率自20世纪90年代以来逐年上升的深层原因，也是促进教育向更高层次发展的内在动力。

(3) 尽管近几年来大学(含高等职业教育)毕业生就业概率下降，但相对而言，实际上普通高中毕业生就业概率下降更多，大学教育收益率并不会降低。因此，我们对于大学(含高等职业教育)教育投资应具有长远眼光，不应因为当前大学毕业生出现就业困难而放弃大学教育投资。

(4) 有效提高高中阶段毕业生就业率的最经济、有效的办法就是增加中等职业教育学生比例，大力发展中等职业教育。

(5) 大学特别是高等职业教育收益率的提高意味着人们收入的增加越来越依赖于教育水平的提高。所以，要提高农民收入，进而促进社会经济发展，政府不仅应该增加对农村基础教育投资，还应该更好地落实学生贷款、帮困助学等措施，使得更多的农民及其子女有机会接受大学教育特别是职业教育，让职业教育真正在农村普及,让每个农民都有一技之长。

4.4 我国职业教育及相关教育发展与就业增长非一致性的原因

从宏观上讲,我国职业教育及相关教育发展与就业增长非一致性的原因主要在两个方面:一是教育自身发展过程中的问题;二是社会经济体制问题。可以从以下几个角度进行剖析。

4.4.1 理念偏激性的过度发展,削弱了社会经济发展的基本动力

改革开放以来,教育发展过程中一直存在着几种偏激的思想观念:

(1) 认为教育发达是教育发展的一种结果,教育发展一定会无条件导致经济发展,经济发展一定得益于教育发展。其实,这种简单推理是幼稚的,不是任何规模、任何形式、任何层次的教育都能推动经济的发展,只有适应经济发展需要、适应经济发展对劳动力(人才)市场需要的教育才能促进经济的发展。教育发达是一种教育结构与经济结构相匹配的流动状态,而不是教育发展的一种结果。

(2) 教育绝对先行论。主张经济落后或困难的条件下,也必须紧缩裤带,忍饥挨饿,千方百计地把教育发展起来,这才是真正的教育先行论。在任何情况下,教育先行是对的,这是由教育的性质所决定的,但是教育先行是相对于经济而提出的,也就是说,明天的社会经济需要什么样的人才,今天的教育就要先行一步培养这种人才,以满足明天经济的需求,教育先行要有目的、有限度,绝不是说今天不吃饭也要发展教育。

(3) 认为受教育程度越高就业机会越多。实际上,在绩效社会中,学历、文凭为个人就业提供了极重要的市场信号,成为雇主筛选雇员的重要工具,但并不是说每一个就业岗位都需要高学历

人才，社会对接受过高程度教育的专业人才需求是有一定限度的。从未来高科技发展对高等教育的需求来看，未来职业并不都是高科技，仍然存在对高程度教育的社会需求的局限性。据有关专家研究证明，在未来 10 年中，虽然高科技职业的人数将会大大增加，但是，不会对整个就业结构产生大的影响。就业增长的趋势将会对中学水平和受过较少训练的人士更为有利。技能要求低的工作的扩展，将会远远超过高科技工作的增长，高科技行业及其产品的激增可能降低工作技能的要求，而不是使工作技能的要求提高①。

由上述 3 种思想误区可能导致两种不良后果：

(1) 形成非均衡性教育过度发展，抑制就业并导致生产水平下降。过度教育对就业和生产率的消极效应表现在：一是过度教育直接产生了教育过剩，并降低了教育的价值，受教育者的经济地位下降；二是教育者未能实现其对事业成就的期望，在过度教育的情形下，虽然加入劳工市场的青年就业人士的教育水平上升，但生产力增长水平反而出现明显的下降，工作场所生产力研究也发现，工作的表现与教育水平没有直接的正向关系②；三是教育结构与经济结构不匹配，造成人才过剩与人才短缺并存的偏瘫局面。一方面产生高素质的失业大军或大材小用，英雄无用武之地，人才严重浪费，许多人无事做，另一方面人才结构性短缺，许多事无人做。

(2) 造成教育消费过度，平抑消费对经济和就业增长的拉动。过度教育消费是指居民投资于教育的费用超过家庭消费结构正常的比例，甚至超过其实际支付能力。居民家庭消费对经

---

① 塞缪尔·鲍尔斯，赫伯特·金蒂斯. 教育的社会化功能[C]//西方教育经济学流派. 薛伯英，等译. 北京：北京师范大学出版社，1990.

② [美]亨利莱·文. 过度教育的经济分析[M]. 曾满超，等译. 北京：人民日报出版社，1998.

济增长的作用，在任何国家都是不容忽视的，但不同领域的消费对经济增长的促进作用却存在差异。研究结果表明，教育的产出乘数不仅小于汽车、住房等消费的产出乘数，而且小于众多行业产出乘数的平均值。在收入水平较低的发展中国家，有限的居民家庭收入大部分投入到教育消费，势必要挤占其他项目的消费。当居民在教育消费投入过多时，不得不减少其他方面的消费支出，这就等于住房消费、汽车消费等原本可以带来的经济增长被教育消费这种形式替代。由于教育消费所产生的乘数效应远不及住房消费、汽车消费等耐用消费品所带动的乘数效应，加之，随着教育过度发展，教育预期消费会呈增长趋势，这势必致使公众储蓄动机增强，阻碍储蓄向资本的转化，减少有效投资，因此，这种结构性的教育消费替代变相地降低了整体消费所应该带来的经济和就业增长。

4.4.2 结构扭曲性的畸形发展，脱离了社会经济发展的实际需要

所谓教育结构，是指教育系统内各个组成部分的构成状态和相互关系。教育结构的依据和归宿，一是社会对知识和人才的需求，二是教育自身的本质和规律，考虑教育结构问题，检验教育结构是否合理，这两条是最重要的标准。目前我国教育结构还存在许多扭曲的方面，造成了教育畸形发展，脱离了社会经济发展的实际需求，不能高效地为增加就业做出贡献，可能会增强社会失业率下降刚性，主要表现在以下几方面。

1）教育层次和教师结构性问题，增强自然失业率下降刚性

教育层次分为托儿所、小学、初中、高中（含中等职业教育）、大学（含高等职业教育）、研究生等教育。根据我国 2003 年公布的教育与人力资源问题报告：我国 15 岁以上国民受教育年限仅为 7.85 年，25 岁以上人口人均受教育年限为 7.42 年，两项平均仍不到初中二年级水平，与美国 100 年前的水平相仿，与韩国差近 4 年。我国国民受教育年限的差距主要表现在接受高层级教育人口比例过低和初中以下学历人口比例过大。

发达国家和新型工业化国家中，接受过高等教育和中等教育的人口所占比例较高。如美国和韩国，25～64岁人口中受过高中及以上教育的人口比例分别占87%和66%，其中受过高等教育的人口比例分别占35%和23%。相比之下，我国2000年25～64岁人口中受过高中及以上教育者只占18%，受过初中以下教育者占82%，受过小学及以下教育者比例高达42%。每百人中受过大专及以上教育者不足5人。

高中文化程度人口比重偏低，高中教育资源特别是教师资源缺乏，成为我国人力资源素质提高的瓶颈。我国2004年初中毕业生升学率仅为62.9%，高中阶段毛入学率仅为48.1%。尤其是中部地区一些人口大省的初中毕业生，升学率多年徘徊在45%左右。近半数合格初中毕业生无法升学，意味着他们将直接参与就业或在家待业，长此以往，我国将会积聚大批受初中及以下教育的劳动者，对我国人力资源整体素质的提升形成不利影响。上高中难于上大学是近一段时间发生在青海和宁夏两省的怪事。以青海为例，2002年高考招生录取率达到84.9%，但高中入学率只有53%。宁夏的普通高校录取比例是58.6%，高中入学率只有48.65%。这种问题同样存在于其他一些省份。据2000年第五次人口普查资料分析，我国15岁及以上人口中具有高中及中专学历的人口比例占14.46%。这一比例并不算高。以全国为例，2003年普通高中共有专任教师84万人，生师比为14.7∶1，职业高中共有专任教师24.9万人，生师比为14.4∶1。按照"十五"计划的发展目标，高中阶段毛入学率要达到60%。高中阶段教育的规模需要急剧扩张，教师数量不足的矛盾会非常突出。如果以18∶1的生师比来算，还需要补充专任教师116万人；再考虑到高中阶段教师退休高峰到来的现实，则需要补充的教师数量可能达到120万人左右，即平均每年需补充24万人。而2001年仅补充了8.3万人，相当于缺口的三分之一。据教育部最新统计公布数据资料显示,2004 年普通高中生师比为 18.65∶1,职业高中生师比为 19.10∶1,普通中专生师比为 28.13∶1,由于师资和基础设施等方面的原因,我国 2005 年高中阶段毛入学率实际仅为 52.7%。

高校生师比例过高,专业教师结构性短缺,严重制约高等教育产品的有效供给。1999—2001 年期间,与普通高校学生规模近 1 倍的增长速度相比,教师总量只增长 31%。这样,全国高校生师比达到 18.2∶1,有的高校甚至超过 35∶1。导致部分课程的班级规模越来越大,一些高校的课堂人数甚至超过 200 人。这样的教学效果必然受到影响。同时,教师配置也存在严重的专业结构性短缺问题。一些基础课及高新技术相关专业任课教师严重缺乏,基础课甚至由缺乏教学经验的应届本科毕业生和在读研究生担任主讲教师。按照国家教育发展"十五"计划,全国普通高校生师比应该达到 15∶1(2005 年中国统计年鉴显示:2004 年普通高校生师比为 14.22∶1)。这样算来,高校教师队伍缺口将达 11 万人①。

2) 教育布局和类别结构性问题,增强发展性失业下降刚性

依据我国国民经济和社会发展的方向、人口结构变化趋势和教育发展的内在要求,我国不同地区处于工业化不同发展阶段,人才需求和人才培养模式存在显著差异,各地教育发展不应亦步亦趋,而应各具千秋,形成明显区划特征。当前我国教育发展在布局和类别结构上存在的主要问题是:

(1) 在地域布局上粗放重复发展,特别体现在高等教育发展扩张过程中。全国高等院校从 1998 年的 1 022 所扩展到 2001 年的 1 911 所②,增加的院校大部分是地方高校,一般都是通过大学城建设或原有中等学校升级而成,学校类别和布局具有明显的重复类似现象,内涵特色性核心竞争力不强。

---

① 中国教育与人力资源问题报告[N]. 中国青年报,2003-02-14.

② 全国教育事业发展统计公报[M]. 1998—2001.

（2）条块分割现象较严重，如对中等专业学校、职业高中、技工学校和成人中专等同类教育布局调整，由于跨行业条块管理一直未能到位。

（3）城乡教育布局和类别结构不能适应二元经济结构发展现实要求。

（4）补偿教育发展不够。人们在一生中不仅仅从事一个岗位或职位，一次性的学校教育不能满足多个或多种岗位对知识能力的要求，同样，一个岗位可以适合不同的人才类型，这说明人才知识能力的替代弹性，需要各种层次和形式的教育加以补偿。仅靠正规学校教育或者学历教育，不能满足经济社会以及社会成员自身发展对教育的不同需求。目前我国的补偿教育特别是社会职业教育发展还处于起步阶段，如社区教育、网络教育、高中后（4A、4B或4C教育）的非高等教育等形式的教育还处于探索时期，发展空间非常大。

3）教育管理和目标结构问题，增强摩擦性失业率下降刚性

目前我国教育管理和目标结构问题突出表现在农村义务教育、城市各类教育以及高等教育3个方面。

（1）在农村义务教育方面。实行以县为主的管理体制，要求县级政府主要履行统筹规划、保障经费、队伍建设、学校管理4项职责，但由于地域性差别，有的县财政吃饭都难以维持，根本无法履行这4项职责。

（2）在城市各类教育方面。教育结构体系缺乏必要的衔接和沟通；部分类型学校功能定位不清；缺乏面向社会自动调节的机制，政府及相关教育机构管理职责目标不够科学合理，学校干部任用、评估评价还有待进一步规范。

（3）在高等教育目标管理特别是学生培养目标结构方面。存在较多问题，最突出的是学生的创业能力、创新能力非常弱，大学生综合素质缺失。主要表现在以下方面：一是不能将自己所学知

识与社会要求结合起来，实际应用能力不足；二是缺乏拼搏意识，不能抓住朝阳行业的就业机会；三是缺乏与他人合作与沟通的意识；四是技能单一，不能适应社会对复合人才的需求，造成多数大学毕业生就业过程中不但不能为社会创造就业岗位，反而与社会弱势群体争岗位，还有部分学生毕业即失业。

4）教育专业和课程结构问题，增强结构性失业下降刚性

据京华时报2003年6月16日报道，我国2002年普通高校毕业生就业供需比为：研究生1∶2.6；本科生1∶1.3；专科高等职业教育毕业生1∶0.4。到2002年底，就业人数达到116万人，就业率上升到80%。2002年就业的部委属高校毕业生到教学科研等事业单位的为31.6%，到国有企业的为31.5%，到民营三资企业的为24.2%，到其他就业单位为10.7%。而从2003年城镇劳动力市场的需求状况看，个体私营和股份制企业提供的就业岗位已经占60%。这些数据说明，由于部分毕业生专业课程结构与社会需求不匹配而不能立即就业。采取什么样的组织方式才能更好更高地传承知识、培养人才，是大中院校专业问题的实质。因此可以说，所谓专业就是课程的一种组织形式，学生学完所包含的全部课程，就可以形成一定的知识与能力结构，获得该专业的毕业证书。欧美一些学校的专业仅指一个系列，有一定逻辑关系的课程组织、柔性的课程组织模式使其在专业系列、跨学科专业设置等方面表现出诸多与我国不同的特征。目前我国对专业概念理解和认识带有实体意味，认为专业是相对独立的资源使用和产出单位，而现行的专业管理规定又进一步反映和强化了这种认识，主要体现在专业的设置权和命名权一律属于教育行政管理部门，并作为硬性规定必须强制执行等政策措施上。虽然教育行政部门会不断根据形势的变化对专业结构体系进行调整，但这种调整与社会经济发展要求相比，还是过于统一而显得僵化，缺乏灵活的适应性，专业结构发展变化滞后于社会经济结构的变革，在人力资源市场上，致使

人才培养结构严重失衡，加大了国内的就业压力。一方面，因某些专业过剩致使一批大学毕业生成为失业者，另一方面，由于某些专业断档而导致人才奇缺；一方面造成教育资源的严重浪费和社会经济成本的额外增加，另一方面形成大量的结构性失业和整个社会资源利用效益下降。

5）教育投入和产权结构问题，增强非自愿失业下降刚性

（1）不同教育层次之间教育投入不均衡。高等教育投入的比例相对偏高，对初等、中等教育，特别是职业教育的投入略显不足。1998 年我国各级教育投入的比重分别为：高等教育 18.6%，中等教育 34.1%，初等教育 31.2%，职业教育 7.6%，其他 4.5%；1995 年我国普通小学、中学、高校生均经费分别为 264.78 元，604.97 元，5 442.09 元，小学、中学、大学生均经费比为 1∶2.28∶20.47；2003 年我国普通小学、中学、高校生均经费分别为 1 294.66、2 164.45、13 454.52[①]，小学、中学、大学生均经费比为 1∶1.67∶10.39；而其他发展中国家小学、中学、大学生均经费比一般为 1∶1.7∶8，发达国家为 1∶1.1∶4.4。我国小学生均经费占总经费的比例远远低于发达国家和其他发展中国家，而高校生均经费占总经费的比例却超过了许多。分配结构的不合理，制约了我国初等、中等教育的发展[②]。

（2）投入不足与资源浪费并存。主要表现为：我国高校职工人数占教职工总人数的比重过大，1998 年高校职工占总人数的 60%，2004 年高校职工占教职工总人数的 46%（根据 2005 年《中国统计年鉴》第 689 页相关数据推算而得），而日本 1994 年高校职工只占教职工总人数的 22%。我国高等教育设备闲置，利用率

---

① 中国教育经费统计年鉴[M]. 2004.

② 王向红，周谊. 我国教育经费存在的问题与对策：兼论中外教育经费比较[J]. 教书育人，2001(2)：20－22.

低,有的高校仪器设备有30%~40%处于闲置状态。

(3) 投资方式单一。高等教育投资主要是政府直接投入,高校提供产品(毕业生)无需经市场检验评价即可获得收益回报,致使高等教育游离于社会经济发展实际需要而过度发展。

(4) 教育机构产权主体脱位。我国当前大部分学校产权结构单一,基本上都是终极所有权、法人财产权、管理决策权、执行实施权集于一体。比如:公办学校的所有权实际上集中于教育行政管理部门(教育行政长官有时就像各基层学校总校的校长),学校表面上是国家所有、社会共有、集体负责,实际上是大家都不具有、大家都不能真正负责,产权结构要素的主体虚位、缺位、错位、越位现象严重,学校就不能真正变成自主办学、自我约束、自我发展的法人实体和教育市场竞争主体,不能很好地满足社会需求。

4.4.3 体制转型性的就业下降,超过了社会发展的有效就业增长

根据西方经济理论,劳动投入的大量追加是工业化进程中经济增长的必要源泉。表4.2数据表明:我国经济一直处于高速增长,但就业增长率却一直处在很低水平并呈下降趋势;城镇登记失业率却处于较高水平并呈上升态势。这似乎与西方经济理论形成明显的矛盾,是什么原因导致这样的矛盾?是教育的问题?从上面的分析可知,发展与社会经济相匹配协调的教育可促进经济和就业增长;教育与社会经济不协调时,会造成社会资源浪费,降低毕业生就业率和整个社会的就业效率,在一定程度上抑制全社会的经济和就业增长。由此可见,教育问题并不是形成此矛盾的关键性原因,我们必须从我国社会经济体制转型的现实角度来分析认识这一矛盾。

应当指出,我国就业人数的统计是从业人员数,是指社会上在工作岗位并获取一定报酬的人数(不管这些人员是否达到标准工作量),表4.2中的就业增长率统计是以从业人员数量为基数,而不是以满负荷劳动力使用量亦即有效劳动需求量为基数。有效劳

动需求量是指雇主在利润最大化约束下、以劳动力的边际产品价值等于劳动力工资价格为原则的劳动力使用量，有效劳动需求量体现就业的有效性及质量标准。在西方经济理论所分析的西方市场经济国家，有效劳动需求量和就(从)业人数两者在数量上及变动方向上是一致的。而在我国，有效劳动需求量和就(从)业人数的数量关系在不同的经济体制下和在体制改革的不同阶段是不同的。在实行安置型就业的计划经济时期，有效劳动需求量往往小于就(从)业人数，其表现是企业对劳动力的低效率使用、人浮于事、"有职无工"，即隐性失业；在市场经济改革初期，有效劳动需求量和就(从)业人数的数量偏差逐步缩小，而当经济增长带来有效劳动需求量增加时，就(从)业人数并不一定随之增加，而是表现为企业对冗员的充分利用，即经济增长不一定带来就(从)业人数的增长；当市场经济改革完全到位时，经济增长与有效劳动需求量将会出现协同变动，而且所有就(从)业人数均为有效就业者。

有效劳动需求增加导致有效就业增长。体制转型时期，经济高速增长必然导致有效劳动需求增加，进而引起有效就业量增长。有效劳动就业量的扩张主要表现为：

(1) 外来民工(农村剩余劳动力)进入城镇就业，在统计时一般没有列入从业人数中。

(2) 自我雇佣者、季节工、临时工等非正规就业人员和一部分隐性就业人员，往往不被统计为从业人员。

(3) 社会雇主(尤其是国有企业)对总劳动工时的增加。其方式有两种：一种是对原有已处于有效就业状态的职工的劳动工时的增加，表现为劳动效率和质量的提高；另一种是增加劳动者数量，主要通过利用雇主储备的富余人员，包括已处于下岗、协保的劳动者重新回到工作岗位。

但是，也应看到，雇主在增加就业人数的同时也排出一部分冗员，那么当雇主实际就业量的扩张和富余人员的排出同时进行时，就业人数的总变动就取决于两方面数量孰大孰小。一般说来，在计划经济体制下发展起来的雇主单位(尤其是国营企业)冗员数量庞大，在向市场经济体制的转轨过程中排出的冗员人数往往多于经济扩张时的新增就业人数，导致从业人数减少，因此反映在统计中的从业人员增长率下降和城镇登记失业率上升也就不足为奇了。但是，如果没有经济的增长对过剩劳动力的吸收，在市场化进程中，遵循效率优先原则的雇主单位将会排出更多从业人员，失业将会更加严重，因此从另一角度看，经济增长实质上是增加有效就业的，只是因为经济增长与就业增长之间的关系被就业制度、经济制度、统计方式等因素所扭曲，使得就业现象表现为：体制转轨、结构调整等带来的失业上升和经济增长带来的就业增加两者伴生而成的体制转型就(从)业人数下降中的有效就业增长。

由以上有效劳动就业量的分析可以得出以下结论：我国较高的经济增长率实际上带来了就业的相应增长，只是由于经济体制转型和统计口径的偏差未能真实反映出实际就业状况。经济的较高增长根本原因在于改革开放后生产力的解放，当然并不排斥教育对经济增长的双面(正负)作用，更不能否定教育不当发展给经济和就业带来的负面效应。

4.4.4 “资源错配”与产业失衡，导致经济发展中白领岗位短缺

高等职业教育和本科毕业生就业难反映的是我国经济发展中一个更为深层次的问题，那就是“资源错配”。简单地说，就是由于市场经济机制不完善，经济资源在一些人为因素的作用下，违背了市场经济的规律，片面流向重型产业和劳动密集型产业，而知识型服务业则处于低迷。特别是 2001 年后，在低利率、低汇率政策扶持下，重型产业加速发展，工业对经济增长的贡献中近 3/4 来自重型制造业。通俗地说，就是我国经济发展明显地走向“粗笨化”。这种产业结构失衡反映在劳动力需求结构上，就是知识型服务业岗位——基本上属于所谓“白领”岗位需求相对不足，对蓝领型岗

位却产生了旺盛的需求。因此，才会出现大学生工资不如农民工等新的“脑体倒挂”现象。

我国经济的“资源错配”有许多原因，例如：资本市场机制不健全、教育市场机制不灵、劳动力市场机制不完善等，而其中最重要的一个就是我国金融体系的僵化和错位。事实上，资源错配这个概念，最早是国务院发展中心金融研究所的巴曙松博士提出的，他用资源错配来指代我国低汇率政策导致的一种现象：低汇率造成我国产品成本被低估，造成出口“赚钱”的假象。这使得中国人把有限的资本投入到外向型产业中去，这些外向型产业主要是劳动密集型产业。而出口换来的外汇又只能用来大量投资海外资本市场，促进了海外金融业等知识密集型产业的发展。因此，可以得出结论：我国目前实现的人为低汇率政策，促使经济资源片面流向劳动密集型外向型产业，而不是立足本土的知识密集型产业，是造成大学生身价不如农民工的一个重要原因。

汇率政策造成了不利于知识密集型产业发展的外部环境。在此前提下，国内金融市场的垄断和过度管制，造成金融产业不发育，则是抑制知识密集型产业发展的内部因素。对企业债券市场的过分管制，相当于扼杀了这么多的白领就业岗位。金融产业的不发育，导致我国的金融体系不能正确地按照市场需求来决定资本流向。政策性因素对金融体系干预极大，这进一步导致资源错配。例如，不少地方政府为了地方财政的需要，为了能顺利收回土地出让金，用各种手段鼓励银行向房地产业贷款，这当然会让经济资源过多流向房地产业而不是其他更能创造知识型就业岗位的行业，当然会使得包工头和售楼小姐们即使只有初中文化，也能轻易拿到比大学生甚至博士生更高的收入①。

---

① 吴向宏．中国经济的“粗笨化”让大学生比民工还惨[N]．南方都市报，2006－04－10．

目前大学生(含高等职业教育毕业生)就业难,主要症结决不仅仅在供给方面,而是主要在需求方面,是经济资源错配和产业结构失衡导致的就业岗位需求错位。不看到这一点,不痛下决心改善经济发展的质量,仅仅采取一些局部的促进大学生就业的措施,是无济于事的。

4.5 提高职业教育就业增长贡献率的主要路径

综合本章研究分析可知,我国教育发展与就业增长之间总体上呈非一致性关系,中等职业教育对社会就业增长的贡献相对较大,但职业教育对就业增长贡献总体上呈不明显或非对称关系。职业教育对就业增长贡献方式主要有3种:一是职业教育通过促进经济结构和劳动者专业技能优化,从而降低摩擦性与结构性失业率;二是职业教育发展促进经济增长,从而拉动就业增长;三是职业教育通过提升受教育者的创业能力和专业技能水平,从而有效增加就业岗位、提高就业率。职业教育对就业增长的贡献大小取决于职业教育自身和社会体制环境两大因素,围绕这两大因素来探究提高职业教育的就业增长贡献的主要路径,有以下几个方面。

4.5.1 优化课程资源,实现职业教育与企业的有机结合

我国产业结构的优化升级及高新技术产业的推进,对高级应用人才的综合素质提出了越来越高的要求。这种要求已由狭义的岗位技能拓展为综合应用能力,由单一的满足上岗要求转变为适应社会发展,由一般素质观发展到将一般素质与一定职业活动或工作情景的理解结合起来的综合应用能力观。高级应用人才综合应用能力的培养,对高等职业院校课程资源的构建提出了全新的要求:一是要面向充满活力的民营经济,创建高等职业院校课程资源开发的理念;二是要广泛吸收民营企业的参与,实现多元需求融

合推进下的课程资源开放性构建；三是要面向民营经济，实现以实践为先导的教学组织形态基础上的开放性构建；四是要围绕民营经济信息化的新发展，实现社会信息化不断发展基础上的开放性构建。

4.5.2 强化创业教育，有效地增加社会就业岗位

随着经济体制改革的深化和经济结构调整，与经济结合最紧密的职业教育进入了现代化发展阶段，使职业教育面临双重发展任务：一是承担高素质的劳动力资源开发任务；二是普及十二年教育之后的职业教育成为国民素质教育的重要组成部分。职业教育面临招生和就业两个联动的市场，必须立足两个统筹结合：一是经济、科技、教育统筹结合；二是劳动、人事、教育统筹结合。必须把劳动力资源的开发与劳动力的安置结合起来。社会主义市场经济的生机活力源于人们的创造力，需要极大地激发人的创业潜力，培养学生的创业精神和创业能力正是现代职业教育新的重任，也是职业教育持续发展的客观要求。让学生有意识地主宰自己的人生道路，选择符合自身性格特点和特长、能充分显露创造才华的社会职业，鼓励和引导职业院校毕业生创办中小企业，让他们在创造个人财富的同时为社会创造就业岗位，推动本地经济社会的发展，这是提高职业教育就业增长贡献的关键之举。推动职业院校创业教育的有效开展，必须突出针对性。首先，要在进一步明确创业教育培养目标的基础上，加强创业教育课程体系的建设。其次，要根据各地的实际，结合学校和专业特点，充分利用现有条件加强实践环节。同时，在实际工作中，对创业教育应有全面的理解。一方面，面对职业院校学生毕业后马上能创业的毕竟还是少数人的现实情况，在创业教育中，要积极引导学生树立立足本职、努力在工作岗位上创新成才的思想，要使学生明白，人们既可以在创业中就业，更可以在就业中创业，这对于绝大多数毕业生将直接走向工作岗位、面对社会选择的职业院校来讲，显得尤其重要。另一方面，对

具有创业条件和创业意愿的学生，要提供下列有针对性的帮助和服务：培养学生探索创业的兴趣和能力，树立创业思想；引导学生增强机遇意识，意识到市场经济为经济和事业发展带来的良好机遇；帮助学生形成创业的想法，确定目标、明确方向，选择与既定目标相适应的途径；利用学校的优势，对学生进行准备创业、实际运作等环节的指导，并组织实践；等等。

4.5.3 深化教育体制改革，积极为职业教育和培训发展营造氛围

我国基础教育具有比较明显的优势，国家应充分发挥职业教育和培训作为劳动力“蓄水池”和“充电站”的作用，利用较低的成本培养出素质较高的劳动力队伍，既可以确保适应市场变化而发生的劳动力吸收与排斥机制能够正常运行，进而形成就业前培训—就业—培训—再就业的良性循环，使劳动者整体素质在循环中得到提高，整个经济的竞争能力得到增强。如果以加强基础教育代替职业教育和培训，把职业教育和培训局限在下岗和失业人员方面，过不了几年必然会再次出现新的下岗浪潮。因此，国家应在普及义务教育和发展中高等普通教育的同时，鼓励发展中等职业教育，重点做好城镇下岗职工、失业人员和未能升学的城乡初高中毕业生的职业教育和培训，实现普通教育、职业教育与市场需要的紧密连接。积极引导企业对现有劳动者加强技能培训，转变目前主要依靠内部传帮带和以经验积累为主的做法。鼓励企业加强内部轮岗和技能培训，在搞好定编定岗和竞争上岗的同时，保持一定的企业内部待业率，作为内部“蓄水池”，以培养和储备高素质的劳动力，提高职工对新技术的适应能力。

4.5.4 深化就业和工资制度改革，建立健全职业教育和培训的激励约束机制

全面实施职业技能鉴定与职业资格证书制度，形成有效的就业准入控制机制，促进劳动者素质的全面提高。逐步实施农村劳动预备制教育、农村剩余劳动力向非农产业转移和流动就业的职

业培训。逐步将培训与就业安排、优惠政策措施以及失业保障制度结合起来，促使下岗和失业人员积极参加培训。长期以来，以粗放型经济扩张带动就业的做法往往掩盖了职业教育和培训的作用，应该通过经济结构调整升级来推动职业教育和培训。特别要深化就业和工资制度改革，建立统一有序的劳动力市场，逐步解决农村剩余劳动力进城就业渠道不畅的问题，尽量减少人为因素对市场工资的扭曲，让工资能够充分与创造效益和市场供给挂钩，通过企业内部和外部激烈的就业竞争，引导并促进职业教育和培训。提高职业教育和培训的收益预期是长期促使劳动者参加职业教育和培训的关键因素。政府要积极创造就业岗位，但决不应再实行计划配置，而应通过职业教育和培训提高素质，创造公平竞争的环境，形成就业竞争的局面，反过来推动职业教育和培训。即使通过购买公益性岗位资源等特殊优惠政策和保护措施来安排弱势群体，也应保持一定的竞争性。

4.5.5 建立多渠道筹集职业教育和培训资金的机制，降低职业教育和培训门槛

据统计，现在中等职业院校每人每年学费和生活费约为4 000～6 000元，接近于城镇居民年人均收入，高于农民年人均纯收入，如果再考虑到学习期间的机会成本，接受职业教育和培训的“门槛”已经相当高。这也是现在科技下乡红红火火而职业教育却门庭冷落的一个原因。因此，国家应改革财政性教育专项经费支出结构，在确保基础教育经费的同时，提高用于职业教育和培训费用的比例，主要用于对新成长劳动力的技能培训和下岗、失业人员的转业培训。可以考虑增发国债用于减免贫困地区义务教育学杂费，发展职业教育和培训；改变以前把财政补贴给亏损企业的做法，直接将补贴资金投向职业教育和培训；向各类企业征收相当于职工工资总额2.3%的培训费，建立职业培训专项基金，用于资助企业的在职培训、转岗培训；通过社会各界联合办学筹集资金。优

化重组现有教育和培训资源。切实降低教育和培训成本;加强银行对家庭困难的城镇居民和农民子女的贷款支持,待参加工作后分期偿还;采取职业教育和培训期间的劳务收入抵学杂费的办法。中央应增加对重点地区和重点行业以及农村职业教育和培训的财政转移支付①。

① 朱志明.构建以职业教育培训促进充分就业的机制[J].宏观经济研究.2003(3):55-58.

5 职业教育的成本及收益

教育经济学的一个重要研究领域是进行教育的效益分析和估算，教育效益估算过程的核心是成本（投入）与收益（产出）的测算。职业教育成本与收益的定量分析研究，是目前教育经济理论研究的一个重要内容。本章分别从个人和社会两个层面对直接和间接成本及其收益进行定量分析，目的是探究最佳的职业教育投资的均衡点和更好的职业教育收益，从而为政府及社会有关方面制定投资政策和规划、正确安排收入分配提供参考依据。

5.1 职业教育成本及收益的经济分析

职业教育成本与收益的经济分析不同于财务分析，不仅要分析直接的和现实的成本，而且要分析间接的成本或机会成本。由于职业教育的成本与收益根据不同的研究目的有不同的分类，本章主要从职业教育的个人（或家庭）与社会两个层面，对职业教育的成本与收益进行经济分析，讨论人力资本投资收益率。

5.1.1 职业教育的成本

经济学上的成本是指从事一项投资计划所消耗的全部实有资源的总和。在商品生产条件下，成本是生产商品所耗费的物化劳动和活劳动。在会计学中，成本是一个会计期间企事业单位所消耗的原材料、人工费用等要素的总和。随着我国教育体制的改革和发展，以及人们对教育投资效果的关注，特别是近年来引进的人力资本理论,为教育经济学的研究开拓了更广阔的研究领域和研究范围。经济学中的成本概念引入到教育领域后称其为教育成本。英国教育经济学家约翰·希恩指出:"教育部门同其他经济部门一样,要使用一部分宝贵资源。这些资源如不用于教育部门,就可以用于别的部门。"美国经济学家舒尔茨认为"学校可以视为专门'生产'学历的厂家,教育机构(包括各种学校在内)可以视为一种工业部门","把学校教育视为一种投资进行研究,这便为经济学提供了新知识的重要来源"。因此,西方经济学者把教育成本视为"生产教育所投入的资源的价值",教育成本即指"学生在学校接受教育期间,所支付的直接与间接教育费用而言"①。综上所述,所谓教育成本,是指培养学生所需要的全部支出,包括为培养学生由社会和受教育者个人直接或间接支付的全部费用。教育成本依据其支出的目的不同、支出的主体不同、支出的性质不同、支出的计量单位不同,有许多不同的类别。在职业教育中,同样也形成了职业教育的不同类别的成本。这里仅就其职业教育个人与社会的直接成本和间接成本加以论述。

1) 职业教育的个人成本

职业教育的个人成本可分为两部分:直接成本或称显性成本,间接成本或称隐性成本。个人的直接成本是受教育者个人为接受职业教育而支付的投资成本,也就是指父母对子女完成职业教育的全部实际货币支出,如支付的学费、教材费用、实习实验费、技能培训费、杂费、住宿费和生活费等。个人的直接成本具有一定的风险性,即现在投入的个人成本,未来并非一定能够收回,也许会成为沉没成本。教育的个人间接成本也称隐性成本,是指达到法定劳动年龄段的学生为受教育而放弃工作所获得的收入,也就是受教育的机会成本。这些机会成本与直接支付的学费一样是上学成

① 范先佐.教育经济学[M].北京:人民教育出版社,1999.

本的一部分，随着年龄的增长而受的教育越多，其学历层次越高，放弃的收入就越大，机会成本就越大。

由于职业教育的个人成本包括显性成本和隐性成本两部分，且是预期的，需要进行贴现，则 n 年中预期职业教育成本贴现值总和公式为：

$$C=\sum_{t=1}^{n}\frac{C_{et}+C_{it}}{(1+r)^{t}}=\sum_{t=1}^{n}\frac{C_{t}}{(1+r)^{t}} \tag{5.1}$$

式中：C 为 n 年全部教育成本贴现值；C_{et} 为 t 年的职业教育的显性成本；C_{it} 为 t 年的职业教育的隐性成本；C_t 为 t 年的全部职业教育的个人成本；r 为年利率。

隐性成本或称机会成本，主要由家庭或个人在参加工作还是继续接受职业教育两方面进行选择，因而，机会成本又称择一成本。这种选择主要由工资率起决定作用。如果工资率在接受职业教育与没有接受职业教育两者之间过于平均，差别不大，即上职业院校与不上职业院校对人们将来的工资收入并无影响，则会促使人们放弃对职业教育的投资，早日弃学而参加工作；如果工资率合理，在受教育者与没有受教育者之间保持必要的差距，就会鼓励家庭或个人进行职业教育的投资，使个人在就业前设法进行职业教育或培训，掌握一定的就业技能或谋生手段。尽管短期内教育成本增加，会减少消费，但从长期来看，将增加收入，增加消费。

2）职业教育的社会成本

职业教育的社会成本是指国家和社会为培养每个学生所支付的全部教育公共成本，包括社会直接成本与社会间接成本。社会直接成本是指投资主体（各级政府、企业、私人等）对教育设施的配置和教师工资的支付等方面的投资成本。具体包括：国家或政府对教育支付的全部费用；社会团体、企事业单位和群众个人集资捐资的教育费用；在校学生不上学而就业可能获得的收入等。社会间接成本是指职业教育使用的土地、建筑物和设备仪器等如不用于教育而用于其他方面可能获得的利息、租金收入以及该利息、租金收入可能课征的租税收入等。对职业教育的社会成本进行评估，与上述个人职业教育的成本计算方法相同。对职业教育成本进行分析，对于考察职业教育的投资效益有重要意义。由于职业教育成本是衡量职业教育培养人才消耗的尺度，是计量职业教育投资经济效益的前提条件，是计量未来劳动者报酬的一个重要依据，通过分析职业教育的成本并与其他类型的教育成本进行比较，便于政府进行教育宏观调控，进行教育投资项目的可行性分析，为政府制定长远教育规划、正确安排国民收入的分配和使用以及对教育资金进行科学管理提供决策依据。

5.1.2 职业教育的收益

可以借助经济研究中的分析方法对职业教育的最佳投资效益进行分析，也就是分析职业教育的收益进而分析职业教育的利润。职业教育的收益应是每提供一定的(公共)教育服务或进行一定的(公共或私人)教育投入所获得的报酬。

1）职业教育收益的特殊性

职业教育的收益与企业的收益是不同的，具有其特殊性。

(1) 收益具有预期性。企业的收益是指当期投入的成本在当期能够形成的收入或利润，是在同一时期内由相应成本形成的与之相配比的收入。而职业教育的收益在时间上与当期教育成本是不匹配的，当期投入的成本在当期未必能获得收入，因而过去有人认为职业教育是消费而非投资的原因就是受教育期间仅有投入或者成本，而没有获得当期的产出、收入以及利润，因而是消费性的。这是由于某一时期投入的成本，需要较长的时期才能获得收益，因而，职业教育的收益在投资时不是现实的，而是预期的收益，这就需要对其在未来年份的全部收益进行贴现来估算职业教育的收益。未来 n 年的全部预期的职业教育收益可用下列公式计算：

$$V=\sum_{t=1}^{n}\frac{E_t}{(1+r)^t} \tag{5.2}$$

式中：V 为 n 年中所有预期职业教育收益的贴现值的总和；E_t 为第 t 年的教育收益；r 为利率。

(2) 收益具有风险性。由于职业教育是预期收益，它与将来受教育者是否“学有所用”和“学以致用”有关。据统计，职业教育毕业生的就业与所学专业对口时，其劳动生产率较高，收益高于学非所用或接受普通教育的人；若从事的岗位与所学专业不符，则其支出的职业教育成本很可能变为沉没成本，不可能获得任何与所学专业相关的收益，或收益低于该职业应获得的平均收益，因而其收益具有不确定性或风险性。

(3) 收益具有正外部性。也就是说，受教育者接受职业教育而获得的基本文化素质、从业教育素质、创业教育素质、相关专业的技能创新素质等，由于不能获得补偿，使其预期收益不包含这种由于素质的提高而应有的隐性的或潜在的收益。

2) 职业教育的个人收益和社会收益

与职业教育的成本一样，职业教育的收益也可从个人收益和社会收益两方面进行估算，同样也对个人和社会都产生直接和间接的收益。职业教育的个人收益是从个人的角度，探讨个人接受职业教育所获得的收益；职业教育的社会收益是从社会整体的角度，探讨职业教育对经济社会或整个国民经济的影响。

(1) 职业教育的个人收益。是指由于受教育者接受职业教育所带来的个人收入的增加和货币工资收入之外由教育带来的健康保护能力的提高、生活质量的改善、精神的愉快等方面的提高而增加的收益。一般而言，文化层次越高，这方面的收入也越高。衡量个人教育的直接收益是毕业后所获得的收入，同样也可以采用国际上通用的个人教育收益率计算指标，其中最常用的是明瑟收益率(mincerian return rate)。明瑟收益率也就是教育的边际收益率,是指受教育者多受1年教育而增加的收入,可用来衡量就业者收入随教育程度的提高而增加的对比率。表5.1是1996年国家统计局城市社会经济调查总队,在全国经济发展较快的东部、经济发展处于中等水平的中部和经济相对落后的西部分别选择2个省以及北京市共7个省市进行的“中国城市住户调查”经整理和回归计算得出的结果。

表5.1 就业者的教育程度及年收入情况表

教育程度	人均收入/元	明瑟收益率A/(%)	明瑟收益率B/(%)
初 中	7 152	10.59	3.53
高 中	7 625	14.71	4.90
中 专	8 570	22.68	7.56
大 专	9 132	17.69	5.90
大 本	10 798	32.92	8.23

资料来源:1996年国家统计局城市社会经济调查总队《中国城市住户调查》。

从表中可以看出收入随教育程度的提高而提高的趋势。明瑟收益率A表示某种教育程度就业者比低一个教育程度的就业者收入增加的比率。例如:中专明瑟收益率为22.68%,说明中专程度就业者比高中程度就业者收入增加的比率为22.68%;大学本科明瑟收益率A为32.92%,表示大学本科程度就业者比大专程度就业者收入增加的比率为32.92%。明瑟收益率B表示多类接受1年教育收入增加的比率。例如:中专明瑟收益率B为7.56%,表示多上1年中专(比没有上这一年中专)收入增加的比率,它等于A/3;大学本科的明瑟收益率B为8.23%,表示多上1年大学本科收入增加的比率为8.23%。从明瑟收益率同样可以看出,职业教育(中专教育)的收益率与普通高中相比较,接受1年中等职业教育(收益率7.56%)比接受1年普通高中教育(收益率4.9%)获得的收入要高。

(2) 职业教育的社会收益:这是与职业教育的个人收益相对的概念,与企业的经济利润相比具有间接性、迟效性等特点,其估算方法同式(5.2)。

5.1.3　职业教育的经济效益

职业教育的经济效益也就是职业教育的利润。从宏观上看,它是职业教育投入所引起的国民收入或GDP的增加扣除职业教育总成本后的余额,受教育者可以用绝对数表示。其计算公式为:

$$\Pi = V - C \tag{5.3}$$

式中:Π为利润;V为职业教育的收益;C为职业教育的成本。

从微观(个人)来看,职业教育的经济收益是受职业教育者未来获得的收益的贴现值与当前接受职业教育的贴现成本的差额。确定职业教育的成本与收益,目的是为了确定职业教育的投资是否处于最佳状态。根据经济分析,企业投资的最佳条件或利润最大化的投资条件为边际成本等于边际收益。从以上对职业教育的成本与收益的经济分析,可以确定职业教育投资的最佳收益率,即计算内在收益率(以个人收益率为例)I,它是贴现成本和贴现收益相等时的贴现率。

$$\sum_{t=1}^{n} \frac{E_t}{(1+I)^t} = \sum_{t=1}^{n} \frac{C_t}{(1+r)^t} \tag{5.4}$$

总之,对职业教育的经济效益进行评价,就是对职业教育的投入成本与收益进行经济分析,并且,可以与其他类型的教育进行对比,并与国外同类职业教育进行对比,分析教育的投资效果,计算出收益率的大小,以确定职业教育的必要性和可行性,对完善我国的教育体系、确定教育规模、教育投入以及教育投入在不同教育种类和层次上的分配比例，具有重要意义，并对企业和家庭进行人力资本投资提供了可资参考的依据①。

5.2 教育内部回收(贴现)率计算模型

为了描述一个劳动力从适龄入学到退休为止几十年间受教育和就业期间的投资及收益情况，本节借助于一般投资项目评价通常采用的净现值收益分析法和内部回收贴现率法，分别引入社会教育内部回收贴现率计算模型和个人教育内部回收贴现率计算模型。

5.2.1 社会教育内部回收(贴现)率计算模型

首先建立劳动力教育投资(成本)与收益的流量时间图，如图5.1所示。

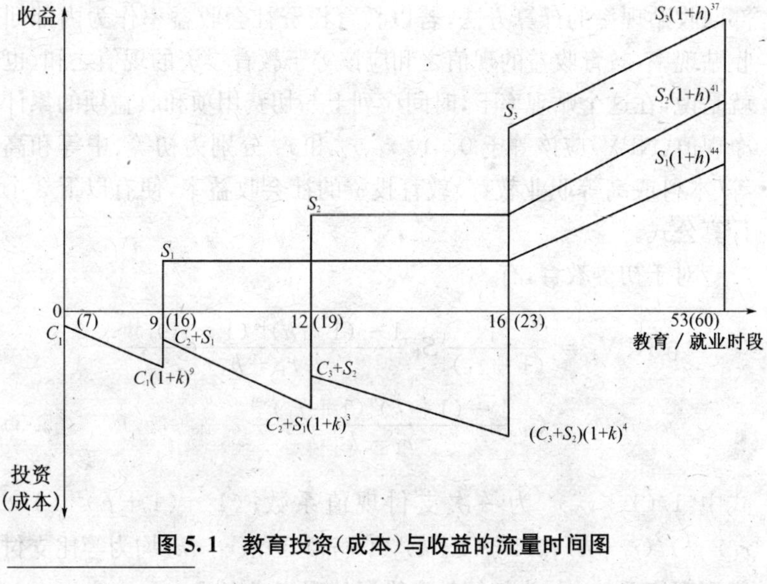

图 5.1 教育投资(成本)与收益的流量时间图

① 王洁莉.职业教育成本与收益的经济分析[J].平原大学学报，2005，22(6)：22－25.

括号内外数字分别表示一个就业者的年龄段和接受3级教育以及就业的时间段；C_1、C_2、C_3 分别为一个人在接受初等普及、中等和高等教育(本科或高等职业教育)的第1年国家和家庭支出费用，以后各年按年均速率 k 增加；S_1、S_2、S_3 分别为一个人在受完初等、中等或高等教育后随即就业的第1年创造的国民收入，以后各年按年均速率 h 增加；时间序列下方支出中所示 S_1 和 S_2，是受教育者因学习而不能就业所放弃的收入，属于机会成本，故应列入投资中。假定年费用项 C 和年收入项 S 都发生在年末，需要指出的是，图5.1中所示只是针对一般正规教育情况的抽象，不包括种种错综复杂的特殊情况。比如一个人在受完正规教育后还可以通过各种非正规教育形式学习知识和技能。根据图形，我们可以分别列出3级教育投资社会收益的计算公式。按照一般投资项目内部回收贴现率的计算方法，若以教育投资社会收益率作为内部回收贴现率，教育收益的现值之和应该等于教育投资的现值之和，也就是说，在这个贴现率下，时间序列上一切费用项和收益项的累计净现值(NPV)应该等于0。设 r_1、r_2 和 r_3 分别为初等、中等和高等(本科或高等职业教育)教育投资的社会收益率，便有以下3个计算公式。

对于初等教育，有

$$\mathrm{NPV}_1 = \frac{1}{(1+r_1)^9} S_1 \frac{1-(1-h)^{44}(1-r_1)^{-44}}{r_1-h} - C_1 \frac{1-(1+k)^9(1+r_1)^{-9}}{r_1-k} \tag{5.5}$$

式中：$1/(1+r_1)^9$ 为一次支付现值系数；$(1-(1+h)^{44}(1-r_1)^{-44})/(r_1-h)$ 和 $(1-(1+k)^9(1+r_1)^{-9})/(r_1-k)$ 均为等比支付序列现值系数；C_1 为初等教育投资的现值成本。

$$C_1 \frac{1-(1+k)^9(1-r_1)^{-9}}{r_1-k} = \mathrm{PC}_1 \tag{5.6}$$

对于中等教育，有

$$\mathrm{NPV}_2 = \frac{1}{(1+r_1)^{12}} S_2 \frac{1-(1+h)^{44}(1-r_1)^{-44}}{r_2-h} - \left[\mathrm{PC}_1 + \frac{1}{(1+r_2)^9}(C_2+S_1)\frac{1-(1+k)^3(1-k_2)^{-3}}{r_2-k}\right] \tag{5.7}$$

式中：

$$\left[\mathrm{PC}_1 + \frac{1}{(1+r_2)^9}(C_2+S_1)\frac{1-(1+k)^3(1-r_2)^{-3}}{r_2-k}\right] = \mathrm{PC}_2$$

为初等和中等教育投资的现值成本之和，PC_1 由式(5.6)求解 r_1 值后计算；S_1 本应按速率 h 递增，考虑时间较短，为了计算方便，仍以速率 k 递增，忽略其误差。

对于高等教育，有

$$\mathrm{NPV}_3 = \frac{1}{(1+r_3)^{16}} S_3 \frac{1-(1+h)^{37}(1+r_3)^{-37}}{r_3-h} - \left[\mathrm{PC}_2 + \frac{1}{(1+r_3)^{12}}(C_3+S_2)\frac{1-(1+k)^4(1+r_3)^{-4}}{r_3-k}\right] \tag{5.8}$$

当 C_1、C_2、C_3、S_1、S_2、S_3 以及 h 和 k 确定后，分别令 $\mathrm{NPV}_i=0$；$i=1,2,3$，解方程组，便可求出 r_1、r_2、r_3。由于作者所掌握的数据不够精确，本书对社会教育内部回收贴现率实证计算从略。

5.2.2 个人教育内部回收(贴现)率计算模型

从个人角度来看，接受教育显然是一种人力资本投资行为，因而可以纳入经济学的成本-收益框架，为方便起见，我们引入下面的个人教育投资收益计算模型。

图 5.2 中，以高等职业教育为例：HH' 表示不接受高等职业

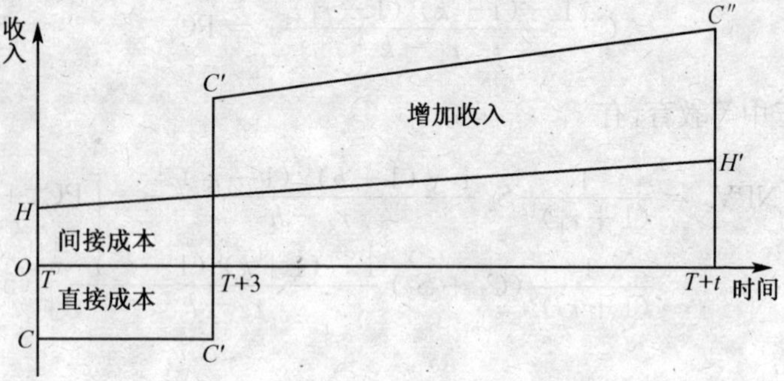

图 5.2 个人教育投资收益计算模型图

教育者得到的收入流，其收入流从 T 年（直接进入劳动力市场）开始一直持续到退休年龄 $T+t$；CC'表示接受高等职业教育者获得的收入流，在接受高等职业教育 3 年（T 至 $T+3$ 年）间其收入流是负的，即支付的直接成本和间接成本。直接成本是指其就读期间的学费、文具费和杂费等支出，间接成本是指其在接受高等职业教育期间不能在劳动市场上就业，从而无形中放弃了一笔工资收入，即经济学上所说的机会成本。毕业后（从 $T+3$ 年开始）获得高于不受高等职业教育者的收入流（即人力资本提高的部分）至退休年龄 $T+t$。显然，只有当图中的增加收入部分大于直接成本与间接成本部分之和时，理性的经济人才会选择接受高等职业教育。当然，我们不能用绝对数量的概念比较接受高等职业教育的成本和收益，因为成本在近期发生，而收益则产生于将来。为了解决这一问题，需要引入一个包括现值和贴现因子在内的计算模型，即

$$\mathrm{NPV}=\sum_{i=T}^{T+i}\frac{Y_i{}^C-Y_i{}^H}{(1+R)^{i-T}} \qquad (5.9)$$

式中：NPV 表示与直接进入劳动市场相比接受高等职业教育所获得的净收益的现值；$Y_i{}^C$ 和 $Y_i{}^H(i=T,T+1,\cdots,T+t)$分别表示接受高等职业教育和不接受高等职业教育所获得的净收入流；T 表

示高中毕业年龄；R 为长期（收益率）贴现率，国外文献用此模型时一般也用 3%作为长期收益率①。

显然，只要 NPV 大于 0，理性的经济人就会选择接受高等职业教育。

从上述模型可知，高等职业教育投资的净收益取决于 4 个因素：Y_i^C、Y_i^H、R 和 $i-T$。其中：Y_i^C、Y_i^H 可以视为外生变量，一般由劳动市场给定；R 和 $i-T$ 是内生变量，R 是主观贴现因子，表明一个人的时间偏好，越偏好现在的人的 R 会越大，$i-T$ 是产生收入流的时间长度，由一个人高中毕业时的年龄所决定。在其他情况不变的情况下，个人选择高等职业教育的激励与 Y_i^C 和 Y_i^H 的差额、$i-T$ 呈正向变动，与 R 呈反向变动。可见，在 Y_i^C 与 Y_i^H 外生给定的情况下，选择高等职业教育的一定是那些相对较年轻同时相对偏好于未来的人。正常情况下，人们对未来的主观贴现率总是与利率正相关的，在利率给定的情况下，理性的高等职业教育投资决策应该是将人力资本投资进行到高等职业教育的内部回收贴现率等于利率为止。

5.3 我国职业教育个人内部回收（贴现）率

5.3.1 我国高等职业教育个人内部回收（贴现）率实证计算与拓展分析

1）我国高等职业教育个人内部回收（贴现）率实证计算

我国高中毕业生的正常年龄是 19 岁，如果毕业后直接进入劳动市场，则其将在 19 岁至 60 岁时产生现金流入（假定正常退休年龄为 60 岁），如果毕业后选择接受高等职业教育，则其将在 19 岁

① 参见：Bodie Z，Merton R C. 金融学[M]. 欧阳颖，贺书捷，李振坤，译. 北京：中国人民大学出版社，2000.

至21岁时支付高等职业教育的成本,22岁至60岁产生现金流入。中华英才网"英才薪资调查"显示:2004年上半年,硕士以下的毕业生,高级学历的年薪均值比低一级别的学历要高1万元左右(例如"大专"与"大专以下"的对比),大专毕业生年薪均值为30 147元。据此,我们可做如下假设:

(1) 受过高等职业教育者年薪30 000元,未受高等职业教育、高中毕业直接就业者年薪20 000元。

(2) 接受高等职业教育每年直接成本12 000元(考虑全国城市水平),由第1个假设可知接受高等职业教育者每年间接成本为20 000元(高等职业教育的机会成本)。

(3) 上述现金流在退休前均保持不变,同时每次流出和流入均发生在年末。

(4) 贴现率(长期收益率)为3%[①]。计算如下:

$$\mathrm{NPV}=\sum_{i=1}^{3}\frac{-12\,000-20\,000}{(1+3\%)^{i}}+\sum_{i=1}^{39}\frac{30\,000-20\,000}{(1+3\%)^{i+3}}=118\,211.90(\text{元}) \tag{5.10}$$

$$\mathrm{NPV}=\sum_{i=1}^{3}\frac{-12\,000-20\,000}{(1+R)^{i}}+\sum_{i=1}^{39}\frac{30\,000-20\,000}{(1+R)^{i+3}}=0 \tag{5.11}$$

式中:R为报酬率,$R=9.21\%$。

$$\mathrm{NPV}=\sum_{i=1}^{52}\frac{\Delta P}{(1+3\%)^{i}}=118\,211.90(\text{元}) \tag{5.12}$$

式中:$\Delta P=4\,517.73$元。

---

① 国外文献一般也用3%作为长期收益率,参见:Bodie Z, Merton R C. 金融学[M].欧阳颖,贺书捷,李振坤,译.北京:中国人民大学出版社,2000.

式(5.10)是计算接受高等职业教育的净人力资本收益情况，式(5.11)是计算目前高等职业教育投资的个人内部回收贴现率，式(5.12)是计算因为接受高等职业教育获得的净收益而使其从高中毕业到其死亡每年(假定平均寿命为70岁)可以增加的净消费支出。

从上述计算中可以进一步分析如下：

(1) 高中毕业(19岁)后选择高等职业教育要比直接进入劳动市场更合算。从净收益角度看，接受高等职业教育者比直接进入劳动市场者的人力资本要高118 211.9元，这使得平均寿命为70岁的人的持久收入(19～70岁间每年)提高4 517.73元。

从投资收益率角度看，9.21%的报酬率远高于目前包括银行利率在内的大多数投资方式的收益率，如果更改上述假设中的R值，令R分别取4.5%、5%、6%、7%、8%、9%，则NPV分别为71 778.99元、5 985.66元、39 978.93元、24 203.22元、11 828.91元、1 819.28元。事实上，只要一个人选择的主观贴现率小于9.21%，其选择接受高等职业教育都是理性的。

(2) 高等职业教育投资净收益上升是前几年“高等职业教育热”的根本经济动因。宏观经济紧缩通常使得人们收入机会减少、收入增长放慢，这一方面降低人们对投资报酬率的预期，亦即人们对上述模型中的R要求降低，另一方面也降低了个人接受高等职业教育的机会成本，二者都使选择高等职业教育的人力资本净收益上升，从而使得高中毕业生及其家长选择高等职业教育的激励增大，因而出现“高等职业教育热”就不奇怪了。

2) 我国高等职业教育个人内部回收(贴现)率计算模型拓展分析与对策建议

更进一步的分析会发现上述模型存在两个明显不足：一是该模型的成立需要诸多假定条件，因而其对于现实的解释还要打一些折扣；二是该模型只能考察到个人接受高等职业教育的货币化成本与收益，而事实上个人接受高等职业教育时还会产生诸多的非货币化成本与收益。具体说来，接受高等职业教育的成本中还包括被教育经济学家称为心理成本的内容，因为并非每个人都喜欢学习。而个人收益中也还要包括以下内容：非货币福利得到增加（如公款消费、外出考察）；工作条件与环境得到改善；选择更好的消费、健康与闲暇质量的能力得到提升；产生隔代效应，即子女因父母教育水平更高而得到更好的照顾和发展。

当然，高等职业教育作为高等教育的组成部分，也存在着外部性。从成本的角度来看，社会不但要直接给高等职业院校提供补贴，还要承担机会成本，即如果不办高等职业教育，则用于高等职业教育的全部社会资源可用来进行其他产品和劳务的生产。从收益来看，高等职业教育的规模扩大和质量提高将会提高整个社会的生产率，降低失业率和犯罪率，改善社会政治和经济体制的运行效率。一般认为高等教育具有较高的社会收益率，高等职业教育作为高等教育的组成部分，当然也不会例外。

通过前文的理论与实证分析，笔者认为，当前高中毕业生在面对直接进入劳动市场或是接受高等职业教育的选择时，理性的选择是接受高等职业教育，因为这种选择能从很大程度上提升一个人的人力资本。前几年的宏观经济紧缩促使投资高等职业教育的净收益上升，使高中毕业生及其家长选择高等职业教育的激励增大，这是出现“高等职业教育热”的经济动因。同时，通过前文的分析还可以得到以下两点对于当前高等职业教育发展很有意义的结论：

(1) 个人接受高等职业教育的成本越低，其人力资本净收益就越大，因而接受高等职业教育的激励也就越大。但目前我国恰恰是高等职业院校的收费标准普遍高于普通高校，这将构成高等职业教育发展的巨大障碍。最好的做法是：一方面，政府加大对高等职业院校的财政支持，以降低高等职业教育的收费水平；另一方面，由政府或其他社会机构为学生贷款提供担保和贴息，以降低贷款人风险，从而增加其放贷的激励和降低学生的成本。

(2) 人们是否愿意接受高等职业教育还取决于劳动力市场的配置效率。劳动力市场越是有效，接受高等职业教育与不接受高等职业教育的高中毕业生相比，其就业概率和收入相对越高，因而个人接受高等职业教育的激励就越大。由此可见，高等职业教育的发展不仅取决于自身的发展，还受到外部社会尤其是劳动力市场的重大影响，因此发展高等职业教育并不仅仅是教育系统本身的事，还需要全社会的共同努力和支持。

5.3.2 我国中等职业教育个人成本-收益简便模型计算分析与结论建议

我国初中毕业生的正常年龄是16岁，如果毕业后直接进入劳动市场，则其将在16～60岁时产生现金流入(假定正常退休年龄为60岁)，如果毕业后选择接受中等职业教育，则其将在16～19岁时支付中等职业教育的成本，19～60岁产生现金流入。中华英才网"英才薪资调查"显示：2004年上半年，硕士以下的毕业生，高级学历的年薪均值比低一级别的学历要高1万元左右(例如"大专"与"大专以下"的对比)，大专毕业生年薪均值为30 147元；再据作者调查，中等职业教育与初中毕业生相比年薪差距为5 000～7 000元。据此，我们可做如下假设：

(1) 受过中等职业教育者年薪20 000元，未受中等职业教育的初中毕业生年薪14 000元(按城市水平)。

(2) 接受中等职业教育每年直接成本8 000元(考虑全国城市平均水平)，由第1个假设可知，接受中等职业教育每年间接成本为14 000元(机会成本)。

(3) 上述现金流在退休前均保持不变，同时每次流出和流入均发生在年末。

(4) 贴现率(长期收益率)为 3%①。计算如下：

$$NPV=\sum_{i=1}^{3}\frac{-8\,000-14\,000}{(1+3\%)^{i}}+\sum_{i=1}^{41}\frac{20\,000-14\,000}{(1+3\%)^{i+3}}=6\,634.53(\text{元}) \tag{5.13}$$

$$NPV=\sum_{i=1}^{3}\frac{-8\,000-14\,000}{(1+R)^{i}}+\sum_{i=1}^{41}\frac{20\,000-14\,000}{(1+R)^{i+3}}=0 \tag{5.14}$$

式中：$R=8.05\%$。

$$NPV=\sum_{i=1}^{55}\frac{\Delta P}{(1+3\%)^{i}}=6\,634.53(\text{元}) \tag{5.15}$$

式中：$\Delta P=2\,477.16$ 元。

式(5.13)是计算接受中等职业教育的净人力资本收益情况，式(5.14)是计算目前中等职业教育投资的内部回收贴现率，式(5.15)是计算因为接受中等职业教育获得的净收益而使其从初中毕业到其死亡每年(假定平均寿命为 70 岁)可以增加的净消费支出。

根据上述计算，结合目前中等职业教育实际进行进一步分析，可以得出如下结论建议：

(1) 初中毕业后选择中等职业教育要比直接进入劳动市场更合算。从净收益角度看，初中毕业生接受中等职业教育比直接进入劳动市场者的人力资本要高 6 634.53 元，这使得平均寿命为 70 岁的接受中等职业教育者持久收入每年提高 2 477.16 元。从投资收益率角度看，8.05%的报酬率远远高于目前包括银行利率在内的大多数投资方式的收益率，只要一个人选择的主观贴现率小于 8.05%，其选择接受中等职业教育都是理性的。

① 国外文献用此模型时一般也用 3%作为长期收益率，参见：Bodie Z，Merton R C. 金融学[M]. 欧阳颖，贺书捷，李振坤，译. 北京：中国人民大学出版社，2002.

(2) 我国中等职业教育经费不足导致学费过高。目前我国90%以上的中等职业院校的主办者都是市县两级政府,但同时他们也负担着九年义务教育,甚至高等职业教育,所以除了发达地区,多数地方的职业教育投入严重不足。从1996年开始,各级政府预算内职业教育经费增加的比例逐年下降。然而,一般而言,各级政府职业教育所需的经费应该是同等规模的普通高中的2倍~3倍,特别是工科还要更多,但实际情况是,后者一直高于前者。投入的严重不足,不仅导致学校设备老化,更直接的一个后果是学费过高。如河北省普通高中学费500元/年,而普通中专是2 300元/年,职业中学是1 400元/年。这种情况,很大程度上抑制了老百姓对中等职业教育的有效需求。因此,国家应当积极采取措施,建立政府、受教育者、用人单位和社会共同分担、多种所有制并存和多渠道增加职业教育经费投入的新机制;各地要根据当地实际,调整教育经费投入结构,提高中等职业教育经费在本地区教育经费投入中的比例,保证中等职业教育财政性经费、生均经费和生均公用经费相应增长;中央和地方要联合建立健全中等职业院校学生助学制度,可采用教育券、贷学金、助学金、奖学金等办法,对家庭贫困学生提供助学帮助;国家和地方扶贫资金要安排一部分用于资助农村贫困学生接受中等职业教育。中等职业院校要采取半工半读、勤工俭学等多种形式,为家庭贫困学生学习提供方便。鼓励行业、企业、社会团体和公民个人捐资助学。积极探索吸收国(境)外资金和民间资本发展职业教育和培训的途径和机制。

(3) 中等职业教育个人内部回收贴现率低于高等职业教育的个人内部回收贴现率,从总收益角度来说,中等职业教育毕业生选择继续接受高等职业教育也是很理性的。由以上计算可知,长远来看,接受高等职业教育的中等职业教育毕业生比不接受高等职业教育的中等职业教育毕业生所获得的总收益要多118 211.90元,而且使平均寿命为70岁的接受高等职业教育者的持久收入每年(19～70岁间)提高4 517.73元,中等职业教育毕业生继续接受高等职业教育是相当划算的,这就是众多的中等职业教育毕业生选择继续上高等职业院校(参加对口高考)的主要原因。因此,我们说中高等职业教育相衔接具有现实的市场需求动因。

(4)由于中等职业教育个人承担费用比普通高中多,其个人收益率往往会低于普通高中的个人收益率,但由于职业教育就业针对性强、生均经费相对少,因而其教育投资风险低于普通高中毕业生,社会收益率高于普通高中。

5.4 我国职业教育及相关教育社会收益率

教育投资的社会收益率是指一定时期内一个国家和地区由于教育投资而获得的收益与教育成本的比率;也可以表示为人均收益额与人均教育成本的比率。教育投资的社会收益率,既是投资主体所关心的问题,也是一个国家或地区发展经济所应当考虑的问题。

5.4.1 教育收益额现值的测算

目前关于教育收益额的计算有一些不同的方法,有的按照不同教育程度的劳动者工资差异测算,有的直接以教育对经济的贡献额作为收益额。由于本书侧重考察职业教育对经济发展的作用,并考虑到目前我国职工的工资收入不一定能准确反映劳动力的知识价值和对国民经济的贡献的事实,因而本书在讨论职业教育及相关教育的收益率时,也以教育对经济的贡献额(表现为人均所创造的GDP)为其收益额。又由于教育支出会终生受益,相应的教育收益也应为终生收益。当然,由于投资发生在现在而收益发生在未来,这种终生收益只能采取推算的办法。其具体步骤如下:

1)确定各级教育的劳动简化系数 K_i 和社会综合(平均)简化系数 K_t

所谓简化系数,在教育投资收益率的测算中是指某一教育程度的劳动力与小学教育程度的劳动力(视为基数1)的比例。

简化系数的确定有不同的方法,如工资差别法、教育年限法、教育成本法、劳动生产率法、工作年总课时数法等。这些方法的原理是:一般情况下,劳动者为社会所做的贡献与其收入(受教育年限的长短、教育费用、受教育的课时总数等)是有正比例关系的,而且,受教育程度越高,其劳动生产率也相应越高。若以第1级(如小学教育程度)劳动者的工资(受教育年限、教育费用、授课时数、劳动生产率)为基数,作为一个简单劳动单位,则可以按不同教育程度劳动者的工资(受教育年限、教育费用、授课时数、劳动生产率)比例逐级折算,得到简化系数。

本书为便于分析比较、保持前后计量一致性,使用工资差别法来确定劳动简化系数 K_i。根据本书第4章的换算得出接受小学、初中、普通高中、中等职业教育、高等职业教育(大专)、本科以上高等教育所提高的劳动力质量换算为劳动力数量的系数(劳动力数量换算系数)分别为:1,1.28,1.38,1.51,1.81,2.20,即为各类教育的简化系数。用各级教育程度简化系数分别乘以各级教育程度劳动者比重,可得到教育社会综合(平均)简化系数。

$$K_{1993}=\frac{1}{100}\times(1\times15.0+1\times35.6+1.28\times34.9+1.38\times5.8+1.51\times4.4+1.81\times1.52+2.20\times0.78)=\frac{1}{100}\times(51.6+44.67+9.34+5.64+2.75+1.72)=1.17$$

$$K_{2003}=\frac{1}{100}\times(1\times7.2+1\times28.7+1.28\times43.7+1.38\times4.5+1.51\times9.1+1.81\times5.5+2.20\times1.3)=\frac{1}{100}\times(35.9+55.94+5.21+13.74+9.96+2.86)=1.25$$

$$K_{2004}=\frac{1}{100}\times(1\times5.2+1\times27.4+1.28\times45.8+1.38\times$$

$4.0+1.51\times9.4+1.81\times5.8+2.20\times1.41)=$

$\frac{1}{100}\times(33.6+58.62+5.52+14.19+10.50+$

$3.10)=1.26$

其他年份教育社会综合(平均)简化系数计算详见表5.2。

表5.2　2001—2004年从业人员受6类教育程度分布及教育社会综合简化系数 K_t 计算

年份及 K_i	6类教育程度分布(占总数的%)						综合系数 K_t
	本科以上	高等职业教育	中等职业教育	普通高中	初中	小学以下	
2001	1.08	4.50	8.30	5.20	42.30	38.70	1.23
2002	1.15	4.90	8.70	4.40	43.20	37.80	1.24
2003	1.30	5.50	9.10	4.50	43.70	35.90	1.25
2004	1.41	5.80	9.40	4.00	45.80	33.60	1.26
劳动简化系数 K_i	2.20	1.81	1.51	1.38	1.28	1	

数据来源:《新中国五十年统计资料汇编(1949—1998)》,中国统计出版社;《中国统计年鉴(1997—2005)》,中国统计出版社;《三十年全国教育统计资料(1949—1978)》,国家教育部1979年9月;《中国教育年鉴(1949—1981)》,中国大百科全书出版社,1984年9月;《中国教育年鉴(1982—1986)》,湖南教育出版社;《中国教育年鉴(1988、2001—2002)》,人民教育出版社;《中国教育统计年鉴(1989—1991、1998—2002)》,国家教育部(委)计建司编,人民教育出版社;《中国教育事业统计年鉴(1992—2002)》,国家教育部(委)计建司编,人民教育出版社;《中国教育统计年鉴(2003)》,国家教育部发展规划司编,人民教育出版社;1998—2004年全国教育事业发展统计公报(国家教育部发布)等资料整理而得。

2) 计算平均教育程度的劳动生产率(因素排除法)

构建代数式:

$$y=\frac{Y}{L}-\frac{Y}{KL} \tag{5.16}$$

用以反映因教育而使每个劳动者多创造的GDP(因教育而提高的劳动生产率)。该公式中:Y为GDP总值;L为劳动者总数;Y/L是按实有劳动量计算的劳动生产率其中既包含教育的影响,也包含教育之外的其他因素的影响;$Y/(KL)$是按简化劳动量计算的劳动生产率,应理解为只包含教育之外的其他因素的影响(排除教育因素)。

式(5.16)可理解为由于教育而使劳动生产率提高的部分,亦即平均教育程度的劳动生产率。

3)计算第i级教育程度劳动者比低一级教育程度劳动者年人均多创造的GDP

计算公式为:

$$y' = (K_i - K_{i-1})\left(\frac{Y}{L} - \frac{Y}{KL}\right) \tag{5.17}$$

若根据表5.2中的劳动简化系数K_i,有

$$y'_{大本} = (2.20 - 1.38)\left(\frac{Y}{L} - \frac{Y}{KL}\right) = 0.82\left(\frac{Y}{L} - \frac{Y}{KL}\right)$$

$$y'_{高职} = (1.81 - 1.38)\left(\frac{Y}{L} - \frac{Y}{KL}\right) = 0.43\left(\frac{Y}{L} - \frac{Y}{KL}\right)$$

$$y'_{中职} = (1.51 - 1.28)\left(\frac{Y}{L} - \frac{Y}{KL}\right) = 0.23\left(\frac{Y}{L} - \frac{Y}{KL}\right)$$

$$y'_{高中} = (1.38.1 - 28)\left(\frac{Y}{L} - \frac{Y}{KL}\right) = 0.1\left(\frac{Y}{L} - \frac{Y}{KL}\right)$$

$$y'_{初中} = (1.28 - 1)\left(\frac{Y}{L} - \frac{Y}{KL}\right) = 0.28\left(\frac{Y}{L} - \frac{Y}{KL}\right)$$

4)测算各级教育程度劳动者人均终生多创造的GDP

以各级教育劳动者由于受教育而多创造的劳动生产率表示教育收益,其中涉及教育所提高的劳动生产率$Y/L-Y/(KL)$随时间而增长的问题。因此,在测算各级教育程度劳动者人均终生多

创造的 GDP 时，应当考虑到教育劳动生产率的增长率，并分别以 45 年、42 年、39 年、36 年、35 年（按 6 岁半上学，男 60 岁、女 55 岁退休，男、女劳动者各一半，大本以上均按受教育年限 4 年计）作为小学、初中、中等职业教育和普通高中、高等职业教育、大学本科教育程度的劳动者的终生工作年限。从理论上，教育投资发生在现在，而收益却产生在劳动者一生的工作时间内，这就必然产生资本的时间价值问题。因此，应采用贴现的方法将收益的未来值转变为现值，但实际上在计算未来收益时，并没有乘以利率，仅仅是在现在收益的基础上，考虑到收益（教育所提高的劳动生产率）本身可能的增长，其值实际上仍然是按现值计算的未来若干年收益的合计。因而，不存在除以利率将未来收益折现的问题。

5.4.2　教育总成本的计算

教育总成本（以 C 表示）包括国家（社会）支付的教育经费、受教育期间个人或家庭支付的学杂费和生活费额外支出，以及由于就学所放弃的收入（通常称为机会成本）。

机会成本是由于就学失去工作机会而产生的收入损失或对社会少创造的价值。考虑到本书以各级教育程度劳动者人均终生多创造的 GDP 为其收益，因而机会成本也以人均 GDP 与之对应。大学教育机会成本，是由于接受大学教育少工作 4 年人均少为社会创造的价值，相当于受高中教育的劳动者 4 年人均 GDP 之和；高中和初中教育的机会成本以此类推。小学教育一般不计算机会成本。

$$\text{高等职业教育收益率}=\frac{\text{高等职业教育总收益}-\text{高等职业教育总成本}}{\text{高等职业教育总成本}} \tag{5.18}$$

其余各级教育收益率以此类推。

$$\text{各级教育社会平均收益率}=\sum(\text{某级教育收益率}\times\text{该级教育经费占全部教育经费的比重}) \tag{5.19}$$

若计算至某一级教育为止的教育收益率，分子应是至某一级教育为止的教育收益，分母应是至某一级教育止的教育成本。

5.4.3 我国职业教育投资社会收益率的实证分析

鉴于教育投资收益率计算所涉及的数据很多都无法取得，推算过多又必然使误差增大，影响到结论的说服力，因而只对我国本科和高等职业教育、中等职业教育和普通高等教育的社会收益率进行测算比较。

1) 教育成本的测算

(1) 国家(社会)支付的生均教育经费测算

根据2000—2004《中国教育经费统计年鉴》(教育部财务司和国家统计局人口和社会科技统计司编)相关资料，可将我国本科、高等职业教育、中等职业教育、普通高中、初中教育生均教育经费列成表5.3；为计算简便，并保持与教育回收贴现率计算的取值一致，统一取年利率为3%，对相关类别教育的国家(社会)支付生均教育经费(成本)分别进行贴现计算。

表5.3 本科、高等职业教育、中等职业教育、普通高中、初中教育国家生均教育经费

元

年份及现值成本	本科	高职	中职	普高	初中
2000	15 231.24	4 269.04	2 501.34	2 945.6	1 159.47
2001	15 974.32	4 725.75	2 752.78	3 209.38	1 211.32
2002	15 445.23	5 081.06	3 047.53	3 503.36	1 372.35
2003	15 119.56	5 394.81	3 280.11	3 875.28	1 534.66
2004	14 962.77	5 638	3 423.34	3 983.47	1 668.74
现值成本1	64 377.33	16 585.15	10 034.98	11 692.75	4 705.37

资料来源：2000—2004《中国教育经费统计年鉴》，教育部财务司和国家统计局人口和社会科技统计司编。

注：生均经费本科取普通高校值、高等职业教育取普通中专值(近5年高

等职业教育主要由中专升格而来，其经费来源无太大的变化)、中等职业教育取职业中学值。

2004年各类教育的国家(社会)支付生均教育经费(成本)贴现计算如下：本科为$14\,962.77+15\,119.56\times1.03+15\,445.23\times1.03^2+15\,974.32\times1.03^3=64\,377.33$元(可用Excle工作表进行计算)。以此类推，可分别得出高等职业教育、普通高中、中等职业教育、初中的贴现成本值见表5.3。

(2) 受各类教育个人或家庭支付的额外杂费和生活费成本现值测算

为了测算各类教育生均学杂费和生活费额外支出，本书根据上海智力开发研究所对我国高校学生生均成本的抽样调查研究、国家统计局城调总队组织的城市住户基本情况抽样调查和湖北省统计局城调队抽样调查资料，结合作者对江苏、山东、江西、青海、陕西、海南等地区的实际考察，综合推算形成表5.4。

表5.4　个人或家庭支付的额外杂费和生活费成本现值测算表　　元

年份及现值成本	本科	高职	中职	普高
2001	5 467.5	4 500	4 000	4 000
2002	6 075	4 950	4 400	4 400
2003	6 750	5 445	4 840	4 840
2004	7 500	5 989.5	5 324	5 324
现值成本2	26 871.95	16 849.31	14 977.16	14 977.16

资料来源：上海智力开发研究所、国家统计局城调总队组织的城市住户基本情况抽样调查，湖北省统计局城调队抽样调查资料及作者实地调查数据。

注：不含上缴学校的学费。

(3) 由于就学而少为社会所作的贡献(机会成本)

为了和教育收益相对应，本书所指各类教育的机会成本，以由于接受各类教育失去工作机会人均少为社会创造的价值来加以反映，本科和高等职业教育的机会成本相当于受高中教育的劳动者4年和3年所创造人均GDP之和，计算方法是先根据统计年鉴按可比价格口径整理推算得2001—2004年的人均GDP，然后再除以当年的教育社会综合简化系数 K_t，并乘以普通高中阶段的劳动力简化系数 K_i，具体计算见表5.5；中等职业教育和普通高中教育的机会成本相当于受初中教育的劳动者3年所创造的人均GDP之和，计算方法也是先根据统计年鉴按可比价格口径整理推算得2001—2004年的人均GDP，然后再除以当年的教育社会综合简化系数 K_t，并乘以初中阶段的劳动力简化系数 K_i，具体计算见表5.6。汇总表5.5和表5.6计算结果，得我国本科、高等职业教育、中等职业教育、普通高中、初中教育的总成本，见表5.7。

表5.5 本科和高等职业教育机会成本测算表

指标	2001	2002	2003	2004	本科	高职
人均GDP指数	1 673.5	1 800.7	1 959.2	2 131.6	—	—
人均GDP/元	8 291.35	8 921.56	9 705.85	10 561.00	—	—
综合简化系数 K_t	1.23	1.24	1.25	1.26	—	—
高中文化人均GDP/元	9 302.49	9 928.83	10 715.36	11 565.81	41 514.48	29 947.67

资料来源：全国第五次人口普查结果；《新中国五十五年统计资料汇编1949—2004》；2000—2005年《中国劳动统计年鉴》。

表 5.6　中等职业教育和普通高中教育机会成本测算表

指标	2001	2002	2003	2004	中职	普高
人均GDP指数	1 673.5	1 800.7	1 959.2	2 131.6	—	—
人均GDP/元	8 291.35	8 921.56	9 705.85	10 561.00	—	—
综合简化系数 K_t	1.23	1.24	1.25	1.26	—	—
初中文化人均GDP/元	8 628.39	9 209.35	9 939.81	10 728.63	29 877.79	29 877.79

资料来源：全国第五次人口普查结果；《新中国五十五年统计资料汇编1949—2004》；2000—2005 年《中国劳动统计年鉴》。

表 5.7　本科、高等职业教育、中等职业教育、普通高中、初中教育总成本　　元

指标	本科	高职	中职	普高	初中
现值成本 1	64 377.33	16 585.15	10 034.98	11 692.75	4 705.37
现值成本 2	26 871.95	16 849.31	14 977.16	14 977.16	—
机会成本	41 514.48	29 947.67	29 877.79	29 877.79	—
总成本	132 763.76	63 382.13	54 889.93	56 547.70	—

2）大学本科、高等职业教育、中等职业教育、普通高中教育收益额的预测

本书以各级教育程度劳动者人均终生多创造的 GDP 为其收益，即以各级教育劳动者多创造的教育劳动生产率表示其收益。如前所述，这涉及教育所提高的劳动生产率 $Y/L-Y/(KL)$ 随时间而增长的问题，以 a 代表教育劳动生产率增长率，以 35 年为大学本科教育程度劳动者的终生工作年限，大学本科教育程度劳动

者人均终生比高中教育程度劳动者多创造的GDP计算公式为：

$$\sum y'_{大本}=\sum_{t=0}^{34} y'_{大本,t}=y'_{大本,0}\sum_{t=0}^{34}(1+a)^t=$$

$$0.82\left(\frac{Y_0}{L_0}-\frac{Y_0}{K_0L_0}\right)\sum_{t=0}^{34}(1+a)^t \qquad (5.20)$$

这里下标0应表示为2004年。由于2004年受大本教育的劳动者比受高中教育的劳动者多创造的劳动生产率是一个常数，因而全部教育收益就取决于教育劳动生产率的增长速度。根据1993年和2004年的教育劳动生产率可计算其年平均增长率，步骤如下：

（1）按2004年价格口径计算1993年人均GDP。由国家统计局国民经济综合统计司编写的《新中国五十五年统计资料汇编》分别得：1993年和2004年可比价格的人均GDP.指数为907.6和2 131.6；2004年人均GDP为10 561元。据此推算出1993年人均GDP为：$Y_{1993}/L_{1993}=907.6\div 2\,131.6\times 10\,561=4\,495.7$（元）。

（2）分别计算1993年和2004年教育劳动生产率。

$$1993\text{年教育劳动生产率}=Y_{93}/L_{93}-\left(Y_{93}/(K_{93}L_{93})\right)=Y_{93}/L_{93}(1-1/K_{93})=4\,495.7\times(1-1\div 1.17)=653.37(\text{元/人})$$

式中：K_{93}为1993年教育社会综合（平均）简化系数；Y_{93}为1993年GDP总值；L_{93}为1993年劳动者总数。

$$2004\text{年教育劳动生产率}=Y_{04}/L_{04}-\left(Y_{04}/(K_{04}L_{04})\right)=Y_{04}/L_{04}(1-1/K_{04})=10\,561\times(1-1\div 1.26)=2\,179.25(\text{元/人})$$

式中：K_{04}为2004年教育社会综合（平均）简化系数；Y_{04}为2004年GDP总值；L_{04}为2004年劳动者总数。

（3）计算1993—2004年教育劳动生产率的年平均增长率为：

$$(2004\text{年教育劳动生产率}/1993\text{年教育劳动生产率})^{1/11}-1=$$

$$\left(\frac{2\,179.25}{653.37}\right)^{1/11}-1=11.57\%$$

这是一个很高的速度，是基于 1993 年劳动者受教育程度相对较低，因而教育劳动生产率基数较小这样一个事实。但随着劳动者受教育程度的不断提高，我国目前教育劳动生产率数值已处于较高基数，在这样的基数上继续保持高速度是很困难的，因此不可能以 11.57%作为今后 35 年教育劳动生产率的增长速度。事实上，正因为未来是未知的，以任何一种增长率来测算，都只是一种估计，而且有可能带有主观意识。因此，我们认为教育收益的测算只能给出一种可能性，即在某种增长率下，收益可能达到多少；若希望收益达到某个水平，则教育劳动生产率增长率就必须达到相应的水平。

为了使测算有现实依据，计算了 2003—2004 年的教育劳动生产率增长率。具体过程是：先由《新中国五十五周年统计资料汇编》查得 2003 年和 2004 年可比价人均 GDP 指数分别为 1 959.2 和 2 131.6，计算得到 2003 年可比价的人均 GDP 为：1 959.2 ÷ 2 131.6×10 561＝9 705.85（元），再计算 2003 年教育劳动生产率为 9 705.85×（1－1÷1.25）＝1 941.37（元/人），2003—2004 年的教育劳动生产率增长率为（2 179.25－1 941.37）÷1 941.37＝12.25%，超过了 1993—2004 年间的平均增长值。由此可见，从今后 35 年的长时间来看，在基数不断扩大的情况下要保持 10%以上的递增率是困难的，一般以不超过 6%来计算较为妥当。本书按 $a=5\%$ 分别计算预测大学本科、高等职业教育、中等职业教育、普通高中教育收益额。

$$\sum y'_{大本} = \sum_{t=0}^{34} y'_{大本,t} = y'_{大本,0} \sum_{t=0}^{34}(1+a)^t =$$

$$0.82\left(\frac{Y_0}{L_0} - \frac{Y_0}{K_0 L_0}\right)\sum_{t=0}^{34}(1+a)^t =$$

$$0.82 \times 2\,179.25 \sum_{t=0}^{34}(1+5\%)^t =$$

$$161\,400.6(元)$$

$$\sum y'_{\text{高职}} = \sum_{t=-1}^{34} y'_{\text{高职},t} =$$

$$y'_{\text{高职},0} \sum_{t=-1}^{34} (1+a)^t =$$

$$0.43\left(\frac{Y_0}{L_0} - \frac{Y_0}{K_0 L_0}\right) \sum_{t=-1}^{34} (1+a)^t =$$

$$0.43 \times 2\,179.25 \sum_{t=-1}^{34} (1+5\%)^t =$$

85 529.81(元)

$$\sum y'_{\text{中职}} = \sum_{t=0}^{38} y'_{\text{中职},t} =$$

$$y'_{\text{中职},0} \sum_{t=0}^{38} (1+a)^t =$$

$$0.23\left(\frac{Y_0}{L_0} - \frac{Y_0}{K_0 L_0}\right) \sum_{t=0}^{38} (1+a)^t =$$

$$0.23 \times 2\,179.25 \sum_{t=0}^{38} (1+5\%)^t =$$

57 187.56(元)

$$\sum y'_{\text{普高}} = \sum_{t=0}^{38} y'_{\text{普高},t} = y'_{\text{普高},0} \sum_{t=0}^{38} (1+a)^t =$$

$$0.1\left(\frac{Y_0}{L_0} - \frac{Y_0}{K_0 L_0}\right) \sum_{t=0}^{38} (1+a)^t =$$

$$0.1 \times 2\,179.25 \sum_{t=0}^{38} (1+5\%)^t =$$

24 864.16(元)

与总收益相对应的大学本科、高等职业教育、中等职业教育和普通高中教育的社会收益率计算汇总成表 5.8。

表 5.8 本科、高等职业教育、中等职业教育、普高教育社会收益率

指　标	大　本	高　职	中　职	普　高
总成本/元	132 763.76	63 382.13	54 889.93	56 547.7
总收益/元	161 400.60	85 529.81	57 187.56	24 864.16
社会收益率/(%)	21.57	34.94	4.19	55.03

从以上计算分析不难看出:整个高等教育投资对于国民经济所产生的社会效益是比较高的,整个高等教育的社会收益率远高于高中教育;高等职业教育的社会收益率高于普通高校本科教育;高中阶段的中等职业教育社会收益率远高于普通高中教育。

5.5 教育成本和收益的计算方法及其影响的评析与修正①

本节试图就教育成本和收益的具体计算方法及其对教育内部回收(贴现)率和收益率影响的有关问题进行讨论,并提出相应的修正性意见,以期提高对本章有关结论的认识和理解,加强结论的借鉴效果。

5.5.1 成本的计算

如前所述,教育成本的类型和范畴存在着不同的观点和分类。通常,教育的私人成本分为直接成本和间接成本。直接成本是指个人及家庭为其接受教育而支付的一切费用,包括:学杂费、书本费、文具费、校服费、为求学而支付的额外的食宿和交通费用、为求学而必须的捐集资费用、择校费用、聘请家教的费用、参加各种开发智力的培训辅导班的费用、购置课外书籍的费用等。但是在实际统计过程中,这些概念有含糊之处,容易引起争议。

---

① 丁小浩.教育的个人内部收益率的计算方法评析[J].教育与经济,1998(4).

1）为求学而支付的额外的食宿和交通费用的概念

这里强调的是“额外”，因为即使不上学，也会有食宿和交通费用支出。教育的直接成本需要统计的应该是因求学而带来的相应支出扣除如果不上学原本也会发生的这类支出。如果不对原本也会发生的相应支出进行扣除，那么教育的直接成本将会被高估。但是在实际统计中，人们即使理解了这类支出概念的所谓“额外”的特性，往往也很难准确地估计出如果不上学原本也会发生的相应支出究竟是多少，并在统计中加以扣除。

2）成本细目的分类

在对我国教育成本的调查细目中可以看出，一些成本是学生为接受教育而必须支付的，例如学杂费、书本费、文具费、校服费、为求学而支付的额外的食宿和交通费用等；而另一些成本则是家庭为子女能够接受到更好的教育服务所付出的额外成本，例如择校费用、聘请家教的费用、参加各种开发智力的培训辅导班的费用、购置课外书籍的费用等。北京大学高教所在收益率课题研究中为了区分教育支出的不同特性，提出了“必须的家庭教育成本”和“自愿的家庭教育成本”的概念。前者更好地反映了受教育者个人或家庭必须负担的教育成本，而后者则反映了家庭对教育投资的意愿和努力程度。这种划分有助于更全面、细致地理解教育成本的实际情况。在计算教育成本时，对以上成本细目全口径计算与根据成本细目的意义进行分类计算所得到的收益率的最后结果可能有很大差别。因此，在使用收益率计算的最终结果时，应该搞清楚参与计算的成本概念的意义和范围，才能对收益率的高低有比较正确的评价。

3）重读和辍学对成本计算的影响

对教育私人成本的计算应该考虑辍学以及重读的情况。由于重读和辍学现象的存在，培养一个合格毕业生的年限延长了，培养成本增大了。假如一部分学生在毕业前就辍学了，那么这些辍学生的教育成本就应该与那些完成该级教育的学生的教育成本一起考虑。而重读的学生为完成学业在额外年限中花费的成本也应该被计算在内。辍学和重读的问题在发展中国家是相当严重的。据世行估计，由于重读和辍学，一些发展中国家培养一个小学毕业生需要 10 年而不是 5 年或 6 年的时间。在这种情况下，假如小学教育的生均成本是每年 100 元，那么如果不考虑贴现，完成小学教育所得到的收益应该与花费的总成本 1 000 元而不是 500 或 600 元进行比较。我国农村地区、特别是贫困的农村地区各级教育的重读和辍学情况是比较严重的。如果在计算个人教育内部回收贴现率时没有考虑到重读和辍学的情况，那么教育的私人成本、特别是初等教育的私人成本将被低估，从而导致对教育个人收益率的高估。但是，由于对重读率和辍学率的研究也是一个难题，因此人们一般很少用重读和辍学对教育的私人成本进行调整。

4）失业对机会成本计算的影响

学习时间的机会成本货币价值可以通过所放弃的收入表示。为了接受教育而不能就业所放弃的工资收入是一种个人或家庭的成本。国外在计算个人收益率时，通常用就业者中的中等教育毕业生的平均工资代表高等教育学生所放弃的机会成本。但是如果失业率高，那么一些学生不选择上学就可能意味着失业，因此这种算法可能高估了学生的机会成本。有研究建议用学生找到工作的可能性（即概率）对机会成本的计算进行调整。例如对印度高等教育学生机会成本的一项计算就曾使用了这种调节方法。印度中学生在毕业后 1 年、2 年、3 年和 4 年找到工作的可能性分别是 35％、64％、80％、89％。因此大学 1 年级、2 年级、3 年级和 4 年级学生所放弃收入的估计值应该分别是就业组中中等教育毕业生平均工资的 35％、64％、80％、89％。这个例子是使用失业信息和平均工资估计学生机会成本的一种方法。北京大学高教所对此问题的调整使用的则是另一种方法，是用劳动力人口（而不是就业者）

中所有中等教育毕业生的平均工资代表接受高等教育学生所放弃的收入。由于劳动力人口中包含了失业者，因此这种方法实际上是对失业状况的一种自动调整。与前面提到的方法相比，这种调整需要关于整个劳动力人口（而不仅是就业者）的调查数据，而不需要中学生毕业后前几年找到工作的可能性的信息。当然，如果就业人口的年龄收入分布与整个劳动力人口的年龄收入分布差异比较大，这两种调整方法的结果可能会有一定的差别。

5）学生获得的奖学金、助学金、勤工俭学收入对成本计算的影响

奖学金、助学金和其他形式的财政资助减少了私人教育成本。教育的私人成本的差异依赖于学生及其家庭从社会其他成员处所得到的资助的程度。这种资助或者通过奖学金和助学金覆盖所有或部分学杂费和所放弃的收入，或者通过低收费或免费。虽然从社会的角度看，奖学金和助学金是一种转移支付，但政府用于奖学金和助学金的开支通过影响私人的教育成本确实影响了教育投资的收益率。因此，奖学金、助学金以及学生所获得的各种形式的财政资助应该从个人教育的直接成本中扣除。另外，有关收益率的大多数研究都没有考虑学生在就学期间所获得的其他收入，比如用课余时间打工、参加学校组织的勤工俭学等活动所获得的收入。这类收入往往构成了层次较高级教育的学生、特别是高等教育学生在校期间收入来源的重要部分。如果考虑这部分收入，那么学生们所放弃的收入就不再等同于低一级教育毕业生的平均工资，而应该是低一年级教育毕业生的平均工资减去学生在学期间这部分的平均收入。亦即，学生在就学期间所获得的其他收入应该从个人的机会成本中扣除。对这些问题的处理方法不同将会影响到成本和收益的估计，并最终影响内部回收贴现率的计算。

另外，关于教育收益率的研究一般都使用相应的低一级教育毕业生的工资，而不是所放弃收入的实际价值来估计教育的机会

成本。使用这种方法的结果往往是初等和中等教育的机会成本、特别是不发达的农村地区初等和中等教育的机会成本被低估了。在这些地区，父母决定孩子是否入学的主要因素是孩子进行家务生产劳动的价值。多数关于收益率的计算忽略了孩子对家庭生产贡献的实际价值，假定初等教育的机会成本是0或者接近0。值得提及的是初等和中等教育收益率的水平对于机会成本上微小的变动反应是十分敏感的。

5.5.2 收益的计算

教育对个人和社会都产生直接和间接的收益。最明显的直接收益是受过较好教育的人比没有受过较好教育的人可以得到更高的收入。因此，衡量个人教育的直接收益是毕业后所获得的收入。对教育内部收益研究最大的困难是不能考虑教育带来的重要的间接收益。除此之外，对直接收益的计算也存在着这样那样的问题。

1）收入与生产力之间关系的假定

当人们用收入测量教育收益的时候，立即产生了这样的问题：假如劳动力市场不是竞争的，那么工资就不是生产力的一个好的度量指标。众所周知，没有市场是完全竞争的，但经济理论都将劳动力市场是完全竞争作为前提假定，在此前提下才有工资等于工人边际生产力的价值，收入差异测量的是其增加的生产力。现实中无论是发达国家还是发展中国家，劳动力市场都不是完全竞争的，制度的刚性可能扭曲相对工资的模式。特别是许多发展中国家的公共部门是最大的受教育者的雇佣者，许多工资是由制度决定的而不是建立在市场力量上的时候，情况更是这样。深入分析一下可以看出，问题并不在于劳动力市场是否是完全竞争的，而是市场力量是否影响了相对工资。即使在那些公共部门是主要的毕业生雇主的国家，这个部门也并不完全游离于市场力量之外。在发展中国家试图比较公私立部门工资情况的努力已经出现了一些互相冲突的结果，但即使在公立部门，也有事实表明，随着毕业生供求数量的变化，相对工资是变化的。换言之，即使各种政治、社会和历史因素也在决定工资结构方面起着部分作用，市场力量在一定程度上依然影响了相对收入。收益率分析的基本条件不是劳动力市场应该是完全竞争的，这个条件在任何地方都不存在，而仅仅是应该有一些竞争机制，使得相对工资可以被解释成是一种供求信号，虽然不是一种完全的测量。

对于社会收益而言，受过教育的人所获得的高工资反映了他们的生产力则是关键的假定。但这一假定的有效性受到了来自各方面的挑战。例如筛选理论认为，雇主使用教育资格仅仅是作为一种筛选工具来确定具有特定能力、性格或者态度的工人。假如真是这样，那么受过教育的工人所获得的高工资仅仅反映了雇主所看中的这些属性而不是他们的实际生产力。但是对于私人收益，并不需要对教育和生产力之间的关系进行假设。无论雇主出于什么原因付给受过较高教育的人相对高的工资，受过较高教育的人所获得的较高的终身收入毕竟代表了个人直接的经济收益。

2）*教育在决定个人终身收益中所起的作用*

各级教育毕业生的年龄收入曲线可以用于计算收入差异以及不同教育程度的毕业生之间所获得的终身收入的差额部分。假如高一级教育的毕业生比低一级教育的毕业生所获得的收入的增加部分完全是由于教育的原因，那么增加的终身收入部分就可以被用于测量高一级教育的经济收益，收益总和可以通过加总在每个年龄段的收入差额而得到。然而，收入不仅仅由人们的受教育程度决定，它也是年龄和工龄的函数，同时，它还反映了其他形式的人力资本投资（例如岗位培训等）、人们的自然能力（例如健康状况、外貌等）、其他个人特征（例如生活态度、上进心、社会阶层、家庭背景、性别、种族等）、工作地点（例如农村还是城市）以及其他反映收入能力的变量（例如就业的行业等）。对收益的计算存在着一些理论和实证方面的缺陷。变量的省略和抽样偏差经常使估计产生误差。在发展中国家，高质量的数据是很难获得的，这使得某项教育投资所产生的净收入需要根据大量独立的影响个人收入的其他因素进行调整，其中最重要的包括天赋、社会经济背景以及社会经济的发展状况。一些研究使用收入函数探讨教育（用学龄测量）、能力（用智商测量）、认知技能（用考试分数测量）等变量与收入之间的关系。对收入函数估计的一项研究表明：能力、学龄和认知技能交互作用影响收入。推理能力和认知成绩对收入的间接影响超过了学龄对收入的直接影响。其他的一些研究也说明能力和学龄交互作用，它们共同作用的效果大于其各自的效果。

为了表示除教育以外其他因素对收入影响的考虑，在计算教育收益率时，可使用 α 系数对收益率进行调整，以便将收益率取值的一部分归因于教育，而另一部分归因为其他一些因素。通常取 $\alpha=0.6\sim0.8$。但是 α 的取值显然依社会经济条件的不同而不同（比如劳动力市场的发育程度、各级教育毕业生的供求关系等），因此，不同国家、不同地区不应该简单地套用同样水平的 α。

3）抽样偏差对收益计算的影响

抽样偏差在计算发展中国家教育收益上也是一个重要的问题。比如，许多研究将在正规部门工作的人员的工资收入作为收益的指标，但在许多中低收入的发展中国家，只有很少比例的劳动人口是就业于这类正规部门的工薪阶层，就业人口的多数是从事家庭生产性劳动的，他们的人均收入比工薪阶层往往低得多，而且许多收入是实物性的（如农产品等）。另外，即使是工薪阶层，有许多经济效益也不是可以直接通过现金表示的（如我国一些部门职工享受的医疗、住房以及许多实物性的福利待遇等）。要较好地计算收益，就需要有比较统一的可操作的标准将非现金收入折算成现金收入。另一方面，还有一类收入是家庭多人共同经营所获，需要通过一定的方法近似地分解到个人。因此，工资不能被简单地用于测量一国经济中非工薪部门的教育收益。否则，用少部分在正规部门工作的人所得到的工资收入作为代表将使计算出来的收益率产生偏差。过去国外的许多研究用于计算收益率的年龄收入曲线通常是从城市劳动力市场的调查中得到的,因此没有关于教育是如何影响自雇者或者农村个人收入的信息。北京大学高教所的研究对于这些问题尝试了一些解决方法,包括将农村的家庭经营性收入分解到个人,使用将实物性收入折算为现金收入的统计数据,对城市职工享受到的医疗、住房等福利进行比较分析等。可以说,这些是对收益率计算方法的进一步完善做出的新贡献。

4) 横断面和纵断面数据的使用

对个人的终身收入的数据可以通过两种方式获得。一是追踪一组类型的人,观察他们的收入变化,这就是所谓的纵断面研究。这种研究要花太长的时间,收集一组人终身收入变化的数据,在操作上有很大的困难。目前绝大多数成本收益的研究,使用的是第二种方法,即在某一时点上获得不同年龄的一组人的数据。这种信息被用于估计年龄或者经验对于收入的影响,从而构造出年龄-收入曲线。这种方法的优点在于,一方面容易实施,另一方面是它既不用考虑因价格水平随时间的变化而带来的货币的价值的变化,也避免了经济周期波动等大的社会经济背景的变化所带来的影响。使用横断面数据的问题在于,它需假定年龄、受教育程度和收入这 3 个变量之间的关系不随时间而发生变化。否则,如果年龄、受教育程度、收入之间的关系随着时间的发展而明显地改变,比如 5 年以后调查年龄收入曲线整体上移或者发生结构性变化,那么人们实际的教育收益率可能不同于目前依据横断面数据计算的结果。因此,横断面数据所计算出来的收益率仅仅可以看做是当年龄、受教育程度、收入三者关系不发生变化时,在调查时点上对人们教育收益率的一种预期。

5) 就业概率对回收贴现率(收益率)的影响

高(中)等职业教育毕业生与高(初)中毕业生人均年收入差距

很大程度上决定了教育收益率的高低，进一步分析，一个毕业生的平均年收入不仅与收入水平相关，而且与就业概率息息相关。所以，一个毕业生的平均年收入是收入水平和就业概率的函数。这一关系可以表示为：

$$Y = f(w, r, u) \tag{5.21}$$

或者

$$Y = wxr \tag{5.22}$$

式中：Y 表示平均年收入；w 表示收入水平；r 表示就业概率；u 表示随机误差项。

这样，高(中)等职业教育收益率 R_h 就变成：

$$R_h = \frac{W_h r_h - W_m r_m}{C_h} \tag{5.23}$$

式中：W_h 和 W_m 分别为高(中)等职业教育毕业生和高(初)中毕业生的收入水平；r_h 和 r_m 分别是高(中)等职业教育毕业生和高(初)中毕业生的就业概率；C_h 表示高(中)等职业教育投资成本。

可见，影响收入差距、进而影响高(中)等职业教育收益率的因素主要是高(中)等职业教育毕业生和高(初)中毕业生的收入水平差距以及就业概率差距。换言之，收入差距以及高(中)等职业教育收益率的变化取决于高(中)等职业教育毕业生和高(初)中毕业生的收入水平差距以及就业概率差距的变化趋势。如果高(初)中毕业生收入水平提高一定幅度，而高(中)等职业教育毕业生收入水平提高的幅度更大，或者高(中)等职业教育毕业生就业概率降低一定幅度，而高(初)中毕业生就业概率降低幅度更多，那么收入差距、进而高(中)等职业教育收益率仍然会扩大。事实上，我国高等教育收益率之所以上升，正是这两方面因素共同作用的结果。

6）教育投资风险对教育收益的影响

作为一种投资行为的教育具有权益和风险两个基本属性，教育投资风险是指教育收益的不确定性。其原因是由于种种不确定因素的存在，具有相同教育水平的个体存在着获取不同教育收益的可能。据北京大学教育经济与管理专业博士研究生、中央教育科学研究所教育督导评估中心助理研究员马晓强实证研究显示：

（1）教育投资存在教育投资风险。大学教育程度与高中教育程度的男性城镇居民相比，在其各工作经历分段中，其收入的组内差异均大于其收入的组间差异，而且城镇居民的收入差距在持续增加的同时，不同教育程度组内收入差距的增加占据收入差距的绝对主导地位。

（2）教育投资风险与投资收益呈正相关，即教育投资收益越大，投资风险也就越大。在20世纪90年代，教育投资收益无论是在总体还是分性别、分教育层次上都不断提高，而与此相伴随的是教育投资风险也在不断提高。

（3）高等教育阶段教育投资风险急剧加大，增加幅度超过收益率的增加幅度。高等教育阶段的教育投资收益率在由1991年的3.78%迅速增加到2000年的13.06%，同时，反映其投资风险的dif值（风险变量系数）也由1991年的2.02%上升到2000年的8.74%，风险的增加幅度超过收益率的增加幅度，表现出明显的高收益、高风险特征。

（4）女性教育投资风险大于男性教育投资风险。1991年、2000年男性的教育投资风险分别为1.89%和3.81%；而女性的教育投资风险分别为2.57%和5.78%，均高于同年度男性的教育投资风险。

（5）教育投资风险在劳动力市场上得到了一定程度的补偿。无论是男性还是女性，以教育——职业分类归类的收入风险在2000年的劳动力市上都得到了收入补偿。此外，在2000年的劳动力市场上,女性比男性得到了更高的收入风险补偿。如果收入风险增加一个单位,男性的收入将增加25%,女性的收入将增加83%,这也表明劳动力市场存在着一定程度的性别分割。

(6) 从风险补偿角度来看,90年代我国劳动力市场经历了一个不断发育成熟的过程。1991年,男性和女性的风险补偿与偏度补偿均不符合理论模型中对劳动力市场的合理假设,男性和女性的风险变量系数均为负值。而对2000年风险补偿研究中,风险变量实证结果与理论模型一致,其收入风险在劳动力市场上得到正的工资收入补偿。因此,从风险补偿研究的角度表明,1991年前后,我国劳动力市场尚未发育成熟,而2000年劳动力市场的发育程度已有较大的进步①。

上述实证结果得到的结论表明:教育投资风险对教育实际收益率有较大的影响,在进行教育收益率计算分析时应当充分考虑这一因素。

教育的内部回收贴现率和社会收益率分析对教育政策的制定是有用的工具。但是,这类分析所固有的理论和实证方面的限制,应该被充分清楚地认识。许多方法论上的问题错综复杂,使人难以判断所得到的收益率的偏差程度和高低。例如有研究为了弥补计算收益率方法论上的缺陷,而对收入算法进行了一些调整,结果表明调整过的和没有调整过的内部回收贴现率可能是非常不同的。本节对于以上问题讨论的目的在于,在进行教育内部回收贴现率研究的时候,应该对特定国家教育成本和收益情况进行深入的具体分析,简单地迷信甚至盲从最终的统计结果是科学研究的大忌。换言之,应该对成本和收入方面的信息花更多的注意力,而不是仅仅将精力放在内部回收贴现率或教育收益率计算的最终结果上。

---

① 马晓强.个人教育投资风险研究[J].教育经济简报,2005(13).

6 职业教育主要问题的成本-收益分析

我国经济发展正面临着两个大的变化:社会劳动力就业需要加强技能培训,产业结构优化升级需要培养更多的高级技工。职业教育在实施科教兴国战略和人才强国战略中具有特殊的重要地位。

(1) 大力发展职业教育是推进我国工业化、现代化的迫切需要。我国目前在生产一线的劳动者素质偏低和技能型人才紧缺的问题十分突出。现有技术工人只占全部工人的1/3左右,而且多数是初级工,技师和高级技师仅占4%。从制造业比较发达的沿海地区看,技术工人短缺,已成为制约产业升级的突出因素。我国已是制造业大国,工业增加值居世界第4位,但还不是制造业强国。我国的制造业生产技术和管理水平与发达国家还有不小的差距,主要问题是产业结构不合理,技术创新能力不强,产品以低端为主、附加值低,资源消耗大,而且安全生产事故也多,这些都与从业人员技术素质偏低、高技能人才匮乏有很大关系。现在经济全球化深入发展,国际产业结构加快调整与重组,我们要抓住机遇,努力提高我国制造业水平,使“中国制造”在国际市场上真正具有竞争力。这就必须从源头抓起,更加重视和加快发展职业教育,全面提升人力资源的整体素质。

(2) 大力发展职业教育是促进社会就业和解决“三农”问题的

重要途径。人口多、劳动力多，特别是农民多，是我们的基本国情。就业问题在我国是一个不可回避而且必须解决好的大问题。目前，全国城镇每年需要就业的劳动力约2 400万，还有大批农村富余劳动力需要转移出来。促进社会就业，必须发展职业教育，普遍提高城乡劳动力的就业、创业能力。要适应经济社会发展对劳动力需求的变化，把发展各种形式的职业教育作为促进城市就业的重要措施，特别要加强新增劳动力和下岗失业人员的技能培训，提高城市就业率。解决"三农"问题，必须实行城乡统筹：一方面要引导农村富余劳动力向非农产业和城镇转移就业，推进工业化和城镇化；另一方面要大力发展现代农业，推进社会主义新农村建设。这都需要加强职业教育，提高农村劳动力的整体素质。目前，我国农村劳动力整体文化水平较低，缺乏职业技能，必须在农村普及九年义务教育的同时，大力发展职业教育和技能培训，使广大农民适应工业化、城镇化和农业现代化的要求，这也是我国现代化建设的一项重大战略性任务。

(3) 大力发展职业教育是完善现代国民教育体系的必然要求。这里所说的职业教育是个统称，既包括技术教育也包括技术培训，既包括职业教育也包括职业培训，既包括中等职业教育也包括高等职业教育。发展职业教育是我国教育事业发展规律的内在要求，要把基础教育、职业教育和高等教育放在同等重要位置，统筹兼顾，协调推进。

上述3个方面相辅相成，共同构成我国的现代国民教育体系。过去，我们比较重视基础教育和高等教育，这是必要的，今后仍应这样做。近些年来，我们越来越清楚地认识到，必须同样重视发展职业教育。我国人力资源丰富，但劳动力整体素质不高，人才结构不尽合理，重要原因是教育结构不够完善，职业教育发展滞后。目前，全国城乡每年有1 000多万初中毕业生不能升入高中，数百万高中毕业生不能升入高等学校；同时，高等学校毕业生就业难的问题越来越突出，每年有上百万名高等学校毕业生不能及时找到工作。而社会对各类技能型人才需求量却很大，近些年来一直供不应求。从我国人口结构变化和发展的趋势看，高中教育和高等教育需求的高峰即将到来。如果只有普通高中和高等学校这一条“独木桥”，不仅教育需求与教育资源供给之间的矛盾很难缓解，还会造成教育资源和人力资源的浪费。因此，必须进一步完善国民教育体系，加快职业教育发展，合理配置教育资源，实行教育合理分流。这样，才能最大限度地满足社会成员多样化的求学愿望，才能适应经济社会发展对多层次人才和劳动力的需求，也才能有利于构建和谐社会。

当今世界，教育同产业的结合越来越密切。无论是发达国家还是新兴工业化国家，都把发展职业教育作为振兴经济、增强国力的战略选择。这是因为国家核心竞争力的增强，需要拥有大量素质高、适应性强的技能型人才。国际经济竞争的核心是技术和人才的竞争。我国要更加有效地参与国际合作和竞争，切实提高产业和产品的竞争力，就必须不失时机地大力推进职业教育发展。

但从总体上看，当前我国职业教育仍然是薄弱环节，不适应经济社会发展的需要，在改革和发展过程中还存在许多问题。本章在前几章的基础上就当前我国职业教育的主要问题进一步进行成本-收益分析。

6.1 “技工荒”现象的成本-收益分析[①]

近几年来，各地纷纷传来技术工人（简称技工）短缺、特别是高级技术工人（简称高级技工）告急的消息。技工、特别是高级技工短缺，已成为制约我国制造业发展的“瓶颈”，成为我国产业结构升

① 王丽. 我国技工短缺的经济学分析[M]. 市场论坛，2004(8)：29－31.

级、经济发展的严重障碍，解决技工短缺问题刻不容缓。我国企业技工短缺问题的成因比较复杂，笔者主要从人力资本投资的成本收益角度，分析影响人力资本投资需求的因素，对正规大学教育和职业技术教育进行简单的比较，进而找出技工短缺的原因。根据人力资本理论，时间偏好率、投资成本的大小、投资收益的差别、投资风险的大小以及人力资本投资的供给等都会对人力资本投资需求产生一定的影响。

6.1.1　时间偏好率

时间偏好率是指人们在多大程度上看现在比未来重要。时间偏好率会影响贴现率，进而影响终生收入的贴现值。由于人力资本形成的时间普遍比物资资本形成的时间更长，所以时间偏好率是影响人力资本投资的重要因素。一般来讲，在现在和未来之间，人们往往更看现在。所以，人力资本的投资期越长，获得收益的时间越往后，其收益折算成现值就越小，这种投资的激励也就越小。正规学校教育与职业教育存在很大的区别。正规学校教育投资周期相对较短，一般来讲，普通高中毕业生，只要经过 4 年的大学教育就可以拿到大学本科文凭。而职业教育由于需要更多的实际操作经验积累，往往更多地采取边干边学的形式，所以投资周期也相对较长。同样从学校毕业，技校生从初级技工到高级技工，往往需要二三十年，甚至更长的时间。技工工作之初，由于缺少实际操作经验，工资起点往往比较低。而且，按照惯例，技工工资往往与专业技术职务的评定息息相关。而专业技术职务的评定通常又需要从事本专业达一定年限。例如：专科毕业生从事本专业工作满 3 年方可申请评定助理工程师(初级技术职称)，任助理工程师满 4 年方可申请评定工程师(中级技术职称)。再加上在原有的分配体制下，技工工资普遍较低，拥有中级技工职称的技工与刚刚毕业的大学本科生工资待遇相差无几，甚至低于后者。

由此可见，一个高中毕业生如果去大学接受正规学校教育，经过4年就可以得到普通管理人员待遇，但如果上技校的话，想要得到同样的待遇却要7～10年甚至更长的时间。在存在时间偏好的情况下，理性的经济人当然会选择投资周期较短的正规大学教育而放弃投资周期相对较长的职业教育。

6.1.2 投资成本

多数情况下，技校收费标准略低于高等院校。所以从表面上来看，上技校的成本要小于上高等院校的成本。但是，我们知道，经济学中考察的成本既包括直接成本，还包括机会成本。因此，从总体上来看，接受正规高等教育的成本还是低于接收职业教育的成本。因此，在其他条件相同的情况下，理性的经济人还是会选择正规高等教育而放弃职业教育。

6.1.3 投资收益

投资收益可以从货币收益和非货币收益两个方面来进行考察。

从货币收益的角度来看，尽管近来“技工薪情看涨”被众多媒体炒得沸沸扬扬，但个别高级技能人才创造的市场亮点并不能掩盖整个技能行市相对低落的现状。能拿到几十万元年薪的高级技工毕竟是极少数，并不能代表整个技工市场的平均水平。最新的劳动力市场抽样调查结果显示，我国技术工人的平均年收入仅为7 000元到1万元，最高也不过2万元左右，普遍低于大学本科毕业生的收入水平。可见，接受职业教育的货币收益低于接受正规高等教育的货币收益。

从非货币收益的角度来看，二者的差距就更大了。首先是社会地位方面的差距。长期以来，我国的人才观念存在严重的误区，社会对技术工人的认同程度较差，管理、科研人才得到重视，实际操作型的技能型人才则被冷落。社会上普遍存在着重仕途轻工匠、重文凭轻技能的倾向，未形成重视工人、重视技工的大气候，导致技术工人社会地位降低、失落感加重。不少工人看不起自己的岗位和技能，不想钻研技术，思想消沉，不安心工作，技术素质下降。另外，大学本科毕业生从事的往往都是一些“白领”工作，而技校毕业生从事的则主要是“蓝领”工作。前者工作稳定，收入高，工作条件和福利待遇好，个人升迁发展的前景好；而后者则工资低，工作条件差，工作不稳定，并且升迁机会少。所有这些都使得接受职业教育的非货币收益远远低于接受正规高等教育的非货币收益。在职业教育货币收益和非货币收益都相对较低的情况下，难怪多数人选择上高等院校，而不愿意接收职业教育。

6.1.4　投资风险因素

根据人力资本理论，人力资本按其经济适用范围可以分为通用性人力资本和专用性人力资本两大范畴，前者是指具有跨企业甚至跨行业的普遍适用性的科学知识与生产技能，后者则是指专门适用于某一企业的专业知识与技术能力。相应地，人力资本投资也就分为通用性人力资本投资和专用性人力资本投资两大类型。一般来说，正规学校中的学历教育培养的主要是通用性人力资本，而职业学校中的职业教育和企业或其他机构（诸如就业训练中心）的职业培训虽然不排除有部分通用性技能，但主要培养的还是专用性人力资本。所以，我们可以把接受学历教育视为进行通用性人力资本投资，而把接受职业教育或在职培训视为主要进行专用性人力资本投资。

与作为通用性人力资本投资的正规教育相比，作为专用性人力资本投资的职业教育的投资主体面临着更大的风险。通过职业教育形成的专用性人力资本，具有极强的专用性和不可转移性，正是由于这种专用性和不可转移性，使其投资主体面临着更大的风险。首先是客观性风险或市场风险。如果由于市场需求情况的变化导致一种产品减产、停产或被淘汰，那么生产该产品所需要的专用性人力资本或操作技能自然也就会随之贬值或报废。其次就是专用性人力资本投资所特有的要挟风险。所谓要挟，俗称“敲竹杠”，一般是指交易中的一方为了榨取另一方投资于专用性资本的准租金而在签约后实施的对另一方不利的“机会主义”行为。在专用性人力资本投资中，就雇佣关系来说，要挟则表现为雇员中的某方机会主义地榨取另一方的专用性人力资本投资收益的行为，正是由于这种特殊的要挟风险的存在，使得无论是雇主还是雇员都不愿意承担专用性人力资本投资的成本，进而也就导致了专用性人力资本投资不足和专用性人力资本短缺。具体到职业教育，由于要挟风险的存在，使得雇主和雇员都不愿意承担职业教育的成本，从而导致了职业教育投资不足，进而也就导致了专用性人力资本——技术工人短缺。

6.1.5 人力资本投资供给

在这里，人力资本投资供给主要是指各类教育资源(例如各种学校以及培训机构)的配置情况。目前，我国各类教育资源的配置存在严重的缺陷。近年来，普通高中不断扩大招生，高等院校招生规模迅速扩张，民办或官民合办的大专、本科院校的数量增加显著，所有这些，都使职业学校的生源数量和生源质量受到相当程度的限制。许多城市的职业学校处于萎缩状态，行业主管部门所属的职业学校同样面临着生源难以维系的局面。另外，现存的职业教育在发展中也存在一些问题：部分专业与市场经济发展不相适应；教育观念比较陈旧，教学内容、教学方式滞后；相当部分教材沿用本科或普通专科和成人高校的教材，理论偏深；相当数量的教师虽然有丰富的教学经验，扎实的专业知识，但缺乏在企业和实际工作岗位的实践经验；管理松散，一些管理人员、学校连职业教育教学质量的 A、B 、C 都不清楚，课程设置、教学标准、教材选择、教学管理都很不规范；教学质量低，培养出来的毕业生文化素质差、技能又不过硬，在社会上给人们带来“技校生等价于低素质”的错误认识。由此可见，一方面是职业学校由于缺少生源而日益萎缩；另一方面是职业学校自身问题重重而经营效益低下。这种局面是造成我国技工短缺的另一个重要原因。

通过上述分析,可以看出,社会上普遍存在的错误的人才观、技工待遇低、职称晋升周期长、技工各级别之间工资差异不大、职业教育培养机制不健全等问题都是造成我国技工短缺的重要原因。

6.2 中等职业教育招生难的成本-收益分析(人类行为成本-收益分析假说应用)①

目前,我国中等职业教育招生难的问题依然严峻。自1999年以来,相对普通高中教育而言,中等职业教育招生数先是急剧下降,至近两年略有回升,但总体趋势依然不容乐观,这可由以下列举的历年全国教育事业发展统计公报中的中等职业教育占整个高中阶段教育比重看出:55.16%(1998年),48.64%(1999年),41.36%(2000年),37.71%(2001年),37.85%(2002年),36.26%(2003年),38.81%(2004年)。很明显,中等职业教育由1998年占整个高中阶段55.16%的比重下降到2004年的38.81%,这与我国大力发展中等职业教育的愿望相去甚远。而且,生源的减少必然带来生源质量的低下与招生市场竞争的激烈和无序,严重制约了中等职业教育的健康发展。因此,有必要从成本-收益的角度进一步探寻中等职业教育生源减少的深层次原因,以便更好地寻求对策予以解决。

6.2.1 高中阶段教育选择成本与收益函数

根据人类行为成本-收益假说,只有当预期成本 C 小于等于预期收益时,人们的行为动机才会转化为现实行为;而当人类行为

① 陈胜祥.中等职业学校生源相对减少的经济学分析[J].职教通讯:江苏技术师范学院学报,2005(8):17-20,58.

的边际收益 R_M 等于边际成本 C_M 时,人类的行为才会终止,因为此时实现了净收益 R_N($R_N=R-C$)最大化。这就是"新经济人"行为。"新经济人"行为是现实社会中的一种普遍的存在,学生和家长在进行教育种类选择时也是一个"新经济人"。根据上述成本-收益假说,可以得到人们进行高中阶段教育种类选择的修正成本与收益函数。

选择普通高中的成本函数 $C_{普高}$ 为:

$$C_{普高}=C_{1普高}+C_{2普高}=f_{1普高}(r_{普高},w_{普高},c_{普高})+f_{2普高}(y_{普高})$$

选择中等职业教育的成本函数 $C_{中职}$ 为:

$$C_{中职}=C_{1中职}+C_{2中职}=f_{1中职}(r_{中职},w_{中职},c_{中职})+f_{2中职}(y_{中职})$$

式中:C_1 为交易成本,它由所消耗的人力 r、物力 w 和财力 c 所决定;C_2 为心理成本,这里不是指采取了机会主义行为受到制裁的风险,而是指选择了某一类型的教育所受到的舆论责备或赞扬、价值的肯定或否定等;y 表示舆论值,用来对成本函数进行修正。

选择普通高中的收益函数 $R_{普高}$ 为:

$$R_{普高}=f_{1普高}(d_{普高},j_{普高},s_{普高})+f_{2普高}(m_{普高})$$

选择中等职业教育的收益函数 $R_{中职}$ 为:

$$R_{中职}=f_{1中职}(d_{中职},j_{中职},s_{中职})+f_{2中职}(m_{中职})$$

式中:R 为预期收益;d 为考上学校的概率;j 预期就业机会;s 为预期收入水平;m 表示发展空间即自我实现的程度,用来对收益函数进行修正。

随着我国教育体制的改革,计划经济时代不花钱也能受教育已成为历史,人们便将接受教育作为一种投资来看待。在给定能够支付学费的前提下,每个人在交费上学的时候便会算计日后的回报(预期收益),这种收益是以考上普通高等学校的概率 d、预期就业机会 j、预期收入水平 s 与发展的空间即自我实现的程度 m 来衡量的。

6.2.2 高中阶段教育选择行为成本分析

我们假定某学生的成绩既可以上普通高中,也可以上中等职业学校,在二者之间拥有选择的自由。那么,这个学生选择普通高中与选择中等职业学校的成本函数值的比较如下:

从成本来说,选择普通高中的交易成本与选择中等职业教育的交易成本基本相等($C_{普高} \approx C_{中职}$),这是因为选择普通高中的人力成本 $r_{普高}$、物力成本 $w_{普高}$、财力成本 $c_{普高}$ 与选择中等职业教育的人力成本 $r_{中职}$、物力成本 $w_{中职}$、财力成本 $c_{中职}$ 基本相等($r_{普高} \approx r_{中职}$,$w_{普高} \approx w_{中职}$,$c_{普高} \approx c_{中职}$)。实质上,影响人们偏好普通高中的因素并不是经济因素,这可由作者对江苏盐城地区的一项专项调查的结果所证明,有41.5%的学生认为即使没有钱也要借债读完普通高中,只有 17.2%的学生才选择免费的职业教育。

在意识形态领域,人们受"学而优则仕"的影响,倾向于肯定、认同能够进一步奔向高学历的普通高中教育。这与现实生活中的情况是吻合的:人们一般认为接受高中教育的人更有前途,舆论倾向于赞扬他、肯定他。反之,接受中等职业教育的人,社会舆论倾向于否定他、责备他,认为他前途不如高中生。因此,选择普通高中的心理成本比选择中等职业学校的心理成本要低,即 $y_{普高} < y_{中职}$,$C_{2普高} < C_{2中职}$。因此,选择中等职业教育的成本要大于选择普通高中的成本,即 $C_{中职} > C_{普高}$。

6.2.3 高中阶段教育选择行为收益分析

根据收益函数要素分析高中阶段教育的选择行为。

1) 从接受高等教育的概率 d 进行分析

自 1999 年开始,我国高等教育持续扩招,正由精英教育阶段向大众化教育阶段阔步迈进,普通高等院校的迅速扩招意味着有更多的人可以上普通高等院校，有更大的概率考上普通高等院校，即使第一次考不上，复读考上的可能性也很大。从我国当前的教育制度来看，普通高等学校基本上只招收普通高中毕业生，中等职业教育毕业生升学渠道不畅，升学能力明显不如普通高中，上普通高等学校的概率与普通高中相比要小得多。因此，$d_{普高} > d_{中职}$。现实的情况确实如此：普通高中教育备受青睐，社会上有了"考高中比考大学要难"的说法，一些初中毕业生没有考取普通高中，宁愿交上相当数量的调剂费也要上普通高中。上职业学校成了那些没有考取普通高中又交不起调剂费或者即使能交调剂费也由于成绩太差而上不了普通高中的人的无奈选择。

2）从预期就业机会进行分析

目前我国人才高消费的现象比较严重。当然，媒体也偶有报道"人才高消费"降温的信息，但是，人们由于自身认识能力的有限性、环境的不确定性和复杂性、信息的不完全性和不对称性，以及意识形态的影响，进行决策时不可能像专业调查者那样进行人才市场的调查与预测，而更倾向于按已有的习惯认识（高学历等于高就业能力）与日常所见（高学历往往有高就业机会）进行较经济的模糊决策，所以，在"人才高消费'，已成强势意识形态的社会心理环境作用下，人们在判断预期就业机会时，倾向于认为"高学历、高就业机会"。由于普通高中有更高的升学率，因而人们倾向于认为选择普通高中将来会有更高的预期就业机会。据此，我们可以得到结论：选择普通高中的预期就业机会大于选择中等职业教育学校的预期就业机会，即 $j_{普高} > j_{中职}$。

3）从预期收入进行分析

从当前的社会现实来看，高学历往往与高待遇、高社会地位、优质的生活条件及良好的发展环境联系在一起。因此，选择普通高中的预期收入与预期发展空间即自我实现程度要比选择中等职业教育学校的大，即 $s_{普高} > s_{中职}$，$m_{普高} > m_{中职}$。

由于 $d_{普高}>d_{中职}$，$j_{普高}>j_{中职}$，$s_{普高}>s_{中职}$，$m_{普高}>m_{中职}$，故 $R_{普高}>R_{中职}$。由于 $C_{普高}<C_{中职}$，$R_{普高}>R_{中职}$，即选择中等职业教育学校的成本较选择普通高中的成本要大，而收益要小，因而在有选择自由的情况下，人们选择普通高中就是情理之中的事了。这是人们在当前社会特定的制度环境约束下进行理性选择的结果。

6.2.4 分析结果与对策

1）分析结果

根据诺斯(D. C. North)的意识形态理论，可以认为：经济人虽然是具有多元效用函数的个人，能在给定的硬约束条件下，通过成本-收益分析来最大化自己的效用，但是其行为受到意识形态的软约束影响。意识形态通过改变人们的偏好，改变了人们行为的成本与收益函数的值，进而决定了人们的行为。而且，在他们看来，往往是意识形态的软约束对人的行为具有决定性的作用。此处的意识形态表现为人们的价值观，包括价值信念、伦理道德、法律观念和风俗习惯等。毫无疑问，此处的意识形态是文化的下位概念，是精神层面与制度层面的文化。因此，诺斯的意识形态理论实质上是在强调文化对“经济人”的思想和行为的决定作用。这就得出了一个非常有趣而且非常有意义的结果：即无论从文化分析出发，还是从“经济人”分析出发，都能得出相同的结果，即文化对人的思想和行为产生决定性的影响。这不能不说是殊途同归。从对人们教育选择行为的成本-收益函数分析表明，人们在有选择自由的情况下，倾向于选择普通高中。因此，要引导控制人们的选择行为，从一个较长的时期来看，应通过改造文化环境对人们的意识形态进行投资，以改变人们行为选择的成本-收益函数值（即降低选择中等职业教育的心理成本，提高预期收益）来对人们的行为进行软约束。但是，由于文化改造是一个相当长期的过程，在一个较短的时期内要引导或限制人们的选择行为，制度限制就是一个非常重要的硬约束条件，通过制度创新，提供人们行为选择的硬约束条件，通过限制人们行为的选择自由，达到限制人们行为选择的范围。

2）对策

应从两个方面采取措施：

一方面，要严格限定普通高中的招生比例，实践中要求各级教育行政部门加强对高中阶段教育招生的宏观计划的制定与落实，确定一个适当的普通高中与中等职业教育招生比例。2005 年《国务院关于大力发展职业教育的决定》中提出："到 2010 年，中等职业教育招生规模达到 800 万人，与普通高中招生规模大体相当；高等职业教育招生规模占高等教育招生规模的一半以上。'十一五'期间，为社会输送 2 500 多万名中等职业学校毕业生，1 100 多万名高等职业院校毕业生。"温家宝总理 2005 年 11 月 7 日在全国职业教育工作会议上的讲话中进一步强调："在高中教育阶段，要坚持普通高中教育和中等职业教育并重、协调发展。'十一五'期间，要重点发展中等职业教育，使中等职业学校招生和普通高中招生规模大体相当。"但是，仅仅确立了普通高中与中等职业教育的宏观招生比还是不够的，各级教育行政部门还应将其落到实处。

另一方面，从根本上来讲就是要改造不利于职业教育发展的文化环境。如前所述，成本-收益分析之所以能解释和预测人们的行为倾向，是以掌握个人的意识形态资本的数量进行的。反过来，我们可以通过对个人进行意识形态投资，改变人们的成本函数和收益函数，从而改变行为倾向，达到引导控制其行为的目的。此处的意识形态投资从文化的角度讲就是改造影响人的思想与行为的文化环境。因而，改造不利于中等职业教育发展的文化环境是引导人们选择职业教育的决定性措施。要改造不利于职业教育发展的社会文化环境，改变人们鄙视职业教育的偏见，需要充分利用电视、网络、报纸与杂志等大众传媒来宣传职业教育的意义，以通俗易懂、形象生动的方式（如公益性广告）向公众解释有关职业教育的概念、种类、地位与作用、人才培养模式与目标、中等职业教育的特点以及社会对其所培养的人才需求状况等，积极推介职业教育办学的先进典型，使社会公众不断加深对职业教育的了解。但是，仅仅依靠大众传媒的宣传是不够的，还需要充分依靠教育这一改造文化的主要手段。目前在初中阶段，学校教育中没有正规的介绍中等职业教育的课程或相关知识，有关这类知识往往分散在初中后的职业教育的一些课程内。这种介绍有利于使学生深入了解职业教育，有利于其在选择教育种类时做出正确的选择。但是，将这类课程开设在初中后阶段是不合理的，效果也不好。由于初中毕业时期是学生设计人生生涯的一个非常重要的关键时期，初中毕业生的正确选择关系到我国中等职业教育能否健康发展。因此，要实现改造不利于职业教育发展的文化环境的任务，就要在初中三年级开设一门课程，或者在现在的政治思想课程中增设一章来介绍职业教育。

6.3 农村职业教育个人教育成本及其影响分析①

当前农村职业学校的招生依然艰难，而通过对农村高中阶段生源的研究发现，农村职业学校的招生难并非是因普通高中的扩招而导致的必然结果，相反，农村普通高中的扩招将会提高农村新增劳动力的整体受教育年限，形成一种社会氛围，从而推动农村职业教育的发展。农村职业学校办学困难的本质是市场经济规律在起作用，即成本与收益问题。要从根本上解决农村职业教育问题，找出一条符合我国国情的农村职业教育发展道路，必须搞清市场经济规律对农村职业教育的内在影响。职业教育的成本问题是影响农村职业教育发展的重要因素，它直接影响个人对职业教育的选择。

---

① 申家龙. 农村职业教育的个人教育成本及其影响分析[J]. 职业技术教育：教科版，2004，25(28)：50－52.

6.3.1 个体接受职业教育需要付出的直接费用成本

个体接受职业教育所需付出的直接成本主要包括:学费及学杂费;书本等学习用品费;交通费;因上学而需要付出的额外吃、穿、住等生活费用(高中阶段教育学生大多数需住校,由此需要更多生活费用);其他费用,如文娱体育费用等。

从这些费用中可以看出,能够减少的费用不多,可以减少或降低的主要是学费,因为其他各部分费用就当前我国农村的公共财政情况来说还不可能全面免除,即使是学费和学杂费,如果没有中央和省级财政的专项资金支持,被免除或减少学费和学杂费的可能性也不大,因为目前农村职业学校的生存状况大多是"财政投入保工资,收取学费保运转,适度负债求发展"。农村义务教育阶段还难以实行真正的义务教育,职业教育要实行义务教育困难更大。免除学费后,若没有配套的财政转移支付措施,无疑将会使农村职业学校陷入无法运转的境地。事实上,从农村职业学校所收学费及学杂费的绝对值来看,与普通高中相比并不多,在大多数农村地区,职业学校的收费往往略高于普通高中,而且在大多数省(自治区、直辖市)都由政府部门对职业学校作出收费限制,从这一点上看,个体接受职业教育需要付出的直接成本高低不是影响个体是否选择职业教育的关键因素,当然,这并不排除对一些贫困家庭的子女接受职业教育的影响。

6.3.2 个体接受职业教育所需付出的"放弃收入"(机会成本)

由于我国广大农村是一种自然就业方式,农村学生因上学而形成的放弃收入的时间可以从很早开始计算,有人主张从 10 岁或 12 岁就应该算起,在农村现实社会的辍学现象也可以证实这一点。在这一年龄阶段,往往因家庭经济问题而导致辍学。而高中阶段按正常的上学时间,学生已经在 15～17 岁之间,已接近或达到我国法律所允许的工作年龄,且不是法定的义务教育阶段。因此,放弃收入这一间接成本是个体选择职业教育应该考虑的问题。

正是有了放弃收入这一间接成本的存在,使许多收入低的家庭子女即使免缴学费,也有可能难以继续在学校学习,义务教育阶段的辍学同样存在这一因素。如果职业教育没有一个较好的预期收益,个体选择职业教育的积极性就不可能高。

依据人力资本理论,教育之所以能提高一个人的收入水平,是因为它能提高受教育者的生产能力。在资源及其配置既定的条件下,每增加1年教育,其边际生产力也会相应得到提高。因此,受教育年限高的就比受教育年限低的收入高,因为受教育年限高的比受教育年限低的具有更高的生产能力,雇主愿意为其支付更高的报酬。作为对人力资本理论的一种替代,职位竞争理论(教育筛选理论)认为,工资是建立在职位特征基础上而不是建立在个人特征基础上的。教育与收入之间正相关并不是因为教育本身能提高一个人的生产能力,而是因为教育是一种识别个人资质和潜力的可靠工具,即教育是一种信号装置。一个人所受的教育越多,则被培训为可用之材的潜力就越大,在职位竞争阶梯上就越处于有利的位置,收入也就越多。尽管这两种理论在解释教育影响收入分配机制这一点上角度不同,但都重点强调劳动力市场的需求方即教育具有劳动力资源配置的功能,但前者更强调个人的生产能力,而后者强调劳动力的社会资源配置能力。与生产能力相比,配置能力对于一个人的收入先于生产能力发挥作用,并制约着生产能力的发挥。只有资源得到合理配置时,个人的生产能力才能得到发挥,才会带来较高的收入,否则会适得其反。因为一个人虽然受到较高教育,但不能配置到应有的岗位,就不能得到应有的收入,这时的教育投资难以得到正常收益。

配置能力要发挥作用取决于两个条件:一是经济非均衡程度的大小,二是市场半径即资源配置空间的大小。配置能力与经济非均衡的关系是:经济非均衡越明显,配置能力的作用越大,教育收益率就越高。配置能力与市场半径大小的关系是:市场半径越大，资源得以配置的空间越大，配置能力发挥的作用就越大，教育收益率也就越高。格里利切斯和基斯勒夫运用相似的资料估算了教育在农业生产中的作用，但结果迥异。在州这个层面上，格里利切斯发现教育是农业生产力的一个重要源泉，而基斯勒夫在县这个层面上却发现教育几乎没有什么贡献。原因就在于他们所选择的市场半径不同，对于教育的配置能力，州提供的发挥空间要比县提供的发挥空间大得多。就目前我国的广大农村来看，经济相对封闭，增长速度缓慢，教育的配置能力几乎没有发挥作用的余地，再加上配置半径非常小，正规学校的农村职业教育所能发挥的作用十分有限，毕业生也不可能有较高的收益。如果通过职业教育不能显著地提高收益，或者说通过职业教育的收益与初中毕业生没有差异，个体就不会积极地选择职业教育。①

在农村学历职业教育上，应将以县为投资主体改变为以省辖市政府为投资主体。目前以县级政府作为农村职业教育的主体，一个很大的问题是支撑能力不足，在一些地方，农村的义务教育尚难以保障，要拿出大量的资金去搞职业学校建设是不现实的。与其大面积地搞一些都不能很好地开展职业教育的学校，不如集中财力、物力在区域中心城市集中建设一批高质量的职业学校。同时，目前我国的广大农村经济相对封闭，增长速度缓慢，在县域范围内各自单独地发展职业教育，教育的配置能力没有发挥作用的余地。再加上配置半径非常小，正规的农村职业教育所能发挥的作用十分有限，毕业生也不可能有较高的收益，遍地开花地发展农村正规职业教育不是一种符合经济规律的办学模式。如果相对集中，就可以有效扩大教育对劳动力资源的配置半径，职业学校对专业设置、办学方向容易稳定。只有稳定才能办出特色，才能有效地解决目前农村职业教育的办学效益问题。

---

① 赖德胜. 中国教育收益偏低新解[J]. 河北学刊，2001，21(3)：32－36.

6.3.3　个体接受职业教育需付出的“婚姻机会”成本

在农村，个体对高中阶段教育的选择所需要付出的“婚姻机会”成本也是不可忽视的重要因素。由于农村青年的结婚年龄要比城市低得多，在农村个体接受义务教育后，面临着不可回避的选择：是为婚姻作准备还是继续接受教育？对后者的选择，必须具备两个最低的条件：一个条件是家庭对接受继续教育具备支付能力。这一条件对农村学生的影响还远不止高中阶段，在一些贫困或落后地区，可能会影响到义务教育阶段，对义务教育阶段的影响也直接影响着农村职业教育的发展，没有良好的义务阶段教育，就难有农村职业教育的发展。另一个条件是对继续学习具有良好的效用预期。这是农村地区学生在家庭具有一定经济能力基础条件下作出继续学习选择的重要前提。目前，一般情况下效用预期表现出的大多是能够考上高等院校或者是能够实现在城市中就业和生活，但如果预期效用不是很好，若继续学习，就意味着对婚姻选择机会的部分丧失。所处区域婚姻年龄越低，需要付出的婚姻机会成本就越高，在接受高中阶段教育后，若难以达到预期目标，其婚姻可选择性就可能大幅度下降。同时，如果不能达到预期效用，在接受高中阶段教育后还回到农村，其参与对婚姻的物力、财力的准备时间已剩余很少，而财力、物力的不足可能又会加剧婚姻选择性的困难。目前，我国高等教育的毛入学率刚超过15%，在这种情况下，若其教育预期不能达到能够考上高等学校或者是通过职业教育能够在城市中就业和生活这一目标，他们就会放弃继续接受教育而转向为为婚姻作准备。普通高中同样存在这一问题，只不过在普通高中学习进一步深造的机会较多，甚至还会因进入高等教育而带来婚姻方面的附加收益。

6.3.4　个体接受职业教育需要付出的工作寻找成本

虽然个体在接受职业教育中得到了一些技术，提高了能力，但这些技术和能力并不表现为能直接得到收益。在个体得到收益之前，无论是就业还是自己创业，都需要另外付出成本，学习之后还回到农村务农不是他们的预期目的。农村职业教育应为农村剩余劳动力转移服务，农村职业学校学生的主要出路是外出务工。若他们外出就业，还需要因寻找工作而付出一定的成本费用。关于这一问题，姚洋较早提出了关于耕地和农民外出关系的假设，认为人均耕地拥有量与农民外出之间呈现倒"U"字形关系，即耕地拥有量较少和较多的农民外出打工的意愿较低，而耕地拥有量居中的农民外出打工的意愿较高①。这是因为耕地拥有量对农民外出打工同时具有收入效应和替代效应。耕地拥有量过低的农民，由于缺乏收入可能无法负担自己外出打工所需要的成本，也可能无法支付获得必要教育的费用。当耕地增加时，这种收入效应逐渐呈现出来，农民能够支付外出打工所必需的费用，愿意走出农村外出打工，这是收入效应。当耕地拥有量增加到一定程度时，农民外出打工不得不放弃更多的土地收入，这时在是否外出打工问题上就不得不考虑打工收入与耕地收益的大小比较。农村学生是否接受职业教育同样受这一因素影响。因此，农村生源努力向城市转移，给农村职业学校带来了招生难问题。

从这一点上讲，如何建立农村职业学校就业服务体系至关重要，否则，职业学校的毕业生所需要付出的寻找工作的成本可能会很高，甚至难以找到工作，这样就会影响接受职业教育的收益，甚至是无收益，从而影响农村职业学校的招生。

6.3.5 个体接受职业教育需要付出进一步深造机会丧失的成本

目前，中等职业学校与普通高中相比，进一步深造的机会不平等。中等职业学校即使能对口升学，但所涉及的领域和范围非常狭窄，选择职业学校就意味着需要放弃进入某些就业领域的机会，

---

① 姚洋.中国农地制度与农村社会保障.中国社会科学季刊(香港)，2000(3)：19-26.

尤其是高收入领域，甚至是接受高等教育的机会。在目前就业压力日益增大的情况下，如果农村职业教育的预期收益较低，而且又要放弃许多机会，这肯定会影响个体对农村职业学校的选择。

对回乡务农的学生，还存在一个正规教育与非正规培训所需成本的比较问题。北京教育科学研究院的吉利研究员对非学历教育的收益率研究证实，非学历教育的收益率高于学历教育。对于中西部农村地区而言，由于经济落后，高中阶段教育的普及还十分困难，无论是普通高中教育还是职业教育都是如此，进行高中阶段的职业教育可能比进行普通高中教育更难，因为高中阶段的职业教育成本更高。山东社会科学院的鹿立研究员在对山东农村女性教育收益的研究中证实，即使是在青少年时期受正规学校教育年限较少的许多农村妇女，通过实用技术培训、乡邻传授及经济实践活动锻炼，也都基本具有从事经济活动的基本素质。这实际上也是农村正规职业教育难以发展的重要原因之一，因为个体参加非正规培训需要付出的成本更低。因此，改变农村职业学校的重点，以农村从业人员和初中后、高中后的培训为主要任务，以新品种新技术应用传播推广为重点，对农村的增收可能要比进行学历教育的效果更好。

6.4 职业院校训练基地的投资成本-收益分析①

职业院校教育的特征是强调所培养的学生必须具备较强的实际操作技能及良好的职业素质和团结协作精神，通过技能培训使普通劳动力资源转化为符合社会需要的人力资本。因此，训练基地是职业院校必须进行的一项基础性投资建设项目。如何合理有

① 张健雄，张进，赵仕滨. 浅析高职院校职业训练基地的投资收益[J]. 高教探索，2004(4)：66－69.

效地利用国家的投资，使有限的教育资源发挥更大的效能，培养出更多更好的各类专门人才，是职业院校所面临的重要课题。

6.4.1 职业训练基地项目的类型与投资主体

职业训练基地是由多个职业训练项目构成的，其效益如何，与各职业训练项目密切相关。职业训练项目有两种类型：一种是以新增办学能力为目的的新建项目，另一种是以改善现有办学能力为目的的更新改造项目。前者属于外延式扩大办学条件类型，后者属于内涵式扩大办学条件类型。

职业训练基地项目的投资主体主要有国家（或地方政府）、学校和社会。由于投资的主体不同，他们必然会从不同的角度关心所投资的职业训练基地项目的成本与收益，即从不同的角度关心投资效益。

国家（或地方政府）和学校更多地是从国家或地方长远的经济发展规划和提高人民物质文化生活水平的角度来考察其投资的社会效益。

社会（包括企业或个人）资金投资职业训练基地的目的是从企业或个人的角度出发，使企业或个人利益最大化。利益最大化包含以下几方面的含义：

(1) 投资动力来自于对利润的追求，收益直接来源于学生的学费收人，如企业或个人投资兴办的各类职业学校及其职业训练基地等。

(2) 投资目的是为企业培养应用型人才，提高其产品的市场占有率，如某些软件公司愿意为学校投资建设其产品的职业训练基地等。

(3) 投资目的是为扩大企业或个人的影响力，相当于为企业或个人做广告式的宣传，如以某人或某企业命名的职业训练基地、职业训练室等。

社会资金投资职业训练基地的目的与投资其他行业的目的相

同。当然,社会资金投资职业训练基地的附加效益就是它的社会效益。本节仅对投资主体是国家或地方政府的职业类院校职业训练基地项目的投资效益进行讨论。

6.4.2 职业训练基地项目的投资效益

由于职业训练基地的成果形式不同,其投资效益可分为广义和狭义效益。广义效益即为投资所得的经济效益,也称外部经济效益,主要表现为社会效益,即对国民经济的拉动作用,对提高国家的综合实力和提高人民的物质文化生活水平的促进作用等。狭义效益则是职业训练基地对教育资源的使用效率,也称内部经济效益。

1) 职业训练基地教育资源的使用效益

职业训练基地项目的内部效益称为职业训练基地教育资源的使用效益。它强调利用有限的教育资源培训出尽可能多的人才,或在培训规模不变的情况下尽可能少地占用教育资源。具体表现为职业训练基地设备利用效率、教职人员利用率和财力资源使用效率等。

$$\text{设备价值的使用效率}=\frac{\text{在用的仪器设备总价值}}{\text{仪器设备的总价值}}$$

该值越大,说明闲置设备的总价值越低,设备利用率就越高。

$$\text{教职人员利用率}=\frac{\text{年受训学生人数}}{\text{职业训练基地教职人员总数}}$$

该值越大,说明人均教职人员培训的学生人数就越多。

$$\text{人均培训费}=\frac{\text{年职业训练费用}}{\text{年受训学生人数}}$$

2) 职业训练基地项目投资社会效益的特征

职业训练基地项目投资的外部经济效益为投资所得的社会效益。其特征是:

(1) 投资收益的未来性。投资职业训练设备的目的是使受训学生的职业素质、技术技能、工作经验得到提升,在未来的社会和经济活动中与先进管理方法和先进的生产资料相结合，产生经济效益。

(2) 投资收益的间接性。投资职业训练设备的直接结果并不是经济收益，而是受训学生的数量和质量。

(3) 投资收益的长效性。一是体现在受训学生获得的知识和技能存量将在其一生中发挥能动作用；二是表现在设备的使用期小于回收期。职业训练设备的使用期一般为5～10年，如按受训学生平均工作年限30年，设备从培养第一届学生到最后一届计算，投资收益的回收期应为35～40年。

(4) 投资收益的巨大性。其表现为投资收益的回收期长，且职业训练设备的直接成果是受训学生创造财富的能力的提高，因此其收益很大。

3) 职业训练基地项目投资社会效益的评价指标

职业训练基地项目投资社会效益的评价指标应该反映在对提高人民的物质文化生活水平的促进作用等方面。因此，评价职业训练基地项目的效益应以学生就业为导向，以提高学生职业技能、社会沟通、开拓创新等能力为目标。落到实处有以下3个方面：

(1) 学生获得各个级别的国家职业资格技术等级证书比例。随着我国现代企业教育制度建立和不断完善，实行就业准入制度的工种达到200多个，因此，学生获得职业资格技术等级证书无疑有利于就业。目前我国职业资格分为初级、中级、高级、技师和高级技师5个等级。不同级别的职业资格证书，反映持有者具有不同级别的能力。我国的职业资格证书的含金量是依靠政府的权威性和完善的技能鉴定系统加以保证的。当学生掌握的职业技能和先进的生产资料相结合时，就会产生推动经济发展和社会进步的巨大动力。因此，职业鉴定训练项目的主要任务之一就是培训学生，使其获得国家颁发的职业资格技术等级证书。学生获得各个级别的职业资格证书的比率是职业训练基地项目追求的目标之一。

(2) 毕业生签约率增加值。毕业生因参加职业训练学习与活动而获得了能力的提升，包括职业技能、社会沟通能力、开拓创新能力、由于能力的提升而增加的就业机会等，具体表现为毕业生签约率的增加。在就业形势越来越严峻的情况下，该指标的高低尤显重要。

(3) 毕业生参加职业训练学习活动的能力提升被社会的认可程度。表现为学生接受职业训练基地培训前后收入的差别。

4) 职业训练基地投资社会效益评价指标的量化

职业资格技术等级证书通过率、毕业生签约率增加值、能力提升被社会的认可程度均可直接进行量化，但量化后的口径不同，因此，必须用统一的口径对其进行处理。我国个人分配的基本原则是按劳分配，即是以劳动数量和质量联系在一起的分配方式，该方式强调劳动者的劳动技能和勤劳程度。在其他分配方式中，按劳动成果、技术和管理(除资本和土地外)分配也突出了劳动者的劳动能力。可以说，劳动者个人的税前收入基本体现其对社会的贡献。因此，职业训练基地投资的社会效益应为所有受训学生因受到职业技能训练而增加的税前收入。

6.4.3 职业训练基地项目的投资收益评估

职业训练基地教育资源的使用效益只考虑了数量因素而没有考虑质量因素，因此，以教育资源的使用效益来评估职业训练基地的投资收益，必然会造成片面追求数量而忽视质量的问题。如片面追求教职人员利用率越大越好、人均培训费越低越好，结果违背了教育和培训的固有规律，造成培训质量下降。职业训练基地的投资收益评估既要重视数量指标，又要重视质量指标，二者不可偏废。因此，我们考察职业训练基地项目的投资收益时，以其产生的社会经济效益作为基本出发点。

职业训练设备投资的成本与社会经济收益通常发生在不同的

时间，且跨度长达数十年之久。因此，在进行投资收益评估时，必须考虑时间价值问题，把成本和收益调整到投资发生的第1年的年初进行比较。为简化起见，假定职业训练项目的建设期为 s 年，第 $s+1$ 年末就有参加职业训练的毕业生走向社会并参加工作，设备的使用期（或经营期）为 p 年，毕业生平均工作年限为30年。设每年就业毕业生人数为 m，平均年税前收入为 c，则就业毕业生当年的总收入 a 为：

$$a = mc \tag{6.1}$$

按对职业训练基地项目投资的社会效益评价指标的量化方法，职业训练基地项目投资的社会效益应为所有受训学生因受到职业训练而增加的税前收入。对式(6.1)微分得：

$$\Delta a_i = \Delta c_i + \Delta m_i c_i \tag{6.2}$$

式中：Δa_i 为第 i 届毕业生因受到职业训练而增加的税前收入，表现为对职业训练基地的贡献；m_i 为当年参加职业训练基地项目培训的毕业生就业人数，这是职业训练基地项目的数量指标；Δc_i 为因参加职业训练过程能力提高而获得的年平均增量收入，这是一个质量指标，它表明了社会对职业训练基地项目培训学生能力的认可程度；Δm_i 为学生因参加职业训练基地项目培训能力提高而增加的就业人数（参加过基地培训与未参加过基地培训的学生就业人数之差），该指标既是数量指标又是质量指标，其质量特征是因为在其他条件不变的情况下，培训基地培养的学生能力越强增加的就业人数就越多，其数量特征是因为该指标直接实现了对就业人数的贡献；c_i 为未参加职业训练过程毕业生的年平均税前收入；$i(i=1,2,\cdots)$ 为时点指标，表示毕业学生的届数，$i=1$ 为首届有参加职业训练过程毕业生的当年年末。

由以上分析可看出，Δa_i 是一个综合性指标，是数量指标和质量指标的统一，该指标越大越好。

考虑到国民经济发展与人民生活水平同步增长的因素，第 i 届毕业生毕业后第 j（$j=1,2,\cdots$）年对职业训练设备贡献的投资收益为：

$$\Delta a_{ij} = (m_i \Delta c_j + \Delta m_j c_i)(1+d)^j \tag{6.3}$$

式中：d 为国民经济平均发展速率。

将 Δa_{ij} 折合到职业训练设备投资的年初为：

$$\Delta a'_{ij} = \Delta a_{ij}(1+r)^{-(1+i+j)} \tag{6.4}$$

式中：r 为折现率（或资金成本率），可取银行的平均年利率。设人均工作年限为 30 年，则第 i 届毕业生对职业训练设备贡献的总收益为：

$$A'_i \sum_{j=1}^{30} \Delta a'_{ij} = q\,\frac{1-q^{30}}{1-q}\,\frac{m_i \Delta c_j + \Delta m_j c_i}{(1+r)^{1+i}} \tag{6.5}$$

式中：

$$q = \frac{1+d}{1+r}$$

假设职业训练项目设备的使用期限为 n 年，则有 n 届的毕业生因此受益，职业训练项目的总收益为：

$$A = \sum_{i=1}^{n} A'_i = q\,\frac{1-q^{30}}{1-q} \sum_{i=1}^{n} \frac{m_i \Delta c_j + \Delta m_j c_i}{(1+r)^{1+i}} = k \sum_{i=1}^{n} \frac{\Delta a_i}{(1+r)^{1+i}} \tag{6.6}$$

式中：

$$k = q\,\frac{1-q^{30}}{1-q}$$

由式(6.6)可以看出，职业训练基地项目的总收益为项目经营期内收益的 k 倍。设国民经济年平均增长速度为 7%，银行年利率为 4%，则 k 约为 50。可见其对职业训练项目使用期内投资收益的放大作用，这是其他物质生产领域投资所不具有的特征，因此，教育的投资收益远远大于对其他领域的投资收益。

设职业训练设备投资 I 发生在第 1 年的年初，职业训练耗材费、水电费、教职工工资、课酬等总费用为 F，F 均发生在设备使用期每年的年初，则职业训练项目的成本 B 为：

$$B = I + \sum_{i=1+j}^{n+1} \frac{F_j}{(1+r)^i} \tag{6.7}$$

净现值为：

$$\mathrm{NPV} = A - B \tag{6.8}$$

只有当净现值为正时该项目才值得投资，否则就应该考虑其他职业训练项目。若有笔资金可以用于多个项目，当对其方案进行决策时，那么净现值大的方案优先。净现值法考虑到了资金的时间价值，增强了投资的评价性，也考虑了投资的风险性，因为折现的大小体现了风险的大小，折现越高，则风险越大。

6.4.4 提高职业院校训练基地投资效益的措施

由式(6.8)知，要使净现值非负，就必须增加 A 值，降低 B 值。由式(6.6)可知，增加 A 值，必须从提高综合指标 Δa_i、延长设备使用期 n 和缩短建设期 s 方面下工夫。由式(6.7)可知，降低 B 值可采用以下两种方法加以实现：一是在训练基地建设规模不变的情况下，减少投资和降低培训费用；二是在投资金额不变的情况下，扩大训练基地建设规模和节约培训费。目前我国对职业训练基地的投资大多为计划定额投资，因此，宜采用第 2 种方法。

1）重视数量，提高质量，切实增加受训就业毕业生的整体税前收入

要提高综合指标 Δa_i，实现职业训练基地人才培养的高产出和高质量，应从以下几个方面加以考虑。

（1）做好职业训练项目的立项论证工作

好项目是获得好收益的前提条件。好项目的要求是符合市场需求、能够培养出附加值高的劳动力资源。职业训练基地设置什么样的培训项目、项目规模如何，一定要以广泛的社会调查和当地社会经济发展需求和规划为依据，以学校的师资结构为参考。只有这样，职业训练项目才会有广泛的生源，才能培养出满足人才市场需要的各类高质量人才。

项目的立项论证应包括以下几方面的内容：

① 社会人才市场对所设置的实践性项目培养的人才需求情况分析。这里考察两方面的内容：一是需要的人才数量，二是人才的附加值（市场认可的人才质量）。确保设置的项目和培养目标与劳动力市场紧密接轨。

② 学校现有专业或规划发展专业对所设置的职业训练项目需求情况分析。社会急需人才涉及的领域很多，每个学校不可能对各类人才都进行培养，必须根据自身的情况来发展符合自己优势的项目，以免造成教育资源浪费。

③ 有无通过协作方式解决实训设备的可能性分析。职业训练设备价值昂贵，特别是高精尖设备，因此，应尽可能利用其他院校、企业的设备，不必购置，把国家投入的有限资源用到最需要的地方，这样就无形中增加了职业训练基地的规模和项目数量。这种校际、校企的联合有利于优势互补，促进职业训练基地资源的优化配置，提高了国家投资职业训练基地的教育综合效益。

（2）实现职业技能训练基地与职业技术鉴定基地的有机结合

职业技能训练基地的建设要根据职业技能鉴定的要求改善软硬件条件，建立相关的技能鉴定所、站或技能鉴定中心，为实行“多证制”人才培养目标提供平台。学生毕业前通过培训和考核获得相关专业的国家职业资格等级证书后，就业率必然会大幅度增加。在以就业为导向的择校求学形势下，必然会增加职业院校的新生人学率，为职业技能训练基地培育后备生源，形成良性循环。同时，职业技能训练基地与职业技能鉴定基地还可面向社会、面向全民，使其成为我国终身教育体系的重要组成部分。随着社会的不断发展和进步，新的职业不断出现，人们岗位变动日趋频繁，需要不断学习才能不断适应。作为培养应用型人才的职业技能训练基地，具有其他类型教育无法比拟的优势。面向社会的培训工作的形式很多，例如：可以为企业“订单式”培养、培训学员，根据市场需求及时举办各种技能培训班等。总之，通过形式多样、灵活的机制，使职业训练基地与职业技能鉴定基地的功能外延，拓宽其发展空间，争取更多的生源。

（3）高精尖设备与基本技能训练设备合理搭配

社会的不同需求、生源的基础和素质的差异，决定了职业技能训练基地培训形式、内容、深度要求的不同。目前我国的从业人员中，获得技师和高级技师职业资格证书的比例很低，很不适应我国经济迅速发展的要求。因此，职业院校的技能训练基地在满足基本技能训练设备要求的基础上，要不失时机地购置一些技术含量高、适应市场需求的设备，以适应高层次、高质量人才培养要求，提高人才培养规格及实现较高的人力资源价值。

（4）营造良好的职业环境，提高职业训练设备的综合收益

“职业环境”既要尽量仿真企业和公司环境，充分表现企业（公司）的文化氛围，又要兼顾职业训练的功能。学生在这样的环境中不仅可得到职业训练，而且因“身临其境”的职业素质训导，使其在不知不觉中养成锐意创新、团队合作、为客户服务、文明生产、质量第一等良好的职业素质意识。这将有助于学生在未来的工作中取得成功，为个人和社会实现及创造出更大的价值。

（5）发现亮点，办出特色，创造品牌

品牌收益是物质生产部门追求的目标之一，职业训练基地同样应该具有品牌效益。培养的学生受社会欢迎的程度、职业训练

基地受同仁的认可程度、职业训练项目受上级主管部门的关注程度等直接影响职业训练基地收益和今后的发展。因此,职业训练基地在关注培训的人数和培训质量的同时,还必须重视利用各种途径宣传自己,扩大其影响。

2) 加强管理,延长设备的使用年限

职业训练项目所购置的设备一般都比较昂贵,特别是一些高精尖的设备。因此,在使用设备的过程中,要注意设备的维护和维修。设备使用前应向学员介绍设备使用方法、使用中的注意事项等。贵重设备还应在其附近用明显的指示牌示意其操作规程。建立健全设备的使用登记制度、大宗设备和贵重设备的专人负责制,组建设备保养维修班等。发现问题及时解决,确保设备的完好率达标。

3) 提高效率,缩短项目建设期

通过论证并付诸实施的项目,应尽可能早地将其投入使用,早使用早收益。特别是那些折旧快的设备(包括自然折旧和技术折旧),应将其建设期缩短到数月、数周、甚至数天。很难设想一批计算机买回来1年后才投入使用会是什么样的情况。此类设备应安排在实际使用的时候购置,减少因技术折旧带来的投资损失。

4) 适度规模,节约费用

职业训练基地的投资包括建设投资和运转费用两方面的资金。在投资不变的情况下,如何做到少花钱多办事是提高收益的重要途径。没有规模就不可能有效益。投资不足,可积极寻求与企业的合作,通过捐赠、合作办学、招标采购等活动,提高训练设备的装备水平。在项目的运转期内,职业训练基地的运转过程实际上是动态培养人和创造人的生产能力的过程,同时也是人财物占用和消耗的过程。当这一过程符合办学规律时就能产生好的效果,体现低投入、高产出的原则,否则就可能造成极大的浪费。训练费用支出包括固定费用和变动费用。固定费用主要是支付教职工工资等,该项费用与培训的学生人数关系不大,但如果职业训练基地的人力(人员数量、职称结构等)与物力(设备、训练项目等)配合不当,就会出现人浮于事或设备闲置的现象,造成训练基地教育资源浪费和损失。因此,为使这部分费用发挥最大的效益,必须合理配置人力、物力,做到人尽其才,物尽其用。另外,寻求适度规模,也可以减少资源的占用和消耗,降低生均固定成本费用。变动费用包括耗材费、水电费、课酬等,该项费用随着培训学员的人数增加而增加。因此,在确保培训质量的前提下,要加强管理,合理量化各项费用,精打细算,减少不必要的开支。

7 结论及政策建议

本书通过前6章特别是第3章至第6章的研究分析，在职业教育的经济和就业增长贡献率、边际收益率、内部回收贴现率和社会收益率等方面得出了相对独立的基本结论。为更好地体现研究的系统性和逻辑性，突出研究的主体性和针对性，本章将对本书前6章内容进行进一步的梳理分析和概括总结，并就相关的重要问题加以进一步讨论，提出一些综合性的政策建议。

7.1 结论与启示

按照理论研究与政策研究为一体、定性逻辑推理与定量比较分析相结合、宏观层面的展望与微观层面的透视相统一的总体思路，本书可从4个角度将前6章内容体系综合概括为相互关联、相辅相成、互为一体的4个主要结论与启示。

7.1.1 从理论应用分析角度推理出的结论与启示

职业教育对经济发展贡献是不容置疑的，而且职业教育比其他教育的经济发展贡献高是可能的，导致职业教育发展的主要瓶颈是人们选择职业教育的预期成本特别是心理成本相对较高、预期收益相对较低，教育投入不合理。本书在对国内外与本研究相关或相类似的研究文献综述和简评的基础上，首先，应用人力资本、教育经济学、新经济增长等理论分析了职业教育和相关教育对经济增长及就业增长的贡献机理，并根据职业教育特性和经济发展规律论证了职业教育经济发展贡献理论上的优势。其次,在运用经济学边际理论和均衡理论综合研究分析了我国教育的经济增长和就业增长贡献及其成本收益(率)的基础上,提出了各类教育结构性均衡发展的理想条件和原则的设想:教育投资应遵循最优的生产要素组合规律。再次,根据新经济人假说和诺斯意识形态理论内涵,提出了人类行为成本-收益分析假说,并运用该假说分析了职业教育发展相比普通教育的心理成本(主要是不利的社会文化环境)高、预期收益低现实上的劣势,论证了"技工荒"、中等职业教育招生难、农村职业教育发展难和职业训练基地建设难等问题产生的根本原因是:选择职业教育的预期就业机会、预期收入、预期发展空间等方面的收益相对较低;而选择职业教育的心理成本、预期机会成本和就业成本、投资风险等方面的成本却相对较高。

7.1.2 从国际比较分析角度推理出的结论与启示

职业教育发展滞后、人均受教育年限低是我国教育水平相对很低、高中教育失衡的重要原因。普及职业教育、加快其内涵发展是提高职业教育和整体教育经济发展贡献率的重要环节。本书在柯布·道格拉斯生产函数基础上,构造了教育对经济增长率贡献的基本模型,并根据我国社会经济发展实际对该模型进行了扩展与修订,采用"权数分配法"突破了丹尼森模型分别计算各类教育对经济增长贡献率的难题,实证计算了我国实行市场经济前11年(1982—1993年)和后11年(1993—2004年)间我国各类教育对经济增长率贡献,以受教育年限作为投入(成本)变量、教育的经济贡献率和边际收益率作为产出(效益)变量,将计算结果与国际上部分国家的相关数据进行比照分析后发现:我国教育事业发展速度较快,但由于职业教育发展较慢导致我国教育总体水平较低,与发达国家和我国经济发展要求相比存在很大差距;我国高等职业教育发展速度很快,高等职业教育对经济增长率的相对贡献值较高,但由于人均受高等职业教育的年限较少及教育与经济发展的阶段性特征，我国高等职业教育和普通高等院校教育对经济增长率的绝对贡献值较低；经济及教育发展与贡献的阶段性递增特征规律是我国目前高等职业教育和本科教育对经济增长绝对贡献低的主要原因；我国教育发展重心直接由义务教育阶段跨越式转移到高等教育是目前高等职业教育和本科教育质量不高、高中阶段教育失衡的主要原因；我国 2003—2004 年劳动力人均教育年限和 GDP 增长都较快，义务教育及本科以上高等教育对经济增长的绝对与相对贡献有所提高，但由于中等职业教育和高等职业教育对经济增长的绝对及相对贡献下降导致教育整体对经济的贡献有下降趋势，国家应当大力提升职业教育内涵发展水平，进一步提高职业教育对经济发展的适应性和贡献率。

7.1.3　从我国各类教育相互比较分析角度推理出的结论与启示

职业教育的经济发展贡献及社会收益相对较高、个人收益较低是我国各类教育结构性失衡的重要表征，各类教育结构性均衡发展条件是按照最优生产要素组合规律来合理配置教育资源。本书在定量研究过程中，为便于比较分析不仅运用扩展模型分别计算了我国各类教育经济增长贡献，而且应用弹性、概率和收益等理论的相关原理分别统计测算了我国本科(及以上)、高等职业教育、中等职业教育等类别教育的毕业生就业率、毕业生增长就业弹性及其就业概率；还在根据经济学投资收益最佳条件原理分别计算分析高等职业教育、中等职业教育等类别教育的个人内部回收贴现率的同时，采用因素排除法突破了因教育而提高的劳动生产率测算问题，实证计算了我国 4 类教育的社会收益率。将以上同时期 4 类教育的指标数据进行比较，如表 7.1 所示。

由表 7.1 可知，从对经济增长和就业增长的贡献来看，中等职业教育和高等职业教育的经济增长贡献率分别比普通高中和普通高等院校以上教育要高许多，中等职业教育和高等职业教育毕业生增长就业弹性比本科(以上)要高得多，中等职业教育的毕业生

表 7.1 4 类教育的贡献率与收益率比较

指 标	本 科（及以上）	高等职业教育	中等职业教育	普 通 高 中
1993—2003 年对经济增长贡献率%	1.750	4.169	1.910	0.507
1993—2004 年对经济增长贡献率%	1.922	4.038	1.859	0.453
2003—2005 年毕业生平均就业率/(%)	71.87	59.67	95.37	—
2003—2005 年毕业生增长平均就业弹性	0.003	0.007	0.038	—
1996—2004 年受教育程度边际收益率/(%)	12.74	9.59	10.28	5.74
2004 年个人内部回收贴现率/(%)	高于高等职业教育	9.21	8.05	高于中等职业教育
2004 年基点受教育程度社会收益率/(%)	21.57	34.94	4.19	56.03
1994—2004 年平均生均教育经费/元	11 233.96	4 366.96	2 493.6	2 762.88

资料来源：本书前 6 章相关表格数据整理汇总。

就业率远高于本科及高等职业教育。但从教育投入方面看，高等职业教育比本科以上、中等职业教育比普通高中的平均生均经费投入要低；从社会收益率角度来看，高等职业教育和中等职业教育的社会收益率分别比本科和普通高中高出许多，但从个人内部回收贴现率（个人回报率）来看，高等职业教育和中等职业教育的个人内部回收贴现率却分别比本科和普通高中低；另外，我国 2004 年教育平均边际收益率已达 13.15%（由表 3.9 平均算得）。

综合起来看,明显地存在3方面的不合理:一是社会总投资中的人力资本投资与物质资本投资比例不合理;二是教育投资中社会公益性投资(职业教育财政投入相对较低)与受教育者个人投资比例不合理;三是各类教育之间的投资比例(中等职业教育投入较低)不合理。根据经济学边际理论、均衡理论原理,解决上述3方面的投资比例不合理问题,实质上是要在整个社会宏观系统和教育领域两个供求层面上实现均衡,而实现供求均衡的条件是资源要素最优组合。对于整个社会宏观系统供求来说,国家应该通过对教育(人力资本)与固定资产(物质资本)这两种要素投入总量的不断调整,使得最后一单位的成本支出无论用来购买哪一种生产要素所获得的边际产出都是相等的,从而达到在既定成本条件下获得最大产出的目标,实现宏观供求上的均衡。对教育领域供求来说,在教育总投资一定的条件下,各类教育发展的供求均衡条件有两个:一是各类教育花费单位成本所获得的边际收益相等,也可表述为各类教育的明瑟收益率与其花费的总成本(含机会成本)之比相等,这是教育总投资在各类教育之间得到合理配置的基础;二是受各类教育的个人单位成本所获得的边际效用相等,也即各类教育的个人效用与其私人成本之比相等,这是实现教育社会公益性投资与个人投资合理比例、确保各类教育有效供求的前提。

7.1.4 从历史比较分析角度推理出结论与启示

我国职业教育和相关教育的经济发展贡献上升不快或呈不对称性,其重要原因是市场机制特别是金融体制不健全而导致的资源错配、产业失衡。完善市场机制、优化资源配置、提升产业结构是尽快提高职业教育和教育贡献率的关键。从职业教育和教育的经济增长贡献来看,我国实行市场经济前的1982—1993年和实行市场经济后的1993—2004年教育对经济增长率的贡献分别为7.54%和9.07%;1993—2003年和1993—2004年教育对经济增长率的贡献分别为 9.096%和 9.071%；1993—2003 年间和 1993—2004 年小学、初中、普通高中、中等职业教育、高等职业教育、普通高等院校以上教育对经济增长率的贡献分别为 0.148%、0.612%、0.507%、1.910%、4.169%、1.750%；0.155%、0.643%、0.453%、1.859%、4.038%、1.922%。由此可见，我国教育在实行市场经济前后的贡献率上升不大，而 2003 年和 2004 年有波动下降的趋势(主要是由职业教育贡献率下降所致)，这说明我国实行市场经济体制后市场机制效率不明显(劳动力创造价值体现不够)。从职业教育和相关教育的边际收益率看，我国高等职业教育、中等职业教育、本科、普通高中教育的边际收益率分别由 1996 年的 4.67、6.76、6.58、4.19 上升至 2004 年的 14.5、13.8、18.9、7.29。高等职业教育的边际收益率增长速度是本科教育的 1.1 倍，中等职业教育的边际收益率增长速度是普通高中的 1.2 倍，依据边际收益等于边际成本的利益最大化原则，对职业教育加速投资能获取最佳效益。从职业教育和教育的就业增长贡献来看，我国职业教育和教育的发展与就业增长总体上呈现较为严重的非一致性不对称关系，其中，中等职业教育毕业生就业概率和直接就业率却在上升，而整个高等教育的就业率相对较低且波动较大，高等职业教育和本科教育的发展与就业增长呈严重的非一致性。分析其根本原因是市场经济机制特别是金融市场机制不健全、“资源错配”与产业结构失衡而引起的教育发展阶段性与经济发展阶段性不相匹配现象。

7.2 政策建议

根据 7.1 节概括总结的 4 个结论与启示，就我国职业教育发展及提高职业教育和相关教育的经济发展贡献与收益问题提出如下政策建议。

7.2.1 优化职业教育发展的环境和机制，降低预期成本，提高预期收益

1）加强舆论导向，降低职业教育选择的心理成本

政府有关部门和报纸、广播、电视等大众传媒以及各企事业单位，要转变观念，加强宣传力度，引导人们树立正确、全面的人才观，倡导重视技术、尊重技能人才、敬业爱岗的社会风气。通过多层次、多方位、多角度的舆论宣传，在全社会树立起优秀技术工人是“科技成果转化为现实生产力的重要力量”和“尊重人才包括尊重技能人才和技术工人”等观念，树立技术明星、能工巧匠典型，提高技能型人才的社会地位，把偏离了的社会价值观扭转过来，让技术工人真正成为人才。

2）实行人事和分配制度改革，提高职业教育选择的预期收益

企业在用人机制上要向高级技术工人倾斜，要改变过去那种对人才只看学历的观念，走出人才高消费的误区，让知识升值，让技术和技能吃香，使优秀技术工人获得应有的社会认可，以激发人们追求和钻研技术、立志岗位成才、为社会多做贡献的良好社会氛围；要改革原有工资制度，劳动价值与劳动效益同步的分配办法，以岗定薪，以能力定工资，以贡献定报酬，特别是要加大技能因素在工资决定中的权重，把“技能工资”作为工资的重要组成部分，同时还要拉大不同技术挡次之间的技术工资差距，使工资能够如实反映技术工人的劳动价值；要改革职称评审办法，建立有利于人才培养和使用的技工职称普升制度，采取按技能和实际贡献进行考核奖励的职称评审办法，放宽职称普升条件，做到三个“不唯”，即不唯身份、不唯学历、不唯资历。

3）完善职业教育体系，扩展职业教育毕业生的发展空间

要加快发展多种形式的高、中等职业教育和各类培训，进一步完善终身教育体系；要做好普通教育与职业教育、初中等与高等职业教育的沟通和衔接工作；要发挥职业教育优势，大力开展各类培

训，并将其融合到学习型社会建设中去，使职业教育人才培养真正形成互相衔接、结构合理、灵活机动、适应性强的序列体系，从而更大限度地满足经济建设和社会发展对各类技术、技能型人才的需要。

7.2.2 加快发展中等职业教育，提高受职业教育的人均年限和质量，提升我国教育整体发展水平

1）将发展中等职业教育作为战略重点，尽快化解高中教育瓶颈

高中阶段教育包含了两个大的方面：普通高中和中等职业教育。贯彻和落实科学发展观，要统筹好普通高中和中等职业教育的协调发展。要明确认识到，普通高中的规模与高等教育的规模应该是大体一致的，而高等教育的发展规模又是有一定限度的。到2020年，高等教育的毛入学率即使达到40%，仍将有近60%的学生需要接受中等职业教育和培训。一方面，要把握好普通高中发展节奏，把工作重点放到提高质量上来；另一方面，必须把加快发展中等职业教育作为教育工作的战略重点，优化高中阶段教育结构，努力扩大中等职业教育规模，实现普通高中与中等职业教育的比例大体相当、协调发展。

2）借鉴发达国家经验，普及职业教育

德国是世界上第三大发达国家、第二大经济贸易国家，德国把发展职业教育作为发展经济、促进就业的最有力的保障措施。德国职业教育有很强的法律保障，建立了完善的管理体制，形成了与其他各类教育沟通的教育培训体系。德国70%的青少年初中毕业后选择“双元制”职业教育，也有部分文理中学高级阶段（相当于我国的普通高中）学生毕业后并不立即去上大学，而是先接受职业教育，以取得某一职业资格及实践经历。奥地利80%的青少年毕业于职业学校，由于职业教育在社会和经济发展中发挥较大作用，社会和公众认同程度很高，10岁的学童中仅11%的进入文理中

学，其余均接受职业教育和培训。瑞士人均 GNP 超过 3 万美元，绝大多数学生在九年义务教育结束后，选择接受职业教育，只有15％左右的毕业生选择进入学术性高中再进入大学的途径。欧盟大多数国家职业教育都占 60％以上的比例。美国大学入学比例为 50％，但其中很大一部分是社区学院形式的职业学校，即使在大学中也包含了许多职业教育的专业，中学也设有职业科专门实施职业教育，大量的行业需要中级技术人员，而不是高学历者。可见，当今许多发达国家对中等职业教育仍然存在着相当大的需求。德国等一些国家响亮提出："迎接统一市场竞争的最好准备是大力加强职业教育，提高服务质量和产品质量。"

3）发挥政府宏观调控职能，促进职业教育的质量提高

要通过方针、政策、法规等对职业学校进行宏观指导和监督，具体应做到：地方政府要把发展职业教育纳入各地经济社会发展总体规划，作为基础性产业优先发展；制定发展职业技术教育的各项政策；统筹布局，组织协调各方面的力量发展职业教育，统筹学校和专业布局，优化配置教育资源；对职业教育规模、结构、质量和效益进行全面监控，建立督导评估制度，制定办学条件评估和教育教学水平评估标准；办好骨干示范性学校。

7.2.3　优化投入结构比例和机制，促进职业教育与经济协调发展

1）优化教育的投入结构，促进职业教育与相关教育的协调发展

当前和今后一段时期，我国政府部门应当通过行政、经济和法律等调控手段，适当增加高等职业教育和中等职业教育的投入比例，适当降低受教育者个人投入比重，促进各类教育高效、健康、协调发展，尽可能实现各类教育的供求均衡。具体做到：

（1）教育总投资在各类教育之间得到合理配置。调整各类教育的投资总量比例，尽可能使各类教育投资项目单位成本所获得的边际收益相等，亦即尽可能保证各类教育的明瑟收益率与其耗

费的总成本(含机会成本)之比相等。

(2) 教育社会公益性投资与个人投资比例合理,确保各类教育有效供求。要调整个人承担的教育成本与收益效用之间的比例关系,让受各类教育的个人单位成本所获得的边际效用相等,亦即各类教育的个人效用与其私人成本之比相等。

2) 优化职业教育投入机制,促进职业教育与经济的紧密结合

要制定和完善相关的教育投资政策,建立灵活多样的间接投入机制,让市场需求更多地参与或决定职业教育资源配置,促使职业教育紧密围绕社会经济发展需要,不断深化改革,在放大教育投入资金乘数效应的同时,提高职业教育的投入产出率和社会回报率。

(1) 减少财政直接投入,加大间接投入。各级政府应完善相关政策,适当减少直接投资方式,有效引入市场评价机制,拓展间接投入的空间,激发各办学实体内涵发展动力,鼓励职业教育实体充分吸收市场资源。国家在进一步完善鼓励私人和企业教育投资的税收优惠制度及教育产权制度、吸引国内外更多的民间资金投向职业教育事业同时,还应通过财政投入等政策措施促进职业院校面向农村、实行产学研相结合,这样既有利于科技成果转化为生产力、增加就业,又可以拓宽职业院校筹资的途径。

(2) 适当减少对非义务教育阶段的学校行政性经费拨款的比重,加大对贫困学生的资助力度;适当减少非固定成本的拨款,加大固定成本的补贴范围,充分发挥财政投入的基础性作用。

(3) 适当减少政策刚性拨款,加大激励力度。减少按教职工编制等政策刚性因素拨款数额,适当增加按学校教育效益指标进行奖励性投入,以充分放大政府财政性资金的乘数效应。例如:可在农村范围内将部分职业教育拨款转化为"职业教育券",将投资权交给职业教育消费者;不再采用由政府财政投入支持学校扩招的政策,更多地依靠市场资源支持学校扩招,依靠市场机制调节学

校毕业生的供求关系,促进各类院校搞好数量扩张中的资源消化、吸收提高工作。

(4) 减少货币形式投入,加大公共采购。对职业院校有一些物质性职业教育资源供给,可适度减少货币资金的直接配给,进一步扩大财政集中招标采购的范围,充分发挥公共财政规模采购功能,最大限度地提高财政资金的使用效益。例如:职业教育的技能实习训练设备设施、图书和教材招标采购及其循环使用;部分师资培训项目任务等。

7.2.4　完善市场机制,提升经济发展质量,提高职业教育供求的实效性

1) 进一步完善金融市场机制,优化资本资源配置,提升产业结构,有效增加"灰领"和"白领"岗位

深化改革我国金融体系,改变目前金融体制过于僵化和错位的现象,是解决我国"资源错配"与产业结构失衡、知识型"灰领"和"白领"服务业岗位严重不足问题的关键。首先,金融产业本身就是极为庞大的知识型服务业,可以创造数以千万计的"灰领"或"白领"就业岗位。一个简单的例子:如果放开企业债券市场,按照企业债券数量达到美国(400 万种)的十分之一、每种债券发行可创造 10 个就业岗位计算,这就是 400 万个白领就业岗位。其次,金融产业的发育能促进经济发展按照市场需求来决定资本流向,形成有利于知识密集型产业发展的外部环境,支持知识密集型产业发展,有效增加"灰领"和"白领"就业岗位,进一步拉动经济对高等职业教育的需求。

2) 完善职业教育市场机制,进一步提升职业教育质量及其就业导向功能

(1) 充分发挥市场配置资源的作用。在尊重通常规律的前提下,建立职业生源市场、就业市场,促进职业院校之间的公平竞争,让市场机制在各级各类院校发展中发挥应有的调节作用。建立健

全职业教育市场准入制度，制定职业教育、岗位培训和各种社会教育的市场准入标准。依法规范投资者、办学者的教育行为，吸收更多的社会资金进入教育市场（领域）。正确引导市场，动员各种社会力量参与教育结构的改革与重建，真正建立以市场为导向的职业教育运行和调节机制。

(2) 充分发挥社会中介机构的功能。积极发展非政府、非企业的“第三部门”，从微观运作层面保证职业教育健康发展；开展各种职业资格和继续教育资格的认定、中等职业学校和民办学校的国际标准认证、高等职业学校学科专业质量评估排序、职业学校资产评估和收支公共审计、就业供需信息咨询、学业和职业资格证书可靠性鉴定等活动。以政府投入为主、辅之以企业和社区的支持，应用计算机网络及信息技术，健全社会用人单位与学校密切联系的管理信息系统，充分发挥用人单位、学校董事会、校友会、专家委员会等力量在职业学校规模、专业、课程调节方面的咨询和监督作用。

3) 进一步完善劳动力市场机制，健全并规范用人单位和劳动者双向选择的规则

通过完善劳动力市场机制，保证劳动力合理有序流动，促进产业结构调整，提高人力资源特别是技能型人才资源的配置效率，降低职业教育毕业生择业、就业成本。

参考文献

[1] 阿瑟·刘易斯.经济增长理论[M].梁小民,译.上海:三联书店上海分店;上海:上海人民出版社;北京:中国经济出版社,2000.
[2] 阿特金森.教育经济学引论[M].林荣日,等译.上海:同济大学出版社,1991.
[3] 安雪慧.中国三级教育对经济增长贡献率差异分析[J].天津市教科院学报,2002(2):26-31.
[4] 贝克尔.人力资本:特别是关于教育的理论与经验分析[M].梁小民,译.北京:北京大学出版社,1987.
[5] 陈勇军,胡乐泳.再论教育的经济功能[J].教育与经济,2002(1).
[6] 储诚忠.内生经济增长理论述评[J].经济评论,1995(5).
[7] 崔卫国.教育的经济学分析[M].北京:经济科学出版社,2003.
[8] 崔玉平.教育对经济增长贡献率的估算方法综述[J].清华大学教育研究,1999,20(1):71-78.
[9] 范先佐.20世纪中国教育经济学发展的回顾与前瞻[J].华中师范大学学报:人文社会科学版,1999,38(1):19-25.
[10] 范先佐.关于教育产业化的若干思考[J].广州大学学报:综合版,2000,14(2):10-18.
[11] 范先佐.我国教育经济学发展的回顾与展望[J].高等函授学

报:哲学社会科学版,1997(2).
[12] 范先佐.知识经济与现代高等教育观念[J].江汉大学学报,2000,17(4):79-85.
[13] 弗朗斯瓦·魁奈.魁奈经济著作选[M].吴斐丹,张草纫,译.北京:商务印书馆,1979.
[14] 弗里德里希·李斯特.政治经济学的国民体系[M].陈万煦,译.北京:商务印书馆,1997.
[15] 海韦尔·琼斯.现代经济增长理论导引[M].郭家麟,等译.北京:商务印书馆,1994.
[16] 杭永宝.办学体制改革初探[J].教育与职业,2003(3):10-14.
[17] 杭永宝.教育发展与就业增长非一致性成因及其对策[J].教育发展研究,2003(10):49-53.
[18] 杭永宝,王荣.当前教育信息化问题与对策[J].教育信息化,2004(12):8-9.
[19] 杭永宝,王荣.改革六大体制 确保农村教育持续健康发展[J].教育发展研究,2005(1):6-11.
[20] 杭永宝,王荣.公用行业市场化改革形式与成效、问题与对策[J].经济体制改革,2004(3):23-27.
[21] 杭永宝,王荣.教育产权制度问题与对策[J].教育发展研究,2004(7):69-71.
[22] 杭永宝,王荣.农村教育:矛盾与对策[J].教育研究,2005,26(6):36-41.
[23] 郝克明.当代中国教育结构体系研究[M].广州:广东教育出版社,2001.
[24] 靳希斌.教育经济学[M].北京:人民教育出版社,2001.
[25] 科恩.教育经济学.王玉昆,等译,上海:华东师范大学出版社,1989.

[26] 科斯坦扬. 国民教育经济学[M]. 长春：吉林人民出版社，1989.
[27] 赖德胜. 对教育与经济增长的一个交易费用经济学解释[J]. 学术研究，1997(9)：31－34.
[28] 李伯川. 论农业教育与农村经济发展的关系[J]. 农业现代化研究，2000，21(3)：164－166.
[29] 李洪天. 关于计量我国教育对经济增长贡献模型的改进设想[J]. 教育与经济，2002(2)：51－53.
[30] 李洪天. 关于我国高等教育的经济效益和个人收益的研究[D]. 南京：河海大学，2001.
[31] 李萍. 开放经济条件下中国经济增长的理论与实践[M]. 成都：西南财经大学出版社，2000.
[32] 李勇坚. 内生增长理论的历史渊源及其现代发展[J]. 经济论坛，2003(6).
[33] 林荣日. 教育经济学[M]. 上海：复旦大学出版社，2001.
[34] 林荣日. 中国教育对经济增长的贡献测算[J]. 有色金属高教研究，2000(6)：31－36.
[35] 林毅夫. 现代增长理论与政策选择[M]. 北京：中国经济出版社，2000.
[36] 林毅夫. 制度、技术与中国农业发展[M]. 上海：三联书社上海分店；上海：上海人民出版社，1994.
[37] 刘尧. 发展农村高等教育：振兴中国农村经济[J]. 现代大学教育，2002(6)：34－38.
[38] 马克思，恩格斯. 马克思恩格斯全集：第 26 卷，第 1 册[M]. 中共中央马克斯恩格斯列宁斯大林著作编译局，译. 北京：人民出版社，1972.
[39] 马骁，徐浪. 我国高等教育投资社会收益率测算[J]. 财经科学，2001(4)：94－98.

[40] 闵维方. 对我国高等教育经济学研究的回顾和展望[J]. 高等教育研究,1999(3).
[41] 尚元明,朱新生. 初等、中等、高等职业教育的衔接与普通教育相互沟通的研究[M]. 苏州:苏州大学出版社,2002.
[42] 实验技术人才缺编现象堪忧[N]. 中国教育报,2002-03-16.
[43] 苏文胜. 浅析高等教育的社会效益与经济效益的关系[J]. 交通高教研究,2002(4):52-53.
[44] 苏文胜. 浅析高等教育的社会效益与经济效益的关系[J]. 交通高教研究,2002(4).
[45] 孙忠民. 高级工永远不下岗[J]. 职业技术教育,2002(11):4-8.
[46] 童宏保. 从人力资本到社会资本:教育经济学研究的新视角[J]. 教育与经济,2003(4):23-27.
[47] 王善迈. 教育不能市场化[N]. 中国教育导报,1999-04-31.
[48] 王善迈. 社会主义市场经济条件下的资源配置方式[J]. 辽宁高等教育研究,1997(5).
[49] 王延芳. 美国高等教育史[M]. 福州:福建教育出版社,1995.
[50] 威廉·配第. 配第经济著作选集[M]. 陈冬野,等译. 北京:商务印书馆,1981.
[51] 亚当·斯密. 国民财富的性质和原因的研究[M]. 商务印书馆,1972.
[52] 杨志钢. 我国知识农业的发展对策[J]. 云南农业科技,2000(2):6-8.
[53] 姚益龙. 教育对经济增长贡献的国际比较[M]. 广州:中山大学出版社,2003.
[54] 袁连生. 论教育的产品属性、学校的市场化运作及教育市场化[J]. 教育与经济,2003(1):11-15.

[55] 袁锐锷,吴超林.亚洲四小龙高等教育与经济发展模式比较[J].教育与经济,1996(1).
[56] 张德.人力资源开发与管理[M].北京:清华大学出版社,1997.
[57] 张茂林."民工潮""逆潮回归"现象的理论思考[J].经济研究,1996(7):54-58,66.
[58] 张启富.我国高职教育与个人投资收益(率)比较研究[J].浙江工商职业技术学院学报,2005,4(3):10-13.
[59] 章跃.边际效用理论与高校财力资源的优化配置[J].江苏高教,2001(6):26-28.
[60] 赵海林.农村成人教育与农村发展.职业技术教育:教科版,2002,23(7):51-54.
[61] 赵秋成.教育投资社会收益率的估算方法及其实证分析[J].教育与经济,1999(1).
[62] 周惠中.微观经济学[M].上海:上海人民出版社,1996.
[63] Altbach P G., Berdahl R O., Gumport P J. American Higher Education in the Twenty-first Century: Social, Political, and Economic Challenges[M]. Baltimore, USA: The Johns Hopkins University Press, 1998.
[64] Balderston F E. Managing Today's University: Strategies for Viability, Change, and Excellence[M]. San Francisco, USA: Jossey Bass Inc, 1995.
[65] Barro, R. Economic Growth, In a Cross Section of Countries[J]. Quarterly Journal of Economics, 1992, 106(2): 407-443.
[66] Blaug M. An Introduction to the Economics of Education [M]. London, UK: Penguin, 1970.
[67] Coase R. The Nature of the Firm[J]. Economica, 1937,

1(4): 386 - 405.

[68] Denison E F. The Sources of Economic Growth in the United States[M] New York, USA: Committee for Economic Development, 1962.

[69] Denison E F. Education & Economic Growth [M], Chicago, USA: Social Forces Influencing American Education, 1961.

[70] Etzkowitz H, Leydesdorff L. Universities and the Global Knowledge Economy: A Triple Helix of Universities, Industry, Government Relations[M]. Lodon, UK: Wellington House, 1997.

[71] Griliches Z. Education, Human Capital, and Growth: A Personal Perspective [J]. Journal of Labor Economics, 1997, 15 (1): 330 - 344.

[72] Lau L J. Education and Economic Growth [J]. Journal of Development Economics, 1993, 41(1): 46 - 47.

[73] Leslie L L. The Economic Value of Higher Education[M] New York, USA: American Council on Education and Macmillan Publishing Company, 1988.

[74] Leslie L L, Brinkman P T. The Economic Value of Higher Education [M]. New York, USA: Macmillan, 1988.

[75] Lucas R. On the Mechanics of Economic Development [J] Journal of Monetary Economics, 1988, 22(1): 3 - 42

[76] Machlup F. Education and Economic Growth [M]. Lincoln, USA: University of Nabraska Press, 1970.

[77] Maddison A. Growth and Slowdown in Advanced Capitalist Economies: Techniques of Quantitative Assessment [J] Journal of Economic Literature, 1987, 25(2): 649 - 698.

[78] Mankiw N G, Romer D, Weil D N. A Contribution to the Empirics of Economic Growth [J]. Quarterly Journal of Economics, 1992, 107(2): 407 - 437.
[79] McLaughlin J M. Private Enterprise in Public Education[J] The Education Digest, 1995, 61(4)
[80] Nanyyang Technological University. Year 2002 NTU Graduate Employment Survery Preliminary Findings [R]. Singapore, 2003.
[81] OECD. Redefining Tertiary Education [M]. Paris, France: OECD, 1998
[82] Richmonl W K. The Education Industry [M]. Londom, UK: Methuen and Co Ltd, 1969.
[83] Romer P. Increasing Returns and Long run Growth [J]. Journal of Political Economy, 1986, 94(5): 1002 - 1037.
[84] Schultz T W. Investing in People [M]. Los Angeles, CA, USA: University of California Press, 1981.
[85] Schultz T W. The Economic Value of Education [M]. New York, USA: California University Press, 1963.
[86] Walberg H J. Advances in Educational productivity: International Perspectives on Educational Productivity [M]. Greenwich, USA: JAI Press Inc, 1992.

附　录

附录 1:1978—2004 年国民收入、工资总额及其相关指数

年份	国民总收入/亿元	国内生产总值/亿元	国民总收入指数	国内生产总值指数	工资总额/亿元	工资总额占国民收入比例
1978	3 624.1	3 624.1	100.0	100.0	568.9	
1979	4 038.2	4 038.2	107.6	107.6		
1980	4 517.8	4 517.8	116.0	116.0	772.4	
1981	4 860.3	4 862.4	122.0	122.1		
1982	5 301.8	5 294.7	133.3	133.1		
1983	5 957.4	5 934.5	148.2	147.6		
1984	7 206.7	7 171.0	170.9	170.0		
1985	8 989.1	8 964.4	193.5	192.9	1 383.0	
1986	10 201.4	10 202.2	209.9	210.0		
1987	11 954.5	11 962.5	234.1	234.3		
1988	14 922.3	14 928.3	260.5	260.7		
1989	16 917.8	16 909.2	271.5	271.3	2 618.5	

续表

年份	国民总收入/亿元	国内生产总值/亿元	国民总收入指数	国内生产总值指数	工资总额/亿元	工资总额占国民收入比例
1990	18 598.4	18 547.9	283.0	281.7	2 951.1	
1991	21 662.5	21 617.8	308.8	307.6	3 323.9	
1992	26 651.9	26 638.1	352.2	351.4	3 939.2	
1993	34 560.5	34 634.4	398.4	398.8	4 916.2	0.141 945 58
1994	46 670.0	46 759.4	448.7	449.3	6 656.4	0.142 354 26
1995	57 494.9	58 478.1	489.1	496.5	8 100.0	0.138 513 39
1996	66 850.5	67 884.6	536.8	544.1	9 080.0	0.133 756 40
1997	73 142.7	74 462.6	582.9	592.2	9 405.3	0.126 309 05
1998	76 967.2	78 345.2	628.4	638.5	9 296.5	0.118 660 75
1999	80 579.4	82 067.5	673.5	684.1	9 875.5	0.120 333 34
2000	88 254.0	89 468.1	730.0	738.8	10 656.2	0.119 106 01
2001	95 727.9	97 314.8	782.6	794.2	11 830.9	0.121 573 01
2002	103 935.3	105 172.3	852.3	860.1	13 161.1	0.125 138 10
2003	116 741.2	117 390.2	939.2	941.8	14 743.5	0.125 594 05
2004	136 584.3	136 875.9	1 032.2	1 031.3	16 900.2	0.123 470 97

资料来源:《中国统计年鉴 2005》;《中国劳动统计年鉴 2005》。

注:

① 1980 年以后国民总收入(原称国民生产总值)与国内生产总值的差额为国外净要素收入。

② 1998 年及以后工资总额为在岗职工工资总额,1998 年及以后指数按可比口径计算。

③ 国民总收入、国内生产总值按当年价格计算,国民总收入指数、国内生产总值指数按可比价格计算。

附录 2:1949—2004 年全国就业人员数及研究生、普通本专科、普通本科、高等职业教育、中等职业教育毕业生人数

年度	研究生总数/人	硕士生/人	普通本科/人	普通专科/人	成人高校/人	高职总数/人	普通中职/人	成人中职/人	中职总数/人	中职累计数/人	经济活动人口/万人	就业人员/万人
1949	107	107					71 769		71 769	71 769		
1950	159	159					74 826		74 826	146 595		
1951	166	166					56 905		56 905	203 500		
1952	627	627					68 146		68 146	271 646	21 106	20 729
1953	1 177	1 177	26 584	21 507	1 722	23 229	118 154		118 154	389 800		
1954	660	660	18 825	28 244	2 434	30 678	169 503		169 503	559 303		
1955	1 730	1 730	28 154	26 312	2 971	29 283	235 142		235 142	794 445		
1956	2 349	2 349	36 526	26 688	1 254	27 942	173 595	1 900	175 495	969 940		
1957	1 723	1 723	42 750	13 430	3 065	16 495	146 100	4 100	150 200	1 120 140	23 971	23 771
1958	1 113	1 113	46 504	25 920	4 500	30 420	190 960		190 960	1 311 100		
1959	727	727	52 419	17 420	4 000	21 420	288 947	66 000	354 947	1 666 047		

（续表）

年度	研究生总数/人	硕士生/人	普通本科/人	普通专科/人	成人高校/人	高职总数/人	普通中职/人	成人中职/人	中职总数/人	中职累计数/人	经济活动人口/万人	就业人员/万人
1960	589	589	89 758	46 380	8 229	54 609	267 852	55 000	322 852	1 988 899		
1961	179	179	100 450	50 833	17 649	68 482	339 508	43 000	382 508	2 371 407		
1962	1 019	1 019	123 010	54 245	35 687	89 932	304 895	91 000	395 895	2 767 302		25 910
1963	1 512	1 512	162 766	35 988	33 420	69 408	196 089	87 000	283 089	3 050 391		
1964	895	895	187 351	17 148	42 511	59 659	164 699	134 000	298 699	3 349 090		
1965	1 665	1 665	178 001	7 520	41 841	49 361	91 388	209 000	300 388	3 649 478		28 670
1966			134 647	6 023		6 023		118 986	118 986	3 768 464		
1967			113 694	11 142		11 142		170 329	170 329	3 938 793		
1968			136 931	13 263		13 263		197 431	197 431	4 136 224		
1969			150 119			0		102 845	102 845	4 239 069		
1970			102 672			0		28 131	28 131	4 267 200		34 432
1971			5 945			0		88 970	88 970	4 356 170		
1972			11 137	5 824	1 400	7 224	94 935	29 300	124 235	4 480 405		
1973			24 414	5 643	1 867	7 510	122 067	31 800	153 867	4 634 272		

（续表）

年度	研究生总数/人	硕士生/人	普通本科/人	普通专科/人	成人高校/人	高职总数/人	普通中职/人	成人中职/人	中职总数/人	中职累计数/人	经济活动人口/万人	就业人员/万人
1974			37 133	6 149	2 033	8 182	166 265	35 267	201 532	4 835 804		
1975			110 131	8 824	12 567	21 391	247 709	53 600	301 309	5 137 113		38 168
1976			132 700	16 454	118 967	135 421	338 629	60 033	398 662	5 535 775		
1977			180 160	14 266	206 767	221 033	339 706	102 467	442 173	5 977 948		
1978	9	9	156 791	7 790	170 067	177 857	231 990	71 033	303 023	6 280 971	40 682	40 152
1979	140	140	55 985	29 099	106 867	135 966	180 958	72 267	253 225	6 534 196	41 592	41 024
1980	476	476	110 562	36 073	111 933	148 006	410 337	173 233	583 570	7 117 766	42 903	42 361
1981	11 669		115 761	23 879	105 100	128 979	604 920	239 933	844 853	7 962 619	44 165	43 725
1982	4 058		199 709	257 291	426 000	683 291	580 500	1 187 000	1 767 500	9 730 119	45 674	45 295
1983	4 497		146 395	188 605	234 400	423 005	594 300	604 000	1 198 300	10 928 419	46 707	46 436
1984	2 756	285 943	125 419	161 581	164 000	325 581	657 600	167 000	824 600	11 753 019	48 433	48 197
1985	17 004		223 519	92 481	347 000	439 481	848 700	171 000	1 019 700	12 772 719	50 112	49 873
1986	16 950		227 800	165 000	450 000	615 000	1 083 000	268 000	1 351 000	14 123 719	51 546	51 282
1987	27 603		225 050	306 850	481 300	788 150	1 333 900	345 800	1 679 700	15 803 419	53 060	52 783

（续表）

年度	研究生总数/人	硕士生/人	普通本科/人	普通专科/人	成人高校/人	高职总数/人	普通中职/人	成人中职/人	中职总数/人	中职累计数/人	经济活动人口/万人	就业人员/万人
1988	40 838		279 791	273 675	753 900	1 027 575	1 295 100	501 800	1 796 900	17 600 319	54 630	54 334
1989	37 232		195 946	380 254	499 300	879 554	1 695 600	581 400	2 277 000	19 877 319	55 707	55 329
1990	35 440		200 472	413 128	488 800	901 928	1 836 400	576 800	2 413 200	22 290 519	65 323	64 749
1991	32 537		190 163	424 137	620 800	1044 937	2 010 800	618 300	2 629 100	24 919 619	66 091	65 491
1992	25 692		211 231	392 969	517 700	910 669	2 037 200	486 600	2 523 800	27 443 419	66 782	66 152
1993	28 214		298 959	271 756	441 206	712 962	2 126 600	540 300	2 666 900	30 110 319	67 468	66 808
1994	28 047		310 291	327 126	455 300	782 426	2 240 300	701 100	2 941 400	33 051 719	68 135	67 455
1995	31 877		325 484	479 913	636 100	1 116 013	2 613 000	893 400	3 506 400	36 558 119	68 855	68 065
1996	39 652		347 194	491 444	771 500	1 262 944	2 933 800	1 020 500	3 954 300	40 512 419	69 765	68 950
1997	46 539	39 114	381 647	447 423	892 000	1 339 423	3 178 600	912 200	4 090 800	4 460 3219	70 800	69 820
1998	47 077	38 051	404 666	425 167	825 700	1 250 867	3 411 700	1 221 400	4 633 100	49 236 319	72 087	70 637
1999	54 670	44 189	440 935	406 682	888 200	1 294 882	3 542 400	1 188 100	4 730 500	53 966 819	72 791	71 394
2000	58 767	47 565	495 624	454 143	880 400	1 334 543	3 700 000	1 114 000	4 814 000	58 780 819	73 992	72 085
2001	67 809	52 360	567 839	468 484	930 600	1 399 084	3 450 000	906 300	4 356 300	63 137 119	74 432	73 025

（续表）

年度	研究生总数/人	硕士生/人	普通本科/人	普通专科/人	成人高校/人	高职总数/人	普通中职/人	成人中职/人	中职总数/人	中职累计数/人	经济活动人口/万人	就业人员/万人
2002	80 800	66 203	655 763	681 546	1 175 000	1 856 546	3 160 300	688 600	3 848 900	66 986 019	75 360	73 740
2003	111 091	92 241	929 598	947 894	1 593 358	2 541 252	3 111 612	400 315	3 511 927	70 497 946	76 075	74 432
2004	150 800	127 300	1 196 300	1 194 900	1 896 200	3 091 100	3 196 400	395 500	3 591 900	74 089 846	76 823	75 200

数据来源:《新中国五十年统计资料汇编(1949—1998)》中国统计出版社;《中国统计年鉴(1997—2005)》中国统计出版社;《三十年全国教育统计资料(1949—1978)》,国家教育部 1979 年;《中国教育年鉴(1949—1981)》,中国大百科全书出版社;《中国教育年鉴(1982—1986)》,湖南教育出版社;《中国教育年鉴(1988、2001—2002)》,人民教育出版社;《中国教育统计年鉴(1989—1992、1998—2002)》,国家教育部(委)计建司编,人民教育出版社;《中国教育事业统计年鉴(1992—2002)》,国家教育部(委)计建司编,人民教育出版社;《中国教育统计年鉴(2003)》,国家教育部发展规划司编,人民教育出版社;1998—2004 年全国教育事业发展统计公报,国家教育部发布。

注:

① 高职毕业生包括:普通院校(含高职院校)专科毕业生和成人高校毕业生人数;中职毕业生包括:普通中等专业学校、农职中、工读学校、特殊教育学校、成人中等专业学校毕业生人数。

② 部分年段(1979—1988)本科和专科毕业生数根据相关比例推算而得。

③ 据教育部网站中教育概况:1981 年至 1996 年全国高等学校和科研机构共培养博士 20 514 人,硕士 285 943 人。

附录3:1949—2004年全国就业人员数及研究生、普通本科、中等职业教育毕业生人数

年度	研究生总数/人	硕士生1(硕)/人	普通本科/人	中等职业教育总数/人	中等职业教育累计数/人	就业人员/万人	博硕比	硕士生2(硕)/人
1949	107	107		71 769	71 769			107
1950	159	159		74 826	146 595		159	
1951	166	166		56 905	203 500		166	
1952	627	627		68 146	271 646	20 729		627
1953	1 177	1 177	26 584	118 154	389 800			1 177
1954	660	660	18 825	169 503	559 303			660
1955	1 730	1 730	28 154	235 142	794 445			1 730
1956	2 349	2 349	36 526	175 495	969 940			2 349
1957	1 723	1 723	42 750	150 200	1 120 140	23 771		1 723
1958	1 113	1 113	46 504	190 960	1 311 100			1 113
1959	727	727	52 419	354 947	1 666 047			727
1960	589	589	89 758	322 852	1 988 899			589
1961	179	179	100 450	382 508	2 371 407			179
1962	1 019	1 019	123 010	395 895	2 767 302	25 910		1 019
1963	1 512	1 512	162 766	283 089	3 050 391			1 512
1964	895	895	187 351	298 699	3 349 090			895
1965	1 665	1 665	178 001	300 388	3 649 478	28 670		1 665
1966	134 647			118 986	3 768 464			
1967	113 694			170 329	3 938 793			
1968	136 931			197 431	4 136 224			
1969	150 119			102 845	4 239 069			

（续表）

<table>
<tr><th>年度</th><th>研究生总数/人</th><th>硕士生1（硕）/人</th><th>普通本科/人</th><th>中等职业教育总数/人</th><th>中等职业教育累计数/人</th><th>就业人员/万人</th><th>博硕比</th><th>硕士生2（硕）/人</th></tr>
<tr><td>1970</td><td>102 672</td><td></td><td></td><td>28 131</td><td>4 267 200</td><td>34 432</td><td></td><td></td></tr>
<tr><td>1971</td><td>5 945</td><td></td><td></td><td>88 970</td><td>4 356 170</td><td></td><td></td><td></td></tr>
<tr><td>1972</td><td>11 137</td><td></td><td></td><td>124 235</td><td>4 480 405</td><td></td><td></td><td></td></tr>
<tr><td>1973</td><td>24 414</td><td></td><td></td><td>153 867</td><td>4 634 272</td><td></td><td></td><td></td></tr>
<tr><td>1974</td><td>37 133</td><td></td><td></td><td>201 532</td><td>4 835 804</td><td></td><td></td><td></td></tr>
<tr><td>1975</td><td>110 131</td><td></td><td></td><td>301 309</td><td>5 137 113</td><td>38 168</td><td></td><td></td></tr>
<tr><td>1976</td><td>132 700</td><td></td><td></td><td>398 662</td><td>5 535 775</td><td></td><td></td><td></td></tr>
<tr><td>1977</td><td>180 160</td><td></td><td></td><td>442 173</td><td>5 977 948</td><td></td><td></td><td></td></tr>
<tr><td>1978</td><td>9</td><td>9</td><td>156 791</td><td>303 023</td><td>6 280 971</td><td>40 152</td><td></td><td>9</td></tr>
<tr><td>1979</td><td>140</td><td>140</td><td>55 985</td><td>253 225</td><td>6 534 196</td><td>41 024</td><td></td><td>140</td></tr>
<tr><td>1980</td><td>476</td><td>476</td><td>110 562</td><td>583 570</td><td>7 117 766</td><td>42 361</td><td></td><td>476</td></tr>
<tr><td>1981</td><td>11 669</td><td rowspan="13">285 943</td><td>115 761</td><td>844 853</td><td>7 962 619</td><td>43 725</td><td></td><td rowspan="13">199 916</td></tr>
<tr><td>1982</td><td>4 058</td><td>199 709</td><td>1 767 500</td><td>9 730 119</td><td>45 295</td><td></td></tr>
<tr><td>1983</td><td>4 497</td><td>146 395</td><td>1 198 300</td><td>10 928 419</td><td>46 436</td><td></td></tr>
<tr><td>1984</td><td>2 756</td><td>125 419</td><td>824 600</td><td>11 753 019</td><td>48 197</td><td></td></tr>
<tr><td>1985</td><td>17 004</td><td>223 519</td><td>1 019 700</td><td>12 772 719</td><td>49 873</td><td></td></tr>
<tr><td>1986</td><td>16 950</td><td>227 800</td><td>1 351 000</td><td>14 123 719</td><td>51 282</td><td></td></tr>
<tr><td>1987</td><td>27 603</td><td>225 050</td><td>1 679 700</td><td>15 803 419</td><td>52 783</td><td></td></tr>
<tr><td>1988</td><td>40 838</td><td>279 791</td><td>1 796 900</td><td>17 600 319</td><td>54 334</td><td></td></tr>
<tr><td>1989</td><td>37 232</td><td>195 946</td><td>2 277 000</td><td>19 877 319</td><td>55 329</td><td></td></tr>
<tr><td>1990</td><td>35 440</td><td>200 472</td><td>2 413 200</td><td>22 290 519</td><td>64 749</td><td></td></tr>
<tr><td>1991</td><td>32 537</td><td>190 163</td><td>2 629 100</td><td>24 919 619</td><td>65 491</td><td></td></tr>
<tr><td>1992</td><td>25 692</td><td>211 231</td><td>2 523 800</td><td>27 443 419</td><td>66 152</td><td></td></tr>
<tr><td>1993</td><td>28 214</td><td>298 959</td><td>2 666 900</td><td>30 110 319</td><td>66 808</td><td>0.33/2.62
（90招）</td></tr>
</table>

（续表）

年度	研究生总数/人	硕士生1（硕）/人	普通本科/人	中等职业教育总数/人	中等职业教育累计数/人	就业人员/万人	博硕比	硕士生2（硕）/人
1994	28 047		310 291	2 941 400	33 051 719	67 455	0.33/2.62（91招）	24 910
1995	31 877		325 484	3 506 400	36 558 119	68 065	0.5/2.83（02招）	27 091
1996	39 652		347 194	3 954 300	40 512 419	68 950	0.62/3.75（93招）	34 026
1997	46 539	39 114	381 647	4 090 800	44 603 219	69 820	7 319/39 114	39 114
1998	47 077	38 051	404 666	4 633 100	49 236 319	70 637	8 957/38 051	38 051
1999	54 670	44 189	440 935	4 730 500	53 966 819	71 394	10 320/44 189	44 189
2000	58 767	47 565	495 624	4 814 000	58 780 819	72 085	1 104/47 565	47 565
2001	67 809	54 900	567 839	4 356 300	63 137 119	73 025	1.29/5.49	54 900
2002	80 800	66 203	655 763	3 848 900	66 986 019	73 740	1.46/6.62	66 203
2003	111 091	92 241	929 598	3 511 927	70 497 946	74 432	1.88/9.23	92 241
2004	150 800	127 300	1 196 300	3 591 900	74 089 846	75 200	5.33/27.3	127 300
		812 528	11 251 675					812 528

资料来源：中国教育概况（教育部网站）：1981—1996 年全国高等学校和科研机构共培养博士 20 514 人，硕士 285 943 人。

注：1994—1996 年硕士生毕业生数由 1991—1993 年博硕招生比与研究生毕业总数推算而得。

附录4:2004年从业人员受8类教育程度分布百分比计算

年度	研究生1（硕）/人	本科生/人	本科生累计/人	中等职业教育总数/人	中等职业教育累计数/人	就业人员/万人	女生比例及女生数
1964				298 699	298 699		由于缺少1978年以前的男女毕业生统计资料，此处计算采用1978数据。根据1993年统计年鉴第728页查得1978年中等专业学校女生占33.1%；高等学校女生占24.2%。由此计算得1964—1968年女中等职业教育毕业生数、1968—1972年女普通本科毕业生数和1971—1975年女研究生毕业生数分别为：359 411人，98 447人，0，
1965				300 388	599 087	28 670	
1966				118 986	718 073		
1967				170 329	888 402		
1968		136 931	136 931	197 431	1 085 833		
1969		150 119	287 050	102 845	1 188 678		
1970		102 672	389 722	28 131	1 216 809	34 432	
1971		5 945	395 667	88 970	1 305 779		
1972		11 137	406 804	124 235	1 430 014		
1973		24 414	431 218	153 867	1 583 881		
1974		37 133	468 351	201 532	1 785 413		
1975		110 131	578 482	301 309	2 086 722	38 168	
1976		132 700	711 182	398 662	2 485 384		
1977		180 160	891 342	442 173	2 927 557		
1978	9	156 791	1 048 133	303 023	3 230 580	40 152	
1979	140	55 985	1 104 118	253 225	3 483 805	41 024	
1980	476	110 562	1 214 680	583 570	4 067 375	42 361	
1981	285 943	115 761	1 330 441	844 853	4 912 228	43 725	
1982		199 709	1 530 150	1 767 500	6 679 728	45 295	
1983		146 395	1 676 545	1 198 300	7 878 028	46 436	
1984		125 419	1 801 964	824 600	8 702 628	48 197	
1985		223 519	2 025 483	1 019 700	9 722 328	49 873	
1986		227 800	2 253 283	1 351 000	11 073 328	51 282	

（续表）

年度	研究生1(硕)/人	本科生/人	本科生累计/人	中等职业教育总数/人	中等职业教育累计数/人	就业人员/万人	女生比例及女生数
1987		225 050	2 478 333	1 679 700	12 753 028	52 783	
1988		279 791	2 758 124	1 796 900	14 549 928	54 334	
1989		195 946	2 954 070	2 277 000	16 826 928	55 329	
1990		200 472	3 154 542	2 413 200	19 240 128	64 749	
1991		190 163	3 344 705	2 629 100	21 869 228	65 491	
1992		211 231	3 555 936	2 523 800	24 393 028	66 152	
1993		298 959	3 854 895	2 666 900	27 059 928	66 808	
1994		310 291	4 165 186	2 941 400	30 001 328	67 455	
1995		325 484	4 490 670	3 506 400	33 507 728	68 065	
1996		347 194	4 837 864	3 954 300	37 462 028	68 950	
1997	39 114	381 647	5 219 511	4 090 800	41 552 828	69 820	
1998	38 051	404 666	5 624 177	4 633 100	46 185 928	70 637	
1999	44 189	440 935	6 065 112	4 730 500	50 916 428	71 394	
2000	47 565	495 624	6 560 736	4 814 000	55 730 428	72 085	
2001	54 900	567 839	7 128 575	4 356 300	60 086 728	73 025	
2002	66 203	655 763	7 784 338	3 848 900	63 935 628	73 740	
2003	92 241	929 598	8 713 936	3 511 927	67 447 555	74 432	
2004	127 300	1 196 300	9 910 236	3 591 900	71 039 455	75 200	
	796 131	9 910 236		71 039 455			
占从业人员数(%)	796 131÷752 000 000=0.11%	9 910 236−98 447=9 811 789	9 811 789÷752 000 000=1.30%	71039 455−359 411=70 680 044	70 680 044÷752 000 000=9.40%		

数据来源：《新中国五十年统计资料汇编(1949—1998)》，中国统计出版社；《中国统计年鉴(1997—2005)》，中国统计出版社；《三十年全国教育统计资料(1949—1978)》，国家教育部1979年；《中国教育年鉴(1949—1981)》，中国大百科全书出版社；《中国教育年鉴(1982—1986)》，湖南教育出版社；《中国教育年鉴(1988、2001—2002)》，人民教育出版社；《中国教育统计年鉴(1989—

1991、1998—2002)》,国家教育部(委)计建司编,人民教育出版社;《中国教育事业统计年鉴(1992—2002)》,国家教育部(委)计建司编,人民教育出版社;《中国教育统计年鉴(2003)》,国家教育部发展规划司编,人民教育出版社;1998—2004 年全国教育事业发展统计公报,国家教育部发布。

注:

① 高等职业教育毕业生包括普通院校(含高等职业教育院校)专科毕业生和成人高校毕业生人数;中等职业教育毕业生包括普通中等专业学校、农职中、工读学校、特殊教育学校、成人中等专业学校毕业生人数。

② 部分年段(1979—1988)本科和专科毕业生数根据相关比例推算而得。

2003 年从业人员受 8 类教育程度分布 (%)

研究生	本科	高等职业教育	中等职业教育	(普通)高中	初中	小学	文盲半文盲
0.1	1.2	5.5	9.1	4.5	43.7	28.7	7.2

注:根据《中国劳动统计年鉴 2004》表 1-44 中数据结合上述计算整理而得.高等职业教育百分数等于 1-44 表中的大专/本科/研究生的百分比总数减去上述计算的普通本科/研究生百分比(四舍五入)之和:(4.8+1.9+0.1—0.1—1.2)=5.5;普通高中百分数等于表 1-44 中的高中(含中等职业教育)百分数减去中等职业教育百分数(四舍五入):13.6—9.1=4.5。

全国就业人员受(5 类)教育程度构成 (%)

年份	研究生	本科	大专	高中	初中	小学	不识字
2003	0.1	1.9	4.8	13.6	43.7	28.7	7.1
2004	0.13	2.1	5.0	13.4	45.8	27.4	6.2

资料来源:《中国劳动统计年鉴 2004》表 1-44 及《中国劳动统计年鉴 2005》表 1-45

2004 年从业人员受 8 类教育程度分布 (%)

研究生	本科	高等职业教育	中等职业教育	(普通)高中	初中	小学	文盲半文盲
0.11	1.3	5.8	9.4	4.0	45.8	27.4	6.2

注:根据《中国劳动统计年鉴 2005》表 1-45 中数据结合上述计算整理而得.高等职业教育百分数等于 1-45 表中的大专/本科/研究生的百分比总数减去上述计算的普通本科/研究生百分比之和(四舍五入保留 1 位小数):(5.0+2.1+0.13—0.11—1.3)=5.8;普通高中百分数等于表 1-45 中的高中(含中等职业教育)百分数减去中等职业教育百分数:13.4—9.4=4.0。

附录5：1993年从业人员受8类教育程度分布百分比计算

年度	研究生2（硕）/人	研究生累计数/人	普通本科/人	本科生累计数/人	中等职业教育总数/人	中等职业教育累计数/人	就业人员/万人	女生比例及女生数
1953					1 181 54	118 154		由于缺少1978年以前的男女毕业生统计资料，此处计算采用1978数据。根据1993年统计年鉴第728页查得1978年高等学校女生占24.2%；中等专业学校女生占33.1%。由此计算得1953—1957年中等职业教育女毕业生数、1957—1961年普通本科女毕业生数和1960—1964年研究生女毕业生数分别为：280 852人，80 315人，1 015人。
1954					169 503	287 657		
1955					235 142	522 799		
1956					175 495	698 294		
1957			42 750	42750	150 200	848 494	23 771	
1958			46 504	89 254	190 960	1 039 454		
1959			52 419	141 673	354 947	1 394 401		
1960	589	589	89 758	231 431	322 852	1 717 253		
1961	179	768	100 450	331 881	382 508	2 099 761		
1962	1 019	1 787	123 010	454 891	395 895	2 495 656	25 910	
1963	1 512	3 299	162 766	617 657	283 089	2 778 745		
1964	895	4 194	187 351	805 008	298 699	3 077 444		
1965	1 665	5 859	178 001	983 009	300 388	3 377 832	28 670	
1966		5 859	134 647	1 117 656	118 986	3 496 818		
1967		5 859	113 694	1 231 350	170 329	3 667 147		
1968		5 859	136 931	1 368 281	197 431	3 864 578		
1969		5 859	150 119	1 518 400	102 845	3 967 423		
1970		5 859	102 672	1 621 072	28 131	3 995 554	34 432	
1971		5 859	5 945	1 627 017	88 970	4 084 524		
1972		5 859	11 137	1 638 154	124 235	4 208 759		
1973		5 859	24 414	1 662 568	153 867	4 362 626		
1974		5 859	37 133	1 699 701	201 532	4 564 158		
1975		5 859	110 131	1 809 832	301 309	4 865 467	38 168	

(续表)

年度	研究生2(硕)/人	研究生累计数/人	普通本科/人	本科生累计数/人	中等职业教育总数/人	中等职业教育累计数/人	就业人员/万人	女生比例及女生数
1976		5 859	132 700	1 942 532	398 662	5 264 129		
1977		5 859	180 160	2 122 692	442 173	5 706 302		
1978	9	5 868	156 791	2 279 483	303 023	6 009 325	40 152	
1979	140	6 008	55 985	2 335 468	253 225	6 262 550	41 024	
1980	476	6 484	110 562	2 446 030	583 570	6 846 120	42 361	
1981			115 761	2 561 791	844 853	7 690 973	43 725	
1982			199 709	2 761 500	1 767 500	9 458 473	45 295	
1983			146 395	2 907 895	1 198 300	10 656 773	46 436	
1984			125 419	3 033 314	824 600	11 481 373	48 197	
1985			223 519	3 256 833	1 019 700	12 501 073	49 873	
1986			227 800	3 484 633	1 351 000	13 852 073	51 282	
1987	199 916		225 050	3 709 683	1 679 700	15 531 773	52 783	
1988			279 791	3 989 474	1 796 900	17 328 673	54 334	
1989			195 946	4 185 420	2 277 000	19 605 673	55 329	
1990			200 472	4 385 892	2 413 200	22 018 873	64 749	
1991			190 163	4 576 055	2 629 100	24 647 973	65 491	
1992			211 231	4 787 286	2 523 800	27 171 773	66 152	
1993		206 400	298 959	5 086 245	2 666 900	29 838 673	66 808	
	206 400		5 086 245		29 838 673			
占从业人员数(%)	206 400－1 015＝205 385	205 385÷668 080 000＝0.03%	5 086 245－80 315＝5 005 930	5 005 930÷668 080 000＝0.75%	29 838 673－280 852＝29 557 821	29 557 821÷668 080 000＝4.42%		

数据来源:《新中国五十年统计资料汇编(1949—1998)》,中国统计出版社;《中国统计年鉴(1997—2005)》,中国统计出版社;《三十年全国教育统计资料(1949—1978)》,国家教育部 1979 年 9 月;《中国教育年鉴(1949—1981)》,中国大百科全书出版社;《中国教育年鉴(1982—1986)》,湖南教育出版社;《中国教育年鉴(1988、2001—2002)》,人民教育出版社;《中国教育统计

年鉴(1989—1991、1998—2002)》,人民教育出版社;《中国教育事业统计年鉴(1992—2002)》,人民教育出版社;《中国教育统计年鉴(2003)》,人民教育出版社。

注:

① 高等职业教育毕业生包括:普通院校(含高等职业教育院校)专科毕业生和成人高校毕业生人数;中等职业教育毕业生包括:普通中等专业学校、农职中、工读学校、特殊教育学校、成人中等专业学校毕业生人数。

② 部分年段(1979—1988)本科和专科毕业生数根据相关比例推算而得。

1990 年在业人口文化程度

在业总人数/人 64 724.47	大学本科	大学专科	中专	高中	初中	小学	不识或识字很少
人数/人	430.15	781.83	1 342.44	5 824.16	20 913.86	24 483.38	10 948.65
占总人数的百分比	0.66	1.21	2.07	9	32.31	37.83	16.92

资料来源:《中国统计年鉴 1993》,1990 年人口普查资料(四次人口普查)。

1996 年从业人员受(5 类)教育程度分组构成　　(%)

地区	合计	大专以上	高中和中专	初中	小学	不识字
全国	100	2.8	11.3	37.5	35.3	13

资料来源:《中国统计年鉴 1997》,1996 年人口变动情况抽样调查。

1990 年、1996 年、1993 年从业人员受(5 类)教育程度分布　　(%)

年份	大专以上	高中和中专	初中	小学	文盲半文盲
1990	1.87	11.07	32.31	37.83	16.92
1996	2.8	11.3	37.5	35.3	13
1993	2.3	11.2	34.9	36.6	15

注:1993 年数据取 1996 年与 1990 年的中间值。

1993年从业人员受(8类)教育程度分布　(%)

研究生	本科	高等职业教育	中等职业教育	(普通)高中	初中	小学	文盲半文盲
0.03	0.75	1.5	4.4	6.8	34.9	36.6	15

注：本科以上等于本科和研究生文化程度百分数之和(四舍五入为0.8)；高等职业教育百分数等于大专以上减去本科以上百分数之和(2.3－0.8＝1.5)；普通高中百分数等于高中和中专百分数减去中等职业教育百分数(11.2－4.4＝6.8)。

附录6：2003年从业人员受(8类)教育程度分布百分比计算

<table>
<tr><th>年度</th><th>研究生1(硕)/人</th><th>本科生/人</th><th>本科生累计/人</th><th>中等职业教育总数/人</th><th>中等职业教育累计数/人</th><th>就业人员/万人</th><th>女生比例及女生数</th></tr>
<tr><td>1963</td><td></td><td></td><td></td><td>283 089</td><td>283 089</td><td></td><td rowspan="16">由于缺少1978年以前的男女毕业生统计资料，此处计算采用1978数据。根据1993年统计年鉴第728页查得1978年高等学校女生占24.2%；中等专业学校女生占33.1%。由此计算得1963—1967年女中等职业教育毕业</td></tr>
<tr><td>1964</td><td></td><td></td><td></td><td>298 699</td><td>298 699</td><td></td></tr>
<tr><td>1965</td><td></td><td></td><td></td><td>300 388</td><td>599 087</td><td>28 670</td></tr>
<tr><td>1966</td><td></td><td></td><td></td><td>118 986</td><td>718 073</td><td></td></tr>
<tr><td>1967</td><td></td><td>113 694</td><td>113 694</td><td>170 329</td><td>888 402</td><td></td></tr>
<tr><td>1968</td><td></td><td>136 931</td><td>136 931</td><td>197 431</td><td>1 085 833</td><td></td></tr>
<tr><td>1969</td><td></td><td>150 119</td><td>287 050</td><td>102 845</td><td>1 188 678</td><td></td></tr>
<tr><td>1970</td><td></td><td>102 672</td><td>389 722</td><td>28 131</td><td>1 216 809</td><td>34 432</td></tr>
<tr><td>1971</td><td></td><td>5 945</td><td>395 667</td><td>88 970</td><td>1 305 779</td><td></td></tr>
<tr><td>1972</td><td></td><td>11 137</td><td>406 804</td><td>124 235</td><td>1 430 014</td><td></td></tr>
<tr><td>1973</td><td></td><td>24 414</td><td>431 218</td><td>153 867</td><td>1 583 881</td><td></td></tr>
<tr><td>1974</td><td></td><td>37 133</td><td>468 351</td><td>201 532</td><td>1 785 413</td><td></td></tr>
<tr><td>1975</td><td></td><td>110 131</td><td>578 482</td><td>301 309</td><td>2 086 722</td><td>38 168</td></tr>
<tr><td>1976</td><td></td><td>132 700</td><td>711 182</td><td>398 662</td><td>2 485 384</td><td></td></tr>
<tr><td>1977</td><td></td><td>180 160</td><td>891 342</td><td>442 173</td><td>2 927 557</td><td></td></tr>
<tr><td>1978</td><td>9</td><td>156 791</td><td>1 048 133</td><td>303 023</td><td>3 230 580</td><td>40 152</td></tr>
</table>

（续表）

年度	研究生1（硕）/人	本科生/人	本科生累计/人	中等职业教育总数/人	中等职业教育累计数/人	就业人员/万人	女生比例及女生数
1979	140	55 985	1 104 118	253 225	3 483 805	41 024	数、1967—1971年女普通本科毕业生数和1970—1974年女研究生毕业生数分别为：387 764人，123 265人，0。
1980	476	110 562	1 214 680	583 570	4 067 375	42 361	
1981	285 943	115 761	1 330 441	844 853	4 912 228	43 725	
1982		199 709	1 530 150	1 767 500	6 679 728	45 295	
1983		146 395	1 676 545	1 198 300	7 878 028	46 436	
1984		125 419	1 801 964	824 600	8 702 628	48 197	
1985		223 519	2 025 483	1 019 700	9 722 328	49 873	
1986		227 800	2 253 283	1 351 000	11 073 328	51 282	
1987		225 050	2 478 333	1 679 700	12 753 028	52 783	
1988		279 791	2 758 124	1 796 900	14 549 928	54 334	
1989		195 946	2 954 070	2 277 000	16 826 928	55 329	
1990		200 472	3 154 542	2 413 200	19 240 128	64 749	
1991		190 163	3 344 705	2 629 100	21 869 228	65 491	
1992		211 231	3 555 936	2 523 800	24 393 028	66 152	
1993		298 959	3 854 895	2 666 900	27 059 928	66 808	
1994		310 291	4 165 186	2 941 400	30 001 328	67 455	
1995		325 484	4 490 670	3 506 400	33 507 728	68 065	
1996		347 194	4 837 864	3 954 300	37 462 028	68 950	
1997	39 114	381 647	5 219 511	4 090 800	41 552 828	69 820	
1998	38 051	404 666	5 624 177	4 633 100	46 185 928	70 637	
1999	44 189	440 935	6 065 112	4 730 500	50 916 428	71 394	
2000	47 565	495 624	6 560 736	4 814 000	55 730 428	72 085	
2001	54 900	567 839	7 128 575	4 356 300	60 086 728	73 025	
2002	66 203	655 763	7 784 338	3 848 900	63 935 628	73 740	
2003	92 241	929 598	8 827 630	3 511 927	67 730 644	74 432	
	668 831		8 827 630		67 730 644		

（续表）

年度	研究生1（硕）/人	本科生/人	本科生累计/人	中等职业教育总数/人	中等职业教育累计数/人	就业人员/万人	女生比例及女生数
占从业人员数（%）	668 831÷744 320 000＝0.09%	8 827 630－123 265＝8 704 365	8 704 365÷744 320 000＝1.17%	67 730 644－387 764＝67 342 880	67 342 880÷744 320 000＝9.05%		

数据来源：《新中国五十年统计资料汇编（1949—1998）》，中国统计出版社；《中国统计年鉴（1997—2004）》，中国统计出版社；《三十年全国教育统计资料（1949—1978）》，国家教育部1979年9月；《中国教育年鉴（1949—1981）》，中国大百科全书出版社；《中国教育年鉴（1982—1986）》，湖南教育出版社；《中国教育年鉴（1988、2001—2002）》，人民教育出版社；《中国教育统计年鉴（1989—1991、1998—2002）》，人民教育出版社；《中国教育事业统计年鉴（1992—2002）》，人民教育出版社；《中国教育统计年鉴（2003）》，人民教育出版社。

注：

① 高等职业教育毕业生包括：普通院校（含高等职业教育院校）专科毕业生和成人高校毕业生人数；中等职业教育毕业生包括：普通中等专业学校、农职中、工读学校、特殊教育学校、成人中等专业学校毕业生人数。

② 部分年段（1979—1988）本科和专科毕业生数根据相关比例推算而得。

2003年从业人员受8类教育程度分布　（%）

研究生	本科	高等职业教育	中等职业教育	（普通）高中	初中	小学	文盲半文盲
0.1	1.2	5.5	9.1	4.5	43.7	28.7	7.2

注：根据《中国劳动统计年鉴2004》表1-44中数据结合上述计算整理而得。高等职业教育百分数等于1-44表中的大专/本科/研究生的百分比总数减去上述计算的普通本科/研究生百分比（四舍五入）之和：（4.8＋1.9＋0.1－0.1－1.2）＝5.5；普通高中百分数等于表1-44中的高中（含中等职业教育）百分数减去中等职业教育百分数（四舍五入）：13.6－9.1＝4.5。

（分地区）全国就业人员受（5类）教育程度构成（2003年）　（%）

研究生	本科	大专	高中	初中	小学	不识字
0.1	1.9	4.8	13.6	43.7	28.7	7.1

附录 7:2002 年从业人员受(8 类)教育程度分布百分比计算

年度	研究生 1(硕)/人	本科生/人	本科生累计/人	中等职业教育总数/人	中等职业教育累计数/人	就业人员/万人	女生比例及女生数
1962				395 895	395 895		由于缺少 1978 年以前的男女毕业生统计资料,此处计算采用 1978 数据。根据 1993 年统计年鉴第 728 页查得 1978 年高等学校女生占 24.2%;中等专业学校女生占 33.1%。由此计算得 1966—1970 年女普通本科毕业生数、1962—1966 年女中等职业教育毕业生数和 1969—1973 年女研究生毕业生数分别为:154 411 人,462 425 人,0。
1963				283 089	678 984		
1964				298 699	977 683		
1965				300 388	1 278 071	28 670	
1966		134 647	134 647	118 986	1 397 057		
1967		113 694	248 341	170 329	1 567 386		
1968		136 931	385 272	197 431	1 764 817		
1969		150 119	535 391	102 845	1 867 662		
1970		102 672	638 063	28 131	1 895 793	34 432	
1971		5 945	644 008	88 970	1 984 763		
1972		11 137	655 145	124 235	2 108 998		
1973		24 414	679 559	153 867	2 262 865		
1974		37 133	716 692	201 532	2 464 397		
1975		110 131	826 823	301 309	2 765 706	38 168	
1976		132 700	959 523	398 662	3 164 368		
1977		180 160	1 139 683	442 173	3 606 541		
1978	9	156 791	1 296 474	303 023	3 909 564	40 152	
1979	140	55 985	1 352 459	253 225	4 162 789	41 024	
1980	476	110 562	1 463 021	583 570	4 746 359	42 361	
1981		115 761	1 578 782	844 853	5 591 212	43 725	
1982		199 709	1 778 491	1 767 500	7 358 712	45 295	
1983	285 943	146 395	1 924 886	1 198 300	8 557 012	46 436	
1984		125 419	2 050 305	824 600	9 381 612	48 197	
1985		223 519	2 273 824	1 019 700	10 401 312	49 873	

（续表）

年度	研究生1（硕）/人	本科生/人	本科生累计/人	中等职业教育总数/人	中等职业教育累计数/人	就业人员/万人	女生比例及女生数
1986		227 800	2 501 624	1 351 000	11 752 312	51 282	
1987		225 050	2 726 674	1 679 700	13 432 012	52 783	
1988		279 791	3 006 465	1 796 900	15 228 912	54 334	
1989		195 946	3 202 411	2 277 000	17 505 912	55 329	
1990		200 472	3 402 883	2 413 200	19 919 112	64 749	
1991		190 163	3 593 046	2 629 100	22 548 212	65 491	
1992		211 231	3 804 277	2 523 800	25 072 012	66 152	
1993		298 959	4 103 236	2 666 900	27 738 912	66 808	
1994		310 291	4 413 527	2 941 400	30 680 312	67 455	
1995		325 484	4 739 011	3 506 400	34 186 712	68 065	
1996		347 194	5 086 205	3 954 300	38 141 012	68 950	
1997	39 114	381 647	5 467 852	4 090 800	42 231 812	69 820	
1998	38 051	404 666	5 872 518	4 633 100	46 864 912	70 637	
1999	44 189	440 935	6 313 453	4 730 500	51 595 412	71 394	
2000	47 565	495 624	6 809 077	4 814 000	56 409 412	72 085	
2001	54 900	567 839	7 376 916	4 356 300	60 765 712	73 025	
2002	66 203	655 763	8 032 679	3 848 900	64 614 612	73 740	
	576 590		8 032 679		64 614 612		
占从业人员数（%）	576 590÷737 400 000 ＝0.078%	8 032 679 －154 411 ＝7 878 268	7 878 268÷737 400 000 ＝1.07%	64 614 612 －462 425 ＝64 152 187	64 152 187÷737 400 000 ＝8.70%		

数据来源：《新中国五十年统计资料汇编(1949—1998)》，中国统计出版社；《中国统计年鉴(1997—2005)》，中国统计出版社；《三十年全国教育统计资料(1949—1978)》，国家教育部1979年9月；《中国教育年鉴(1949—1981)》，中国大百科全书出版社1984年9月；《中国教育年鉴(1982—1986)》，湖南教育出版社；《中国教育年鉴(1988、2001—2002)》，人民教育出版社；《中国教育统计年鉴(1989—1991、1998—2002)》，人民教育出版社；《中国教育事业统计年鉴(1992—2002)》，人民教育出版社；《中国教育统计年鉴(2003)》，人民教育出版

社;1998—2004年全国教育事业发展统计公报,国家教育部发布。

注:

① 高等职业教育毕业生包括:普通院校(含高等职业教育院校)专科毕业生和成人高校毕业生人数;中等职业教育毕业生包括:普通中等专业学校、农职中、工读学校、特殊教育学校、成人中等专业学校毕业生人数。

② 部分年段(1979—1988)本科和专科毕业生数根据相关比例推算而得。

2002年从业人员受(8类)教育程度分布 (%)

研究生	本科	高等职业教育	中等职业教育	(普通)高中	初中	小学	文盲半文盲
0.078	1.07	4.9	8.7	4.4	43.2	30	7.8

注:根据《中国劳动统计年鉴2002》数据结合上述计算整理而得。高等职业教育百分数等于大专以上百分比总数减去上述计算的普通本科/研究生百分比(四舍五入)之和:(6−0.078−1.07)=4.9;普通高中百分数等于高中(含中等职业教育)百分数减去中等职业教育百分数(四舍五入):13.1−8.7=4.4。

全国就业人员受(5类)教育程度构成 (%)

年份	大专以上	高中	初中	小学	不识字
1993	2.3	11.2	34.9	36.6	15
1996	2.8	11.3	37.5	35.3	13
1997	3.5	12.1	37.9	34.8	11.6
1998	3.5	11.9	38.9	34.2	11.5
1999	3.8	11.9	39.9	33.3	11
2000	4.67	12.65	41.7	32.84	8.14
2001	5.6	13.5	42.3	30.9	7.8
2002	6	13.1	43.2	30	7.8
2003	6.8	13.6	43.7	28.7	7.2
2004	7.2	13.4	45.8	27.4	6.2

资料来源:根据全国第五次人口普查、《新中国五十五年统计资料汇编1949—2004》、1997年《中国统计年鉴》以及1998—2003年《中国劳动统计年鉴》相关数据整理而得。

附录 8:2001 年从业人员受(8 类)教育程度分布百分比计算

<table>
<tr><th>年度</th><th>研究生 1(硕)/人</th><th>本科生/人</th><th>本科生累计/人</th><th>中等职业教育总数/人</th><th>中等职业教育累计数/人</th><th>就业人员/万人</th><th>女生比例及女生数</th></tr>
<tr><td>1961</td><td></td><td></td><td></td><td>382 508</td><td>382 508</td><td></td><td rowspan="24">由于缺少 1978 年以前的男女毕业生统计资料，此处计算采用 1978 数据。根据 1993 年统计年鉴第 728 页查得 1978 年高等学校女生占 24.2%；中等专业学校女生占 33.1%。由此计算得 1965—1969 年女普通本科毕业生数、1961—1965 年女中等职业教育毕业生数和 1968—1972 年女研究生毕业生数分别为：172 641 人，549 652 人，0。</td></tr>
<tr><td>1962</td><td></td><td></td><td></td><td>395 895</td><td>778 403</td><td></td></tr>
<tr><td>1963</td><td></td><td></td><td></td><td>283 089</td><td>1 061 492</td><td></td></tr>
<tr><td>1964</td><td></td><td></td><td></td><td>298 699</td><td>1 360 191</td><td></td></tr>
<tr><td>1965</td><td></td><td>178 001</td><td>178 001</td><td>300 388</td><td>1 660 579</td><td>28 670</td></tr>
<tr><td>1966</td><td></td><td>134 647</td><td>312 648</td><td>118 986</td><td>1 779 565</td><td></td></tr>
<tr><td>1967</td><td></td><td>113 694</td><td>426 342</td><td>170 329</td><td>1 949 894</td><td></td></tr>
<tr><td>1968</td><td></td><td>136 931</td><td>563 273</td><td>197 431</td><td>2 147 325</td><td></td></tr>
<tr><td>1969</td><td></td><td>150 119</td><td>713 392</td><td>102 845</td><td>2 250 170</td><td></td></tr>
<tr><td>1970</td><td></td><td>102 672</td><td>816 064</td><td>28 131</td><td>2 278 301</td><td>34 432</td></tr>
<tr><td>1971</td><td></td><td>5 945</td><td>822 009</td><td>88 970</td><td>2 367 271</td><td></td></tr>
<tr><td>1972</td><td></td><td>11 137</td><td>833 146</td><td>124 235</td><td>2 491 506</td><td></td></tr>
<tr><td>1973</td><td></td><td>24 414</td><td>857 560</td><td>153 867</td><td>2 645 373</td><td></td></tr>
<tr><td>1974</td><td></td><td>37 133</td><td>894 693</td><td>201 532</td><td>2 846 905</td><td></td></tr>
<tr><td>1975</td><td></td><td>110 131</td><td>1 004 824</td><td>301 309</td><td>3 148 214</td><td>38 168</td></tr>
<tr><td>1976</td><td></td><td>132 700</td><td>1 137 524</td><td>398 662</td><td>3 546 876</td><td></td></tr>
<tr><td>1977</td><td></td><td>180 160</td><td>1 317 684</td><td>442 173</td><td>3 989 049</td><td></td></tr>
<tr><td>1978</td><td>9</td><td>156 791</td><td>1 474 475</td><td>303 023</td><td>4 292 072</td><td>40 152</td></tr>
<tr><td>1979</td><td>140</td><td>55 985</td><td>1 530 460</td><td>253 225</td><td>4 545 297</td><td>41 024</td></tr>
<tr><td>1980</td><td>476</td><td>110 562</td><td>1 641 022</td><td>583 570</td><td>5 128 867</td><td>42 361</td></tr>
<tr><td>1981</td><td rowspan="4">285 943</td><td>115 761</td><td>1 756 783</td><td>844 853</td><td>5 973 720</td><td>43 725</td></tr>
<tr><td>1982</td><td>199 709</td><td>1 956 492</td><td>1 767 500</td><td>7 741 220</td><td>45 295</td></tr>
<tr><td>1983</td><td>146 395</td><td>2 102 887</td><td>1 198 300</td><td>8 939 520</td><td>46 436</td></tr>
<tr><td>1984</td><td>125 419</td><td>2 228 306</td><td>824 600</td><td>9 764 120</td><td>48 197</td></tr>
</table>

(续表)

年度	研究生1(硕)/人	本科生/人	本科生累计/人	中等职业教育总数/人	中等职业教育累计数/人	就业人员/万人	女生比例及女生数
1985		223 519	2 451 825	1 019 700	10 783 820	49 873	
1986		227 800	2 679 625	1 351 000	12 134 820	51 282	
1987		225 050	2 904 675	1 679 700	13 814 520	52 783	
1988		279 791	3 184 466	1 796 900	15 611 420	54 334	
1989		195 946	3 380 412	2 277 000	17 888 420	55 329	
1990		200 472	3 580 884	2 413 200	20 301 620	64 749	
1991		190 163	3 771 047	2 629 100	22 930 720	65 491	
1992		211 231	3 982 278	2 523 800	25 454 520	66 152	
1993		298 959	4 281 237	2 666 900	28 121 420	66 808	
1994		310 291	4 591 528	2 941 400	31 062 820	67 455	
1995		325 484	4 917 012	3 506 400	34 569 220	68 065	
1996		347 194	5 264 206	3 954 300	38 523 520	68 950	
1997	39 114	381 647	5 645 853	4 090 800	42 614 320	69 820	
1998	38 051	404 666	6 050 519	4 633 100	47 247 420	70 637	
1999	44 189	440 935	6 491 454	4 730 500	51 977 920	71 394	
2000	47 565	495 624	6 987 078	4 814 000	56 791 920	72 085	
2001	54 900	567 839	7 554 917	4 356 300	61 148 220	73 025	
	510 387		7 554 917		61 148 220		
占从业人员数(%)	510 387÷730 250 000 =0.07%	7 554 917 −172 641 =7 382 276	7 382 990÷730 250 000 =1.01%	61 148 220−549 652= 60 598 568	60 598 568÷730 250 000 =8.30%		

数据来源:《新中国五十年统计资料汇编(1949—1998)》,中国统计出版社;《中国统计年鉴(1997—2005)》,中国统计出版社;《三十年全国教育统计资料(1949—1978)》,国家教育部1979年9月;《中国教育年鉴(1949—1981)》,中国大百科全书出版社;《中国教育年鉴(1982—1986)》,湖南教育出版社;《中国教育年鉴(1988、2001—2002)》,人民教育出版社;《中国教育统计年鉴(1989—1991、1998—2002)》,人民教育出版社;《中国教育事业统计年鉴(1992—2002)》,人民教育出版社;《中国教育统计年鉴(2003)》,人民教育出版社;

1998—2004年全国教育事业发展统计公报，国家教育部发布。

注：

① 高等职业教育毕业生包括：普通院校（含高等职业教育院校）专科毕业生和成人高校毕业生人数；中等职业教育毕业生包括：普通中等专业学校、农职中、工读学校、特殊教育学校、成人中等专业学校毕业生人数。

② 部分年段（1979—1988）本科和专科毕业生数根据相关比例推算而得。

2001年从业人员受（8类）教育程度分布　（%）

研究生	本科	高等职业教育	中等职业教育	（普通）高中	初中	小学	文盲半文盲
0.07	1.01	4.5	8.3	5.2	42.3	30.9	7.8

注：根据《中国劳动统计年鉴2001》数据结合上述计算整理而得. 高等职业教育百分数等于大专以上百分比总数减去上述计算的普通本科/研究生百分比（四舍五入）之和：(5.6−0.07−1.01)=4.5；普通高中百分数等于高中（含中等职业教育）百分数减去中等职业教育百分数（四舍五入）：13.5−8.3=5.2。

全国就业人员受（5类）教育程度构成　/（%）

年份	大专以上	高中	初中	小学	不识字
1993	2.3	11.2	34.9	36.6	15
1996	2.8	11.3	37.5	35.3	13
1997	3.5	12.1	37.9	34.8	11.6
1998	3.5	11.9	38.9	34.2	11.5
1999	3.8	11.9	39.9	33.3	11
2000	4.67	12.65	41.7	32.84	8.14
2001	5.6	13.5	42.3	30.9	7.8
2002	6	13.1	43.2	30	7.8
2003	6.8	13.6	43.7	28.7	7.2
2004	7.2	13.4	45.8	27.4	6.2

资料来源：根据全国第五次人口普查、《新中国五十五年统计资料汇编1949—2004》、1997年《中国统计年鉴》以及1998—2003年《中国劳动统计年鉴》相关数据整理而得。

附录9:2000年从业人员受(8类)教育程度分布百分比计算

年度	研究生1(硕)/人	本科生/人	本科生累计/人	中等职业教育总数/人	中等职业教育累计数/人	就业人员/万人	女生比例及女生数
1960				322 852	322 852		由于缺少1978年以前的男女毕业生统计资料，此处计算采用1978数据。根据1993年统计年鉴第728页查得1978年高等学校女生占24.2%；中等专业学校女生占33.1%。由此计算得1964—1968年女普通本科毕业生数、1960—1964年女中等职业教育毕业生数和1967—1971年女研究生毕业生数分别为：181 651人，557 087人，0。
1961				382 508	705 360		
1962				395 895	1 101 255		
1963				283 089	1 384 344		
1964		187 351	187 351	298 699	1 683 043		
1965		178 001	365 352	300 388	1 983 431	28 670	
1966		134 647	499 999	118 986	2 102 417		
1967		113 694	613 693	170 329	2 272 746		
1968		136 931	750 624	197 431	2 470 177		
1969		150 119	900 743	102 845	2 573 022		
1970		102 672	1 003 415	28 131	2 601 153	34 432	
1971		5 945	1 009 360	88 970	2 690 123		
1972		11 137	1 020 497	124 235	2 814 358		
1973		24 414	1 044 911	153 867	2 968 225		
1974		37 133	1 082 044	201 532	3 169 757		
1975		110 131	1 192 175	301 309	3 471 066	38 168	
1976		132 700	1 324 875	398 662	3 869 728		
1977		180 160	1 505 035	442 173	4 311 901		
1978	9	156 791	1 661 826	303 023	4 614 924	40 152	
1979	140	55 985	1 717 811	253 225	4 868 149	41 024	
1980	476	110 562	1 828 373	583 570	5 451 719	42 361	
1981		115 761	1 944 134	844 853	6 296 572	43 725	
1982	285 943	199 709	2 143 843	1 767 500	8 064 072	45 295	
1983		146 395	2 290 238	1 198 300	9 262 372	46 436	

(续表)

年度	研究生1(硕)/人	本科生/人	本科生累计/人	中等职业教育总数/人	中等职业教育累计数/人	就业人员/万人	女生比例及女生数
1984		125 419	2 415 657	824 600	10 086 972	48 197	
1985		223 519	2 639 176	1 019 700	11 106 672	49 873	
1986		227 800	2 866 976	1 351 000	12 457 672	51 282	
1987		225 050	3 092 026	1 679 700	14 137 372	52 783	
1988		279 791	3 371 817	1 796 900	15 934 272	54 334	
1989		195 946	3 567 763	2 277 000	18 211 272	55 329	
1990		200 472	3 768 235	2 413 200	20 624 472	64 749	
1991		190 163	3 958 398	2 629 100	23 253 572	65 491	
1992		211 231	4 169 629	2 523 800	25 777 372	66 152	
1993		298 959	4 468 588	2 666 900	28 444 272	66 808	
1994		310 291	4 778 879	2 941 400	31 385 672	67 455	
1995		325 484	5 104 363	3 506 400	34 892 072	68 065	
1996		347 194	5 451 557	3 954 300	38 846 372	68 950	
1997	39 114	381 647	5 833 204	4 090 800	42 937 172	69 820	
1998	38 051	404 666	6 237 870	4 633 100	47 570 272	70 637	
1999	44 189	440 935	6 678 805	4 730 500	52 300 772	71 394	
2000	47 565	495 624	7 174 429	4 814 000	57 114 772	72 085	
	455 487		7 174 429		57 114 772		
占从业人员数(%)	455 487÷720 850 000=0.06%	7 174 429−181 651=6 992 778	6 993 529÷720 850 000=0.97%	57 114 772−557 087=56 557 685	56 557 685÷720 850 000=7.85%		

数据来源:《新中国五十年统计资料汇编(1949—1998)》,中国统计出版社;《中国统计年鉴(1997—2005)》,中国统计出版社;《三十年全国教育统计资料(1949—1978)》,国家教育部1979年9月;《中国教育年鉴(1949—1981)》,中国大百科全书出版社1984年9月;《中国教育年鉴(1982—1986)》,湖南教育出版社;《中国教育年鉴(1988、2001—2002)》,人民教育出版社;《中国教育统计年鉴(1989—1991、1998—2002)》,人民教育出版社;《中国教育事业统计年鉴(1992—2002)》,人民教育出版社;《中国教育统计年鉴(2003)》,人民教育出版

社；1998—2004年全国教育事业发展统计公报，国家教育部发布。

注：

① 高等职业教育毕业生包括：普通院校（含高等职业教育院校）专科毕业生和成人高校毕业生人数；中等职业教育毕业生包括：普通中等专业学校、农职中、工读学校、特殊教育学校、成人中等专业学校毕业生人数。

② 部分年段（1979—1988）本科和专科毕业生数根据相关比例推算而得。

2000年从业人员受(8类)教育程度分布　　(%)

研究生	本科	高等职业教育	中等职业教育	(普通)高中	初中	小学	文盲半文盲
0.06	0.97	3.64	7.85	4.8	41.7	32.84	8.14

注：根据《中国劳动统计年鉴2000》数据结合上述计算整理而得。高等职业教育百分数等于大专以上百分比总数减去上述计算的普通本科/研究生百分比（四舍五入）之和：(4.67－0.06－0.97)＝3.64；普通高中百分数等于高中（含中等职业教育）百分数减去中等职业教育百分数（四舍五入）：12.65－7.85＝4.8。

全国就业人员受(5类)教育程度构成　　(%)

年份	大专以上	高中	初中	小学	不识字
1993	2.3	11.2	34.9	36.6	15
1996	2.8	11.3	37.5	35.3	13
1997	3.5	12.1	37.9	34.8	11.6
1998	3.5	11.9	38.9	34.2	11.5
1999	3.8	11.9	39.9	33.3	11
2000	4.67	12.65	41.7	32.84	8.14
2001	5.6	13.5	42.3	30.9	7.8
2002	6	13.1	43.2	30	7.8
2003	6.8	13.6	43.7	28.7	7.2
2004	7.2	13.4	45.8	27.4	6.2

资料来源：根据全国第五次人口普查、《新中国五十五年统计资料汇编1949—2004》、1997年《中国统计年鉴》以及1998—2003年《中国劳动统计年鉴》相关数据整理而得。

附录10:1999年从业人员受(8类)教育程度分布百分比计算

年度	研究生1(硕)/人	本科生/人	本科生累计/人	中等职业教育总数/人	中等职业教育累计数/人	就业人员/万人	女生比例及女生数
1959				354 947	354 947		由于缺少1978年以前的男女毕业生统计资料，此处计算采用1978数据。根据1993年统计年鉴第728页查得1978年高等学校女生占24.2%；中等专业学校女生占33.1%。由此计算得1963—1967年女普通本科毕业生数、1959—1963年女中等职业教育毕业生数和1966—1970年女研究生毕业生数分别为：187 903人，575 705人，0。
1960				322 852	677 799		
1961				382 508	1 060 307		
1962				395 895	1 456 202		
1963		162 766	162 766	283 089	1 739 291		
1964		187 351	350 117	298 699	2 037 990		
1965		178 001	528 118	300 388	2 338 378	28 670	
1966		134 647	662 765	118 986	2 457 364		
1967		113 694	776 459	170 329	2 627 693		
1968		136 931	913 390	197 431	2 825 124		
1969		150 119	1 063 509	102 845	2 927 969		
1970		102 672	1 166 181	28 131	2 956 100	34 432	
1971		5 945	1 172 126	88 970	3 045 070		
1972		11 137	1 183 263	124 235	3 169 305		
1973		24 414	1 207 677	153 867	3 323 172		
1974		37 133	1 244 810	201 532	3 524 704		
1975		110 131	1 354 941	301 309	3 826 013	38 168	
1976		132 700	1 487 641	398 662	4 224 675		
1977		180 160	1 667 801	442 173	4 666 848		
1978	9	156 791	1 824 592	303 023	4 969 871	40 152	
1979	140	55 985	1 880 577	253 225	5 223 096	41 024	
1980	476	110 562	1 991 139	583 570	5 806 666	42 361	
1981	285 943	115 761	2 106 900	844 853	6 651 519	43 725	
1982		199 709	2 306 609	1 767 500	8 419 019	45 295	

（续表）

年度	研究生1（硕）/人	本科生/人	本科生累计/人	中等职业教育总数/人	中等职业教育累计数/人	就业人员/万人	女生比例及女生数
1983		146 395	2 453 004	1 198 300	9 617 319	46 436	
1984		125 419	2 578 423	824 600	10 441 919	48 197	
1985		223 519	2 801 942	1 019 700	11 461 619	49 873	
1986		227 800	3 029 742	1 351 000	12 812 619	51 282	
1987		225 050	3 254 792	1 679 700	14 492 319	52 783	
1988		279 791	3 534 583	1 796 900	16 289 219	54 334	
1989		195 946	3 730 529	2 277 000	18 566 219	55 329	
1990		200 472	3 931 001	2 413 200	20 979 419	64 749	
1991		190 163	4 121 164	2 629 100	23 608 519	65 491	
1992		211 231	4 332 395	2 523 800	26 132 319	66 152	
1993		298 959	4 631 354	2 666 900	28 799 219	66 808	
1994		310 291	4 941 645	2 941 400	31 740 619	67 455	
1995		325 484	5 267 129	3 506 400	35 247 019	68 065	
1996		347 194	5 614 323	3 954 300	39 201 319	68 950	
1997	39 114	381 647	5 995 970	4 090 800	43 292 119	69 820	
1998	38 051	404 666	6 400 636	4 633 100	47 925 219	70 637	
1999	44 189	440 935	6 841 571	4 730 500	52 655 719	71 394	
	407 922		6 841 571		52 655 719		
占从业人员数（%）	407 922÷713 940 000=0.057%	6 841 571−187 127=6 653 668	6 653 668÷713 940 000=0.93%	52 655 719−575 705=52 080 014	52 080 014÷713 940 000=7.29%		

数据来源：《新中国五十年统计资料汇编（1949—1998）》，中国统计出版社；《中国统计年鉴（1997—2005）》，中国统计出版社；《三十年全国教育统计资料（1949—1978）》，国家教育部 1979 年 9 月；《中国教育年鉴（1949—1981）》，中国大百科全书出版社；《中国教育年鉴（1982—1986）》，湖南教育出版社；《中国教育年鉴（1988、2001—2002）》，人民教育出版社；《中国教育统计年鉴（1989—1991、1998—2002）》，人民教育出版社；《中国教育事业统计年鉴（1992—2002）》，人民教育出版社；《中国教育统计年鉴（2003）》，人民教育出

版社;1998—2004 年全国教育事业发展统计公报,国家教育部发布。

注:

① 高等职业教育毕业生包括:普通院校(含高等职业教育院校)专科毕业生和成人高校毕业生人数;中等职业教育毕业生包括:普通中等专业学校、农职中、工读学校、特殊教育学校、成人中等专业学校毕业生人数。

② 部分年段(1979—1988)本科和专科毕业生数根据相关比例推算而得。

1999 年从业人员受(8 类)教育程度分布　(%)

研究生	本科	高等职业教育	中等职业教育	(普通)高中	初中	小学	文盲半文盲
0.057	0.93	2.81	7.29	4.61	39.9	33.3	11

注:根据《中国劳动统计年鉴 1999》数据结合上述计算整理而得。高等职业教育百分数等于大专以上百分比总数减去上述计算的普通本科/研究生百分比(四舍五入)之和:(3.8－0.057－0.93)＝2.81;普通高中百分数等于高中(含中等职业教育)百分数减去中等职业教育百分数(四舍五入):11.9－7.29＝4.61。

全国就业人员受(5 类)教育程度构成　(%)

年份	大专以上	高中	初中	小学	不识字
1993	2.3	11.2	34.9	36.6	15
1996	2.8	11.3	37.5	35.3	13
1997	3.5	12.1	37.9	34.8	11.6
1998	3.5	11.9	38.9	34.2	11.5
1999	3.8	11.9	39.9	33.3	11
2000	4.67	12.65	41.7	32.84	8.14
2001	5.6	13.5	42.3	30.9	7.8
2002	6	13.1	43.2	30	7.8
2003	6.8	13.6	43.7	28.7	7.2
2004	7.2	13.4	45.8	27.4	6.2

资料来源:根据全国第五次人口普查、《新中国五十五年统计资料汇编 1949—2004》、1997 年《中国统计年鉴》以及 1998—2003 年《中国劳动统计年鉴》相关数据整理而得。

附录11:1998年从业人员受(8类)教育程度分布百分比计算

年度	研究生1(硕)/人	本科生/人	本科生累计/人	中等职业教育总数/人	中等职业教育累计数/人	就业人员/万人	女生比例及女生数
1958				190 960	190 960		由于缺少1978年以前的男女毕业生统计资料，此处计算采用1978数据。根据1993年统计年鉴第728页查得1978年高等学校女生占24.2%；中等专业学校女生占33.1%。由此计算得1962—1966年女普通本科毕业生数、1958—1962年女中等职业教育毕业生数和1965—1969年女研究生毕业生数分别为：189 372人，545 211人，401人。
1959				354 947	545 907		
1960				322 852	868 759		
1961				382 508	1 251 267		
1962		123 010	123 010	395 895	1 647 162		
1963		162 766	285 776	283 089	1 930 251		
1964		187 351	473 127	298 699	2 228 950		
1965	1 665	178 001	651 128	300 388	2 529 338	28 670	
1966		134 647	785 775	118 986	2 648 324		
1967		113 694	899 469	170 329	2 818 653		
1968		136 931	1 036 400	197 431	3 016 084		
1969		150 119	1 186 519	102 845	3 118 929		
1970		102 672	1 289 191	28 131	3 147 060	34 432	
1971		5 945	1 295 136	88 970	3 236 030		
1972		11 137	1 306 273	124 235	3 360 265		
1973		24 414	1 330 687	153 867	3 514 132		
1974		37 133	1 367 820	201 532	3 715 664		
1975		110 131	1 477 951	301 309	4 016 973	38 168	
1976		132 700	1 610 651	398 662	4 415 635		
1977		180 160	1 790 811	442 173	4 857 808		
1978	9	156 791	1 947 602	303 023	5 160 831	40 152	
1979	140	55 985	2 003 587	253 225	5 414 056	41 024	
1980	476	110 562	2 114 149	583 570	5 997 626	42 361	
1981		115 761	2 229 910	844 853	6 842 479	43 725	

（续表）

年度	研究生1（硕）/人	本科生/人	本科生累计/人	中等职业教育总数/人	中等职业教育累计数/人	就业人员/万人	女生比例及女生数
1982		199 709	2 429 619	1 767 500	8 609 979	45 295	
1983		146 395	2 576 014	1 198 300	9 808 279	46 436	
1984		125 419	2 701 433	824 600	10 632 879	48 197	
1985		223 519	2 924 952	1 019 700	11 652 579	49 873	
1986		227 800	3 152 752	1 351 000	13 003 579	51 282	
1987		225 050	3 377 802	1 679 700	14 683 279	52 783	
1988		279 791	3 657 593	1 796 900	16 480 179	54 334	
1989		195 946	3 853 539	2 277 000	18 757 179	55 329	
1990		200 472	4 054 011	2 413 200	21 170 379	64 749	
1991		190 163	4 244 174	2 629 100	23 799 479	65 491	
1992		211 231	4 455 405	2 523 800	26 323 279	66 152	
1993		298 959	4 754 364	2 666 900	28 990 179	66 808	
1994		310 291	5 064 655	2 941 400	31 931 579	67 455	
1995		325 484	5 390 139	3 506 400	35 437 979	68 065	
1996		347 194	5 737 333	3 954 300	39 392 279	68 950	
1997	39 114	381 647	6 118 980	4 090 800	43 483 079	69 820	
1998	38 051	404 666	6 523 646	4 633 100	48 116 179	70 637	
	365 398		6 523 646		48 116 179		
占从业人员数（%）	(365 398－1 665×0.241)÷706 370 000＝0.051%	6 523 646－189 372＝6 334 274	6 334 274÷706 370 000＝0.90%	48 116 179－545 211＝47 570 968	47 570 968÷706 370 000＝6.73%		

数据来源：《新中国五十年统计资料汇编(1949—1998)》，中国统计出版社；《中国统计年鉴(1997—2005)》，中国统计出版社；《三十年全国教育统计资料(1949—1978)》，国家教育部1979年9月；《中国教育年鉴(1949—1981)》，中国大百科全书出版社1984年9月；《中国教育年鉴(1982—1986)》，湖南教育出版社；《中国教育年鉴(1988、2001—2002)》，人民教育出版社；《中国教育统计年鉴(1989—1991、1998—2002)》，人民教育出版社；《中国教育事业统计年鉴

(1992—2002)》,人民教育出版社;《中国教育统计年鉴(2003)》,人民教育出版社;1998—2004年全国教育事业发展统计公报,国家教育部发布。

注:

① 高等职业教育毕业生包括:普通院校(含高等职业教育院校)专科毕业生和成人高校毕业生人数;中等职业教育毕业生包括:普通中等专业学校、农职中、工读学校、特殊教育学校、成人中等专业学校毕业生人数。

② 部分年段(1979—1988)本科和专科毕业生数根据相关比例推算而得。

1998年从业人员受(8类)教育程度分布 (%)

研究生	本科	高等职业教育	中等职业教育	(普通)高中	初中	小学	文盲半文盲
0.051	0.9	2.55	6.73	5.17	38.9	34.2	11.5

注:根据《中国劳动统计年鉴1998》数据结合上述计算整理而得。高等职业教育百分数等于大专以上百分比总数减去上述计算的普通本科/研究生百分比(四舍五入)之和:(3.5－0.051－0.90)＝2.55;普通高中百分数等于高中(含中等职业教育)百分数减去中等职业教育百分数(四舍五入):11.9－6.73＝5.17。

全国就业人员受(5类)教育程度构成 (%)

年份	大专以上	高中	初中	小学	不识字
1993	2.3	11.2	34.9	36.6	15
1996	2.8	11.3	37.5	35.3	13
1997	3.5	12.1	37.9	34.8	11.6
1998	3.5	11.9	38.9	34.2	11.5
1999	3.8	11.9	39.9	33.3	11
2000	4.67	12.65	41.7	32.84	8.14
2001	5.6	13.5	42.3	30.9	7.8
2002	6	13.1	43.2	30	7.8
2003	6.8	13.6	43.7	28.7	7.2
2004	7.2	13.4	45.8	27.4	6.2

资料来源:根据全国第五次人口普查、《新中国五十五年统计资料汇编1949—2004》、1997年《中国统计年鉴》以及1998—2003年《中国劳动统计年鉴》相关数据整理而得。

附录12:1997年从业人员受(8类)教育程度分布百分比计算

年度	研究生1(硕)/人	本科生/人	本科生累计/人	中等职业教育总数/人	中等职业教育累计数/人	就业人员/万人	女生比例及女生数
1957				150 200	150 200		由于缺少1978年以前的男女毕业生统计资料，此处计算采用1978数据。根据1993年统计年鉴第728页查得1978年高等学校女生占24.2%；中等专业学校女生占33.1%。由此计算得1961—1965年女普通本科毕业生数、1957—1961年女中等职业教育毕业生数和1964—1968年女研究生毕业生数分别为：181 882人，463 886人，617人。
1958				190 960	341 160		
1959				354 947	696 107		
1960				322 852	1 018 959		
1961		100 450	100 450	382 508	1 401 467		
1962		123 010	223 460	395 895	1 797 362		
1963		162 766	386 226	283 089	2 080 451		
1964	895	187 351	573 577	298 699	2 379 150		
1965	1 665	178 001	751 578	300 388	2 679 538	28 670	
1966		134 647	886 225	118 986	2 798 524		
1967		113 694	999 919	170 329	2 968 853		
1968		136 931	1 136 850	197 431	3 166 284		
1969		150 119	1 286 969	102 845	3 269 129		
1970		102 672	1 389 641	28 131	3 297 260	34 432	
1971		5 945	1 395 586	88 970	3 386 230		
1972		11 137	1 406 723	124 235	3 510 465		
1973		24 414	1 431 137	153 867	3 664 332		
1974		37 133	1 468 270	201 532	3 865 864		
1975		110 131	1 578 401	301 309	4 167 173	38 168	
1976		132 700	1 711 101	398 662	4 565 835		
1977		180 160	1 891 261	442 173	5 008 008		
1978	9	156 791	2 048 052	303 023	5 311 031	40 152	
1979	140	55 985	2 104 037	253 225	5 564 256	41 024	
1980	476	110 562	2 214 599	583 570	6 147 826	42 361	

（续表）

年度	研究生1（硕）/人	本科生/人	本科生累计/人	中等职业教育总数/人	中等职业教育累计数/人	就业人员/万人	女生比例及女生数
1981		115 761	2 330 360	844 853	6 992 679	43 725	
1982		199 709	2 530 069	1 767 500	8 760 179	45 295	
1983		146 395	2 676 464	1 198 300	9 958 479	46 436	
1984		125 419	2 801 883	824 600	10 783 079	48 197	
1985		223 519	3 025 402	1 019 700	11 802 779	49 873	
1986		227 800	3 253 202	1 351 000	13 153 779	51 282	
1987		225 050	3 478 252	1 679 700	14 833 479	52 783	
1988		279 791	3 758 043	1 796 900	16 630 379	54 334	
1989		195 946	3 953 989	2 277 000	18 907 379	55 329	
1990		200 472	4 154 461	2 413 200	21 320 579	64 749	
1991		190 163	4 344 624	2 629 100	23 949 679	65 491	
1992		211 231	4 555 855	2 523 800	26 473 479	66 152	
1993		298 959	4 854 814	2 666 900	29 140 379	66 808	
1994		310 291	5 165 105	2 941 400	32 081 779	67 455	
1995		325 484	5 490 589	3 506 400	35 588 179	68 065	
1996		347 194	5 837 783	3 954 300	39 542 479	68 950	
1997	39 114	381 647	6 219 430	4 090 800	43 633 279	69 820	
	328 242		6 219 430		43 633 279		
占从业人员数（%）	(328 242－617)÷698 200 000＝0.047%	6 219 430－181 882＝6 037 548	6 037 548÷698 200 000＝0.86%	43 633 279－463 886＝43 169 393	43 169 393÷698 200 000＝6.18%		

数据来源:《新中国五十年统计资料汇编(1949—1998)》,中国统计出版社;《中国统计年鉴(1997—2005)》,中国统计出版社;《三十年全国教育统计资料(1949—1978)》,国家教育部1979年9月;《中国教育年鉴(1949—1981)》,中国大百科全书出版社1984年9月;《中国教育年鉴(1982—1986)》,湖南教育出版社;《中国教育年鉴(1988、2001—2002)》,人民教育出版社;《中国教育统计年鉴(1989—1991、1998—2002)》,人民教育出版社;《中国教育事业统计年鉴(1992—2002)》,人民教育出版社;《中国教育统计年鉴(2003)》,人民教育出版

社;1998—2004 年全国教育事业发展统计公报,国家教育部发布。

注:

① 高等职业教育毕业生包括:普通院校(含高等职业教育院校)专科毕业生和成人高校毕业生人数;中等职业教育毕业生包括:普通中等专业学校、农职中、工读学校、特殊教育学校、成人中等专业学校毕业生人数。

② 部分年段(1979—1988)本科和专科毕业生数根据相关比例推算而得。

1997 年从业人员受(8 类)教育程度分布 (%)

研究生	本科	高等职业教育	中等职业教育	(普通)高中	初中	小学	文盲半文盲
0.047	0.86	2.55	6.18	5.17	37.9	34.8	11.6

注:根据《中国劳动统计年鉴 1997》数据结合上述计算整理而得.高等职业教育百分数等于大专以上百分比总数减去上述计算的普通本科/研究生百分比(四舍五入)之和:(3.5－0.047－0.86)＝2.59;普通高中百分数等于高中(含中等职业教育)百分数减去中等职业教育百分数(四舍五入):11.9－6.18＝5.72。

全国就业人员受(5 类)教育程度构成 (%)

年份	大专以上	高中	初中	小学	不识字
1993	2.3	11.2	34.9	36.6	15
1996	2.8	11.3	37.5	35.3	13
1997	3.5	12.1	37.9	34.8	11.6
1998	3.5	11.9	38.9	34.2	11.5
1999	3.8	11.9	39.9	33.3	11
2000	4.67	12.65	41.7	32.84	8.14
2001	5.6	13.5	42.3	30.9	7.8
2002	6	13.1	43.2	30	7.8
2003	6.8	13.6	43.7	28.7	7.2
2004	7.2	13.4	45.8	27.4	6.2

资料来源:根据全国第五次人口普查、《新中国五十五年统计资料汇编 1949—2004》、1997 年《中国统计年鉴》以及 1998—2003 年《中国劳动统计年鉴》相关数据整理而得。

附录 13：1996 年从业人员受（8 类）教育程度分布百分比计算

年度	研究生 1（硕）/人	本科生/人	本科生累计/人	中等职业教育总数/人	中等职业教育累计数/人	就业人员/万人	女生比例及女生数
1956				175 495	175 495		由于缺少 1978 年以前的男女毕业生统计资料，此处计算采用 1978 数据。根据 1993 年统计年鉴第 728 页查得 1978 年高等学校女生占 24.2%；中等专业学校女生占 33.1%。由此计算得 1960—1964 年女普通本科毕业生数、1956—1960 年女中等职业教育毕业生数和 1963—1967 年女研究生毕业生数分别为：160 527 人，395 364 人，985 人。
1957				150 200	325 695		
1958				190 960	516 655		
1959				354 947	871 602		
1960		89 758	89 758	322 852	1 194 454		
1961		100 450	190 208	382 508	1 576 962		
1962		123 010	313 218	395 895	1 972 857		
1963	1 512	162 766	475 984	283 089	2 255 946		
1964	895	187 351	663 335	298 699	2 554 645		
1965	1 665	178 001	841 336	300 388	2 855 033	28 670	
1966		134 647	975 983	118 986	2 974 019		
1967		113 694	1 089 677	170 329	3 144 348		
1968		136 931	1 226 608	197 431	3 341 779		
1969		150 119	1 376 727	102 845	3 444 624		
1970		102 672	1 479 399	28 131	3 472 755	34 432	
1971		5 945	1 485 344	88 970	3 561 725		
1972		11 137	1 496 481	124 235	3 685 960		
1973		24 414	1 520 895	153 867	3 839 827		
1974		37 133	1 558 028	201 532	4 041 359		
1975		110 131	1 668 159	301 309	4 342 668	38 168	
1976		132 700	1 800 859	398 662	4 741 330		
1977		180 160	1 981 019	442 173	5 183 503		
1978	9	156 791	2 137 810	303 023	5 486 526	40 152	
1979	140	55 985	2 193 795	253 225	5 739 751	41 024	

(续表)

年度	研究生 1(硕)/人	本科生/人	本科生累计/人	中等职业教育总数/人	中等职业教育累计数/人	就业人员/万人	女生比例及女生数
1980	476	110 562	2 304 357	583 570	6 323 321	42 361	
1981		115 761	2 420 118	844 853	7 168 174	43 725	
1982		199 709	2 619 827	1 767 500	8 935 674	45 295	
1983		146 395	2 766 222	1 198 300	10 133 974	46 436	
1984		125 419	2 891 641	824 600	10 958 574	48 197	
1985		223 519	3 115 160	1 019 700	11 978 274	49 873	
1986		227 800	3 342 960	1 351 000	13 329 274	51 282	
1987		225 050	3 568 010	1 679 700	15 008 974	52 783	
1988	285 943	279 791	3 847 801	1 796 900	16 805 874	54 334	
1989		195 946	4 043 747	2 277 000	19 082 874	55 329	
1990		200 472	4 244 219	2 413 200	21 496 074	64 749	
1991		190 163	4 434 382	2 629 100	24 125 174	65 491	
1992		211 231	4 645 613	2 523 800	26 648 974	66 152	
1993		298 959	4 944 572	2 666 900	29 315 874	66 808	
1994		310 291	5 254 863	2 941 400	32 257 274	67 455	
1995		325 484	5 580 347	3 506 400	35 763 674	68 065	
1996		347 194	5 927 541	3 954 300	39 717 974	68 950	
	290 640		5 927 541		39 717 974		
占从业人员数(%)	(290 640 −985)÷689 500 000 =0.042%	5 927 541 −160 527 =5 767 014	5 767 014÷689 500 000 =0.84%	39 717 974 −395 364 =39 322 610	39 322 610÷689 500 000 =5.7%		

数据来源:《新中国五十年统计资料汇编(1949—1998)》,中国统计出版社;《中国统计年鉴(1997—2005)》,中国统计出版社;《三十年全国教育统计资料(1949—1978)》,国家教育部 1979 年 9 月;《中国教育年鉴(1949—1981)》,中国大百科全书出版社 1984 年 9 月;《中国教育年鉴(1982—1986)》,湖南教育出版社;《中国教育年鉴(1988、2001—2002)》,人民教育出版社;《中国教育统计年鉴(1989—1991、1998—2002)》,人民教育出版社;《中国教育事业统计年鉴(1992—2002)》,人民教育出版社;《中国教育统计年鉴(2003)》,人民教育出版

社;1998—2004 年全国教育事业发展统计公报,国家教育部发布。

注:

① 高等职业教育毕业生包括:普通院校(含高等职业教育院校)专科毕业生和成人高校毕业生人数;中等职业教育毕业生包括:普通中等专业学校、农职中、工读学校、特殊教育学校、成人中等专业学校毕业生人数。

② 部分年段(1979—1988)本科和专科毕业生数根据相关比例推算而得。

1996 年从业人员受(8 类)教育程度分布　(%)

研究生	本科	高等职业教育	中等职业教育	(普通)高中	初中	小学	文盲半文盲
0.042	0.84	1.92	5.7	5.6	37.5	35.3	13

注:根据《中国劳动统计年鉴 1996》数据结合上述计算整理而得.高等职业教育百分数等于大专以上百分比总数减去上述计算的普通本科/研究生百分比(四舍五入)之和:(2.8－0.042－0.84)＝1.92;普通高中百分数等于高中(含中等职业教育)百分数减去中等职业教育百分数(四舍五入):11.3－5.7＝5.6。

全国就业人员受(5 类)教育程度构成　(%)

年份	大专以上	高中	初中	小学	不识字
1993	2.3	11.2	34.9	36.6	15
1996	2.8	11.3	37.5	35.3	13
1997	3.5	12.1	37.9	34.8	11.6
1998	3.5	11.9	38.9	34.2	11.5
1999	3.8	11.9	39.9	33.3	11
2000	4.67	12.65	41.7	32.84	8.14
2001	5.6	13.5	42.3	30.9	7.8
2002	6	13.1	43.2	30	7.8
2003	6.8	13.6	43.7	28.7	7.2
2004	7.2	13.4	45.8	27.4	6.2

资料来源:根据全国第五次人口普查、《新中国五十五年统计资料汇编 1949－2004》、1997 年《中国统计年鉴》以及 1998—2003 年《中国劳动统计年鉴》相关数据整理而得。

后　记

《职业教育的经济发展贡献和成本收益问题研究》一书是在我的博士学位论文基础上修改而成的。

我以不惑之年考入南京农业大学经济管理学院,师从王荣教授。鉴于王老师在教育经济学领域的造诣,以及我个人的学术兴趣,特别是适逢教育改革和发展的现实需要,我选择了“职业教育的经济发展贡献和成本收益问题研究”作为研究课题。为此,围绕这一主题进行了社会调查,收集了大量资料,并对所涉及的问题进行了系统研究,逐步推出了阶段性成果,有一些论文相继见诸报刊,有的论文还在国家权威刊物发表,有的学术观点产生了一定的社会影响,论文被多家报刊转载,在国家级学术会议上交流。我在此基础上,形成了对本问题较为系统的研究体系,在导师的悉心指导下,几易其稿,终于完成学位论文。我的许多工作同事和研究同行看到了我的论文,认为具有出版价值。于是我在紧张的行政工作之余,对论文进行了适当的修改后,终成本书。

职业教育的经济发展贡献和成本收益问题研究是教育经济学领域的热点和难点问题。本书试图从职业教育及相关教育对经济增长的贡献率定量测算比较、职业教育及相关教育的就业增长贡献率比较分析、职业教育的成本定量与定性分析、职业教育个人收益率(个人回收贴现率)和社会收益率定量比较分析等角度来综合解析这一难题,其理论和实践意义是不言而喻的。虽然本人自确定本课题之日起.就不敢有丝毫懈怠,但仅凭本人的学术水平和能力，要将此问题研究透彻，还有待时日，在此，仅以拙著就教于学界前辈和同仁。

在书稿付梓之际，我首先要衷心感谢我敬爱的导师王荣教授，从选题的确定到书稿的完成，凝聚了导师的许多心血。导师敏锐的思维、严谨的治学态度、渊博的学识、统揽全局的学习和工作方法及宽厚豁达的为人风范是我终生学习的榜样，导师多年来学业的引领、思维方式的启迪及工作上的关心帮助，让我受益终生；同时要衷心感谢我的各门学位课程的老师们，你们的学识修养、精彩授课让学生受益匪浅；衷心感谢为培养博士生而付出辛勤劳动的研究生部的领导和老师们，你们的工作热情和严谨作风永远令我终生难忘；衷心感谢南京农业大学的各位领导，你们的关怀鼓励，不仅是学生完成学业也是学生今后努力工作的巨大动力。特别感谢经贸学院钟甫宁教授、陈东平教授和董晓林副教授，由你们所组成的论文预答辩小组在论文预答辩和修改过程中所提出的极具针对性、极其珍贵的意见和建议，对于论文质量和水平的进一步提高起到了非常重要的作用。

在博士论文写作构思、论文初稿修改及定稿过程中，南京农业大学经贸学院顾焕章教授、周曙东教授、徐翔教授、王凯教授、周应恒教授、褚保金教授，南京大学洪银兴教授，复旦大学李慧中教授、严法善教授，上海财经大学王洪卫教授，中国农业大学卢俊教授，河海大学周建方教授等给予了多方面的指导和帮助；在资料收集过程中，国家教育部职教司黄尧司长、国家教育督导团郭振有副总督学、中央教科所高宝立研究员、中国社会科学院陈海秋博士、中国管理科学院吴新华研究员等给予了许多帮助。在学习和科研工作期间，江苏省教育厅周稽裘副厅长、国际交流处袁静宇处长、发展规划处张鲤鲤副处长等领导也给予了许多帮助；在相关的课题研究中，还得到了郭善民博士、张兆同博士、曹芳博士、朱志平博士、王怡博士、李银博士、武博博士、樊宝洪博士、刘华周博士及周荣荣博士后、宋华明博士后等多位同志的帮助；在职读博和书稿修改完善期间的工作任务和学习压力都很大，有时难免会顾此失彼，潘毓芹、王昊、赵华、杭天天、杭国金、韩涛、邓其越、梅向东、杨企贤、王耀民、黄承、陈水彬、陈永年和王昌余等同志对本人的学习、工作和生活都给予过特别的理解、鼓励、关心和支持。在此一并表示诚挚的谢意！

我真诚地希望读者对本书批评指教。

杭永宝
hyb@czedu. gov. cn
2005 年 11 月 28 日